내신·수능
국어 특급

2200여 단어

내신·수능
국어 특급

1, 2, 3번 읽고
한자 어휘 정리 끝!!

I'm Awesome

어쓰ㅁ

I'M AWESSOME

"나는 이미 모든 것을 알고 있다."

여러분은 이 말을 어떻게 생각하세요. 더 이상 누구에게 무엇을 배울 필요가 없으니 학교나 교사는 필요 없겠네요~^^ 모국어란 말을 들어보셨나요. 모국어는 영어로 Mother Tongue인데, 사람이 태어나서 처음으로 듣고 익힌 언어입니다. 사람이 태어나서 처음으로 듣고 보고 말하는 것은, 우리 머리와 몸의 어딘가에 각인이 되어 쉽게 사라지지 않습니다. 다만 우리가 커서 기억을 못할 뿐이지요. 모국어는 꼭 어머니에게 배운 것만 가리키지는 않습니다. 어머니나 아버지, 가족이나 친척뿐만 아니라 그 당시 어린 나와 가까이에서 지냈던 이들이 모두 나에게 모국어를 전수해 준 선생님이 되는 것입니다. 모국어는 태어나서 처음으로 배우게 되는 제1언어로 '나는 누구인가?'라는 정체성을 세우는 데 매우 중요한 역할을 합니다.

여러분은 대개 한국어를 모국어로 갖고 있을 것입니다. 그러면 이제 한국어 공부를 쉽게 할 수 있는 방법이 나왔네요. 그렇습니다. 언젠가 이미 들었고 알고 있지만, 잊고 있던 기억을 일깨우는 방법입니다.

한국어 공부는 영어 단어처럼 외울 필요가 없습니다. 그저 눈으로 보고, 읽고, 듣는 것입니다. 외우기가 아니라 단어를 읽는 중에 잠시 그 뜻을 생각해보는 것입니다. 특히 단어를 소리 내어 읽을 것을 권합니다. 단어를 소리 내어 읽으면 자기 목소리가 몸 안에 울려 퍼져서 어떤 공명작용을 일으킬 것입니다. 그 효과는 매우 크며 효율적입니다. 또 소리 내어 읽다 보면 어느덧 자기의 단어로 체화되어 수업이나 일상생활에서 이야기할 때, 직접 활용해서 쓰는 기회가 점점 늘어날 것입니다.

이 책은 소리 내어 3번 읽기를 권하고 있습니다. 처음 한두 번 정도는 소리 내어 읽는 음독을 권합니다. 처음에 읽을 때 정확하고 정성스럽게 한 번 읽고 나면, 두 번째와 세 번째는 매우 빠르게 속독할 수 있을 것입니다. 단순하게 단어를 읽으면서, 언젠가 들었고 그래서 내 안에 새겨져 있던 어휘들을 일깨우는 것입니다. 또 소리 내어 읽으면 다시금 내 안에 단어를 저장하는 일이 되겠지요. 다시 한번 말하지만 국어 단어 공부는 절대로 어려운 것이 아닙니다. 우리가 일상생활에서 늘 사용하는 언어들이니까요.

국어 공부는 도구 교과이며 필수 교과 항목입니다. 여러분의 어휘력이 향상되면 국어뿐만 아니라, 사회도, 역사도, 과학도, 나아가서는 영어나 프랑스어 · 독일어 · 중국어 · 일본어 등의 외국어도 쉽게 배울 수 있습니다. 수학도 잘 할 수 있습니다. 수학의 언어는 매우 이성적인 언어이며 추상적이고 수리적인 언어입니다. 또한 어휘는 나아가서 여러분의 생각이나 가치관을 세우는 데도 필수적입니다.

우리말 한국어의 구성은 순우리말과 한자어, 그 밖의 외래어로 구성되어 있습니다. 대략 순 우리말은 7만 5천자(45%)가 넘고, 한자어가 8만 5천자(52%) 정도로 현재 한자어의 비중이 더 많은 편입니다. 이 중에서 먼저 꼭 필요한 국어 한자 단어 2,200자 정도를 엄선하여 펴냅니다. 순우리말 단어 책도 곧 이어 펴낼 예정입니다.

여러분은 선사시대와 역사시대의 구분이 무엇인지 아실 것입니다. 문자로 자기 역사를 기록하느냐, 못하느냐가 구분하는 갈림길이었습니다. 오랜 선사시대를 끝내고 역사시대에 들어서서야 인류는 국가를 건설하고 문명을 발전시켰습니다. 알타미라 동굴벽화나 반구대 암각화는 모두 역사 이전 선사시대에 그려진 유물이며 아직 문자 발명 이전의 흔적입니다. 암각에 새겨진 그것들은 초기의 그림이나 그림문자 수준의 것이며 인간이 아직 이성적이고 추상적인 사고를 하기 이전의 것으로 보입니다.

오랜 역사시대를 지나면서 어떤 문명은 흥기하고 어떤 문명은 사라졌는데 그 이유는 무엇일까요. 여러 가지 원인이 있겠지만 언어와 문자도 매우 큰 역할을 했습니다. 하나의 언어가 왕성했을 때, 그 언어를 사용하는 국가나 민족의 문명은 크게 흥성하였고, 언어나 문자가 사라지면 쇠하였습니다. 또한 선진국이라 부르는 나라 가운데 자기의 고유한 언어로 고급 학문과 예술과 철학을 하지 않는 나라가 없다고 합니다. 지금도 세계는 언어전쟁이라고 불러도 좋을 만큼 눈에 보이지 않는 치열한 경쟁을 벌이고 있습니다.

언어는 영혼의 거처이며 존재의 집입니다. 다시 말하면 자기 언어는 자기 영혼의 거처이며 자기 존재의 집입니다. 그러므로 이미 알고 있던 언어의 기억을 되살려 아름답고 눈부신 자기 영혼의 거처를 마련할 것을 권합니다.

요즈음 우리 젊은이들이 세계로 뻗어나가 기량을 마음껏 발휘하며 눈부신 활약을 하고 있습니다. 해외로 나가보면 한글을 애호하는 사람들이 나날이 늘어나고 있습니다. 무수히 많은 기회의 문 앞에 선 여러분의 앞날에 성공과 행복을 기원합니다!

2020년 1월 원단(元旦)

1. 한글로 된 단어와 풀이를 눈으로, 입으로 읽습니다. 밑줄을 그으며 읽어도 좋습니다.

   한글 옆에 있는 한자는 눈으로만 훑고 지나가고 한자 뜻풀이도 필요할 때 참고로만 보십시오.

   처음 읽을 때는 정성들여서 집중해서 읽을 것을 권합니다. 익숙해지면 서너 시간 이내에 완독할 수 있으리라 생각합니다. 그때에 이들 단어는 바로 여러분의 소유가 될 것입니다.

0002 ☐ ☐ ☐

가계 家系   **명** 대대로 이어져 내려온 한 집안의 내력.

집, 집안/계통

읽기: 가계-(한자 '家系'는 눈으로 읽으며 가계)- 대대로 이어져 내려온 한 집안의 내력

---

2. 3독을 권하며, 읽을 때마다 표시할 수 있도록 단어 위에 표시 칸을 마련했습니다. 필요한 부분만 빠르게 읽으며 훑어 지나가도 됩니다.

3. 단어 뜻풀이는 국립국어원의 〈표준국어대사전〉을 참조하였고, 빠르고 쉽게 읽을 수 있도록 풀이를 교정했습니다. 단어의 연관성을 생각하여 읽기 좋게 배열했기 때문에 가나다순과 완전히 일치하지는 않습니다.

4. 뜻풀이 중에 유의어는 ≒ , 상대어는 ↔ 로 표시했고, 예시 와 참조 를 넣었습니다.

5. 동음이의어 同音異議語는 밑줄로 표시했습니다.

6. 한자 단어는 '따지다, 꾸짖다'의 뜻이 들어가는 힐문. 힐책으로 끝나기 때문에, '기쁘다, 즐겁다'의 뜻이 있는 '희열'로 마지막 단어를 바꿨습니다. 그러나 기쁨이 있기 위해서는 남모르는 노력의 고통이 감춰져 있다는 것을 잊지 마십시오.

7. 이 국어 단어 책을 읽고 여러분 스스로 아름답고 좋은 말을 사용하고, 또 여러분이 새로운 단어를 만들어 낼 수 있다면 놀랄 만큼 커다란 성공이 될 것입니다.

ㄱ

0001 ☐☐☐

가가대소 呵呵大笑

껄껄 웃는 모양 / 크다 / 웃음

명 소리를 내어 크게 웃음.

0002 ☐☐☐

가계 家系

집, 집안 / 계통

명 대대로 이어져 내려온 한 집안의 내력.

0003 ☐☐☐

가계 家計

집, 집안 / 꾀, 계획

명 집안 살림의 수입과 지출의 상태.
집안 살림을 꾸려 나가는 방도.

0004 ☐☐☐

가공 架空

시렁 / 비다

명 꾸며 냄. 거짓이나 상상으로 꾸며 냄.

0005 ☐☐☐

가공하다 可恐――

가능하다 / 두렵다, 공포

형 무서워 놀랄 만하다.

0006 ☐☐☐

가담항설 街談巷說

거리 / 이야기 / 거리 / 말씀

명 거리에 나도는 뜬소문.

0007 ☐☐☐

가렴주구 苛斂誅求

가혹하다 / 거두다 /
목 베다 / 구하다

명 백성에게 세금을 가혹하게 거두어들이는 매우
가혹한 정치.
≒ 가정맹어호(苛政猛於虎)

0008 ☐☐☐

가부 可否

옳다, 가능하다 /
그르다, 아니다

명 옳고 그름. 찬성과 반대. ≒ 가불가(可不可)

0009 ☐☐☐

가상 假像

빌다, 거짓 / 형상

명 거짓 형상. ↔ 실재(實在)

0010 ☐☐☐

가설 假說

임시, 거짓 / 말하다

명 어떤 사실을 설명하기 위하여 임의로 만들어놓
은 이론.

0011 ☐☐☐

가설 假設

임시, 거짓 / 세우다

명 임시로 설치한 것.

0012 ☐☐☐

가위 可謂

가능하다 / 이르다, 말하다

부 한마디 말로 하자면. 참으로

0013 ☐☐☐

가인박명 佳人薄命

아름답다 / 사람 /
박하다 / 운명

명 아름다운 여인은 운명이 짧다.
미인은 팔자가 기박하다. = 미인박명(美人薄命).

0014 ☐☐☐

가정 假定

임시, 빌다 / 정하다

명 사실이 아닌 것을 임시로 인정함.
논리의 근거로 어떤 조건이나 전제를 내세우는 것.

0015 ☐☐☐

가격자유화 價格自由化

값 / 바로잡다 / 스스로 /
말미암다 / 되다

명 물가를 나라에서 통제하지 않고 시장의 기능에 맡김.

0016 ☐☐☐

가격탄력성 價格彈力性

탄환 / 힘 / 성질

명 가격의 변화에 따라서 수요나 공급이 변하는 정도.

0017 □□□

가치 價値
값/값 셈

명 사물이 지니고 있는 값어치.

□□□

가치관 價値觀
값/값셈/보다

명 인간이 세계나 대상에 대하여 평가하는 가치나 태도.

0018 □□□

각골 刻骨
새기다, 모질다, 때/뼈

명 뼈에 새기듯이 마음속에 깊이 간직함.

□□□

각골난망 刻骨難忘
새기다/뼈/어렵다/잊다

명 남에게 입은 은혜가 뼈에 새길 만큼 커서 잊히지 아니함. 은혜에 대한 고마움이 깊다. ≒ 백골난망 (白骨難忘).

□□□

각골통한 刻骨痛恨
조각하다/뼈/아프다/원한

명 뼈에 사무칠 만큼 크게 원통하고 한스러운 일.

0019 □□□

각광 脚光
다리/빛

명 사회적 관심이나 흥미를 끄는 것. 주목(注目). 풋 라이트.

0020 □□□

각색 脚色
다리, 밟다/빛 색

명 문학작품을 다른 종류(장르)의 글로 고쳐 쓰는 일.

0021 □□□

각설하다 却說－－
물리치다/말씀

동 이제까지 하던 말을 그만두고 화제를 다른 쪽으로 돌리다.

0022 □□□

각주구검 刻舟求劍
새기다/배/
구하다, 찾다/칼

㈱ 배를 탄 사내가 칼을 물에 빠뜨렸는데, 뱃전에 표시를 하였다가 나중에 칼을 찾으려 함. 현실에 맞지 않는 낡은 생각이나 어리석음.

0023 □□□

각축 角逐
뿔/다투다

㈱ 서로 이기려고 머리를 맞대고 다툼.

0024 □□□

간결하다 簡潔--
간단하다/깨끗하다

㉅ 단순하고 깨끗하다.

0025 □□□

간과하다 看過--
보다/지나다

㉉ 대충 보고 지나치다.

0026 □□□

간극 間隙
사이/틈새

㈱ 둘 사이의 틈. 떨어진 간격.

0027 □□□

간단명료하다 簡單明瞭--
간편하다/홑/밝다/밝다

㉅ 간단하고 분명하다. ≒ 간명하다(簡明--).

0028 □□□

간단없다 間斷--
사이/끊다

㉅ 끊임없이 이어지다.

0029 □□□

간담상조 肝膽相照
간/쓸개/서로/비추다

㈱ 간과 쓸개를 서로 내놓고 보이다. 서로 속마음을 털어놓을 만큼 친한 사이.

0030 □ □ □

간만 干滿
썰물 / 밀물

명 썰물과 밀물. 간조(干潮)와 만조(滿潮).

0031 □ □ □

간발 間髮
사이 / 터럭

명 아주 짧은 순간. 잠시.

0032 □ □ □

간주하다 看做--
보다 / 여기다

동 그렇다고 여기다.

0033 □ □ □

간청 懇請
간절하다 / 청하다, 부탁하다

명 간절히 청하다.

0034 □ □ □

간헐적 間歇的
사이 / 쉬다 / 과녁

관 명 시간 간격을 두고 되풀이하여 일어나는 것.

0035 □ □ □

갈등 葛藤
칡 / 등나무

명 칡과 등나무가 서로 뒤얽히는 것과 같이, 서로 뒤엉켜 싸우는 것. 대립과 충돌. 칡과 등나무는 돌아 올라가는 방향이 반대라서 서로 엉키는 데에서 나온 말.

0036 □ □ □

갈이천정 渴而穿井
마르다 / 말 이을 / 뚫다 / 샘

명 목이 말라야 비로소 우물을 팜. 일을 당해서 시작하면 때가 늦음.

0037 □ □ □

감각 感覺
느끼다 / 느끼다

명 사물에서 받는 인상이나 느낌.
눈, 코, 귀, 혀, 피부를 통해서 바깥의 자극을 받아들임. 감각기관.

□□□

감각적 感覺的

관·명 감각을 자극하는. 예시 시에서 시각적(視覺的), 청각적(聽覺的), 후각적(嗅覺的), 촉각적(觸覺的), 미각적(味覺的), 공감각적(共感覺的)이미지.

0038 □□□

감상 感傷

느끼다 / 다치다

명 공연히 슬퍼지거나 마음이 상함.

0039 □□□

감상 感想

느끼다 / 생각하다

명 마음 속에서 일어나는 생각이나 느낌.

0040 □□□

감수성 感受性

느끼다 / 받다 / 성품

명 외부 세계의 자극을 받아들이는 느낌이나 성질.

0041 □□□

감언이설 甘言利說

달다 / 말씀 / 이롭다(리) / 설명하다

명 달콤한 말로 남을 꾀어내는 말.

0042 □□□

감정 感情

느끼다 / 뜻, 정서

명 어떤 것에 대하여 가슴으로 받아들이는 마음이나 느낌. ↔ 이성(理性).

□□□

감정이입 感情移入

느끼다 / 뜻, 정서 / 옮기다 / 들다

명 자연풍경이나 예술작품에 대해 자신의 감정이나 정신을 불어넣어 보는 것. 참조 객관적(客觀的) 상관물(相關物)

0043 □□□

감지덕지 感之德之

느끼다 / 어조사 / 바르다 / 어조사

부 분에 넘치도록 매우 고마움.

15

0044 ☐ ☐ ☐

감탄고토 甘呑苦吐
달다 / 삼키다 / 쓰다 / 토하다

명 달면 삼키고 쓰면 뱉듯이, 자신의 필요에 따라서 판단함.

0045 ☐ ☐ ☐

감탄 感歎 / 感嘆
느끼다 / 탄식하다

명 마음속 깊이 느끼어 탄복함. ≒ 영탄(詠嘆).

0046 ☐ ☐ ☐

갑론을박 甲論乙駁
첫째 천간 / 토론하다 /
둘째 천간 / 논박하다

명 여러 사람이 서로 자신의 주장을 내세우며 상대 방을 반박함.

0047 ☐ ☐ ☐

강보 襁褓
포대기 / 보자기

명 포대기. 어린아이가 사용하는 작은 이불.

0048 ☐ ☐ ☐

강팍하다 剛愎--
굳세다, 억세다 / 까다롭다

형 성격이 까다롭고 드세다.

0049 ☐ ☐ ☐

개과천선 改過遷善
고치다 / 허물 / 옮기다 / 착하다

명 지난날의 잘못을 고쳐 올바르고 착하게 거듭남.

0050 ☐ ☐ ☐

개괄하다 概括--
대개 / 묶다

동 중요한 내용이나 줄거리를 대강 추려내다.

0051 ☐ ☐ ☐

개념 概念
대개 / 생각

명 어떤 사물이나 현상에 대한 일반적인 지식.

0052 ☐☐☐

개벽 開闢

열다/열다

(명) 새로운 세상을 열다.

0053 ☐☐☐

개성 個性

낱/성품, 성질

(명) 자기만의 고유의 특성.

0054 ☐☐☐

개악 改惡

고치다/나쁘다

(명) 고쳐서 도리어 나빠짐. ↔ 개선(改善).

0055 ☐☐☐

개연성 蓋然性

덮다/그러하다/성품

(명) 확실치는 않으나 아마 그럴 것이라고 생각되는 성질. ↔ 필연성(必然性).

0056 ☐☐☐

개의하다 介意--

끼다/뜻

(동) 어떤 일을 마음에 두어 신경이 쓰이다.

0057 ☐☐☐

개인 個人

낱, 개/사람

(명) 낱낱의 사람. ↔ 단체(團體).

0058 ☐☐☐

개전 改悛

고치다/뉘우치다

(명) 잘못을 뉘우쳐서 바르게 고침.

0059 ☐☐☐

개화 開化

열다/되다

(명) 사람의 지혜가 열려 새로운 사상, 문물, 제도 따위를 가지게 됨. ↔ 수구(守舊).

□□□
개화기 開化期

® 1876년 강화도조약부터, 국내외적 영향을 받아 우리나라가 봉건적인 사회 질서를 타파하고 근대적 사회로 나아가던 시기. 개화기에서 1894년 갑오경장은 위아래에서 우리 방식의 근대화를 모색한 시기로 주요한 의미를 지니고 있다.

0060 □□□
개화기 開花期
열다/꽃/때, 기간

® 꽃이 피어나는 때.
문화나 예술이 한창 번영하는 시기를 비유.

0061 □□□
객관 客觀
손님/보다

® 자기만의 입장에서 벗어나 있는 그대로의 사물을 보는 것.

□□□
객관식 客觀式

® 필기시험 문제 형식에서, 미리 제시된 답 가운데에서 정답을 고르게 하는 방식. ↔ 주관식(主觀式).

□□□
객관적 客觀的

®·® 자기와의 관계에서 벗어나 있는 그대로의 사물을 보거나 생각하는. 세계나 자연 따위가 주관의 작용과는 독립하여 존재한다고 생각하는 것. ↔ 주관적(主觀的).

0062 □□□
객체 客體
손님/몸

® 생각이나 행위가 미치는 대상. ↔ 주체(主體).

0063 □□□
갱신 更新
다시/새롭다

® 다시 고침.
예시 계약 갱신.

0064 ☐ ☐ ☐

경신 更新
고치다 / 새롭다

(명) 이미 있던 것을 고쳐 새롭게 함.
기록경기에서, 종전의 기록을 깨뜨림.
예시 기록 경신.

0065 ☐ ☐ ☐

거안사위 居安思危
살다 / 편안하다 /
생각하다 / 위태롭다

(명) 편안할 때 위태로울 때를 미리 대비함.

0066 ☐ ☐ ☐

건곤일색 乾坤一色
하늘 / 땅 / 하나 / 빛

(명) 하늘과 땅이 한 가지 색으로 보이다.
눈이 내린 뒤에 온 세상이 하얀 한 가지 빛깔로 뒤
덮인 듯함.

0067 ☐ ☐ ☐

건곤일척 乾坤一擲
하늘 / 땅 / 하나 / 던지다

(명) 하늘과 땅을 걸고 운에 맡겨 한번 던져본다는 뜻
으로, 운명을 건 한 판 승부를 벌임.

0068 ☐ ☐ ☐

검약 儉約
검소하다 / 묶다, 아끼다

(명) 아끼다. ↔ 낭비(浪費)

0069 ☐ ☐ ☐

검역 檢疫
검사하다 / 역병, 역귀

(명) 해로운 병원체를 검사하는 일.
해외에서 전염병이나 해충이 들어오는 것을 막기
위하여 공항과 항구에서 검사를 하는 일.

0070 ☐ ☐ ☐

검증 檢證
검사하다 / 증명하다

(명) 검사하여 증명함.
법관이나 수사관이 증거를 조사함.
어떤 명제가 참인지, 거짓인지 검사하는 일.

0071 ☐ ☐ ☐

게시 揭示
내걸다 / 보이다

(명) 여러 사람에게 두루 알리기 위하여 내붙이는 것.

□□□

게시판 揭示板

㈎ 알림판. 여러 사람에게 두루 알릴 내용을 내붙이는 판.

0072 □□□

갹출 醵出
술추렴하다/나다, 내다

㈎ 여러 사람이 나누어 냄. 추렴.

0073 □□□

격률 格率
틀/비율

㈎ 행위나 윤리의 원칙. ≒ 준칙(準則)
참조 '률'은 거느리다 [솔], 우두머리 [수]로도 읽는다.

0074 □□□

격물치지 格物致知
틀, 궁구하다/물건, 물질/
이르다/알다

㈎ 사물의 이치를 연구하여 완전하게 알아내는 것.
참조 〈대학(大學)〉.

0075 □□□

격정 激情
거세다, 과격하다/뜻, 정

㈎ 갑작스럽게 드는 강렬하고 누르기 어려운 감정.

□□□

격정적 激情的

㉠ · ㈎ 갑작스럽게 강렬한 감정이 들어 억누르기
어려운.

0076 □□□

격조 格調
틀/고르다

㈎ 사람의 품격과 취향.
문예 작품에서 격식과 운치에 어울리는 가락.

0077 □□□

격조하다 隔阻--
틈, 사이/험하다, 막히다

㉡ 서로 떨어져 있어 소식이 막히다.

0078 ☐☐☐

격화소양 隔靴搔癢

틈/신발/긁다/가렵다

명 신발을 신고 가려운 곳을 긁다.
일이 성에 차지 않거나 철저하지 못해 안타까움.

0079 ☐☐☐

견강부회 牽强附會

끌다/힘세다, 강제로/
붙이다/모이다

명 억지로 이치에 맞지 않는 말을 끌어다 붙이는
것. ≒아전인수(我田引水 내 논에 물대기).

0080 ☐☐☐

견리사의 見利思義

보다/이익/생각하다/
옳다, 의로움

명 눈앞의 이익을 보면 먼저 의리에 맞는지를 생각
함. 이익보다는 의로움을 앞세움.

0081 ☐☐☐

견마지로 犬馬之勞

개/말/어조사/일하다

명 개나 말 정도의 하찮은 힘.
윗사람에게 충성을 다하는 노력을 낮추어 이르는
말.

0082 ☐☐☐

견문발검 見蚊拔劍

보다/모기/빼다, 뽑다/칼

명 모기를 보고 칼을 뺀다.
사소한 일에 크게 성내어 덤빔. ≒우도할계(牛刀割
鷄 닭 잡는데 소 잡는 칼을 씀).

0083 ☐☐☐

견물생심 見物生心

보다/만물, 물건/
생기다/마음

명 어떠한 물건을 눈으로 직접 보게 되면 가지고 싶
은 욕심이 생겨 난다.

0084 ☐☐☐

견원지간 犬猿之間

개/원숭이/어조사/사이

명 개와 원숭이의 사이. 서로 사이가 매우 나쁨.

0085 ☐☐☐

견제 牽制

끌다, 거느리다/마르다/누르다

명 자유롭게 행동하지 못하도록 적당히 억누름.

0086 ☐ ☐ ☐

견책 譴責

꾸짖다 / 나무라다, 책임

㈈ 허물이나 잘못을 꾸짖음.

0087 ☐ ☐ ☐

결단 決斷

찢다, 결정 / 끊다

㈈ 결정적인 판단이나 단정을 내림.

0088 ☐ ☐ ☐

결론 結論

맺다 / 논의하다

㈈ 말이나 글의 끝을 맺는 부분. 최종적인 판단.

0089 ☐ ☐ ☐

결벽 潔癖

깨끗하다 / 버릇

㈈ 깨끗한 것을 유난스럽게 좋아하는 성질.

0090 ☐ ☐ ☐

결부 結付

맺다 / 붙이다

㈈ 서로 연관시킴.

0091 ☐ ☐ ☐

결속 結束

맺다 / 묶다

㈈ 뭉침. 묶음.

0092 ☐ ☐ ☐

결손 缺損

빠지다 / 덜다, 손해

㈈ 모자람. 불완전함.

0093 ☐ ☐ ☐

결자해지 結者解之

맺다 / 사람 /
풀다 / 어조사, 그것

㈈ 맺은 사람이 풀어야 한다. 일을 저지른 자가 해결하여야 한다.

0094 □ □ □

결초보은 結草報恩
맺다 / 풀 / 갚다 / 은혜

㉥ 풀을 묶어서 은혜를 갚는다. 죽은 뒤에라도 은혜를 잊지 않고 갚음을 이르는 말.

0095 □ □ □

결함 缺陷
이지러지다, 흠 / 빠지다, 함정

㉥ 부족하거나 어그러짐.

0096 □ □ □

결합 結合
맺다 / 더하다, 합하다

㉥ 서로 관계를 맺음. ↔ 분리(分離).

0097 □ □ □

겸양 謙讓
겸손하다 / 양보하다, 사양하다

㉥ 겸손하게 사양함. ↔ 오만(傲慢)

0098 □ □ □

겸연쩍다 慊然--
마음에 덜 차다 / 그러하다

㉩ 쑥스럽거나 어색하다.

0099 □ □ □

경각심 警覺心
경계하다 / 깨닫다 / 마음

㉥ 정신을 차리고 주의 깊게 살피는 마음.

0100 □ □ □

경감 輕減
가볍다 / 덜다, 빼다

㉥ 덜어내서 가볍게 함. ↔ 가중(加重 더 무겁게 함).

0101 □ □ □

경거망동 輕擧妄動
가볍다 / 들다 / 망령되다 / 움직이다

㉥ 깊이 생각하지 않고 가볍고 망령되게 행동함.

0102 ☐☐☐

경구 警句

경고하다 / 구절

명 진리나 삶에 대한 느낌이나 생각을 날카롭고 간결하게 표현한 말.

0103 ☐☐☐

경국지색 傾國之色

기울다 / 나라 / 어조사 / 빛

명 임금이 혹하여 나라가 기울어져도 모를 정도의 미인.
뛰어나게 아름다운 미인.

0104 ☐☐☐

경도 傾倒

기울다 / 넘어지다

명 기울어 넘어짐.

0105 ☐☐☐

경멸 輕蔑

가볍다 / 업신여기다, 깔보다

명 깔보아 업신여김. ↔ 존경(尊敬).

0106 ☐☐☐

경서 經書

법, 엮다. / 책, 글

명 옛 성현들이 사상과 교리를 써 놓은 책. 〈역경〉, 〈서경〉, 〈시경〉, 〈예기〉, 〈춘추〉, 〈대학〉, 〈논어〉, 〈맹자〉, 〈중용〉 등

0107 ☐☐☐

경시 輕視

가볍다 / 보다

명 깔봄. 얕봄. 가볍게 여겨 업신여김. ↔ 중시(重視).

0108 ☐☐☐

경어 敬語

공경하다 / 말씀

명 높임말. 상대를 공경하는 말.

0109 ☐☐☐

경위 經緯

날줄 / 씨줄

명 직물(織物)의 날실과 씨실.
일이 진행되어 온 과정.

0110 □□□

경제 經濟

다스리다 / 건너다, 구제하다

명 인간의 생활에 필요한 재화나 용역을 생산·분배·소비하는 모든 활동.

0111 □□□

경세제민 經世濟民

다스리다 / 세상 /
건너다, 구제하다 / 백성

명 세상을 다스리고 백성을 구제함.

0112 □□□

경중미인 鏡中美人

거울 / 가운데 /
아름답다 / 사람

명 거울에 비친 미인. 실속 없는 일을 비유.
경우가 바르고 얌전하다고 하여 서울·경기 지역
사람의 성격을 비유.

0113 □□□

경직 硬直

굳다, 단단하다 / 곧다, 곧게 하다

명 딱딱하게 굳음. 굳어서 뻣뻣하게 됨.

0114 □□□

경질 更迭 / 更佚

바꾸다 / 갈마들다, 교대하다

명 바꿈.

0115 □□□

경향 傾向

기울다 / 향하다

명 어떤 방향으로 기울어짐.

0116 □□□

경험 經驗

다스리다 / 겪다, 경험하다

명 실제로 해 보거나 겪어 봄.

0117 □□□

계구우후 鷄口牛後

닭 / 입 / 소 / 뒤

명 닭의 주둥이와 소의 꼬리. 큰 단체의 꼴찌보다는
작은 단체의 우두머리가 되는 것이 낫다는 말.
출전 〈사기〉의 소진전(蘇秦傳)

0118 □□□

계륵 鷄肋

닭/갈비

(명) 닭의 갈비. 그다지 큰 소용은 없으나 버리기에는 아까운 것.

출전 〈후한서(後漢書)〉의 양수전(楊修傳)

0119 □□□

계명구도 鷄鳴狗盜

닭/울다/개/도둑

(명) 닭의 울음소리를 잘 내는 사람과 개 흉내를 잘 내는 도둑. 남을 속이는 것처럼 하찮은 재주라도 언젠가 쓸모가 있을 수 있음을 이르는 말.

0120 □□□

계몽 啓蒙

열다/어리석다

(명) 가르쳐서 깨우침.

□□□

계몽주의 啓蒙主義

(명) 16~18세기에 유럽 전역에 일어난 혁신적 사상. 교회의 권위에 바탕을 둔 구시대의 정신적 권위와 사상적 특권과 제도에 반대하여, 이성의 계몽을 통하여 인간 생활의 진보와 개선을 꾀함. ≒ 계몽 철학.

0121 □□□

계발 啓發

열다/피다, 열다

(명) 슬기나 재능, 사상 따위를 일깨워 줌.

0122 □□□

계주 繼走

잇다/달리다.

(명) 일정한 구간을 나누어 달리는 이어달리기.
400미터, 800미터, 1600미터 계주.

0123 □□□

고갈 枯渴

마르다/없어지다

(명) 말라서 없어짐. ↔ 풍부(豊富).

0124 □□□

고굉지신 股肱之臣

다리/팔/어조사/신하

(명) 다리와 팔같이 중요한 신하. 임금이 가장 신임하는 신하.

0125 □ □ □

고군분투 孤軍奮鬪

외롭다 / 군대 / 용감하다 / 싸우다

[명] 외따로 떨어져 도움을 받지 못하게 된 군사가 많은 수의 적군과 용감하게 잘 싸움. 남의 도움을 받지 아니하고 벅찬 일을 잘해 나가는 것을 비유.

0126 □ □ □

고답적 高踏的

높다 / 밟다 / 과녁

[관] · [명] 세상일에 초연하여 높고 이상적인 것을 추구하는.

0127 □ □ □

고량진미 膏粱珍味

기름 / 기장 / 보배 / 맛

[명] 기름진 고기와 좋은 곡식. 맛있는 음식.

0128 □ □ □

고량자제 膏粱子弟

기름 / 기장 / 아들 / 아우

[명] 부귀한 집에서 고량진미만 먹고 귀엽게 자라나서 고생을 전혀 모르는 젊은이.

0129 □ □ □

고려 考慮

생각하다 / 염려하다, 헤아리다

[명] 생각하고 헤아려 봄.

0130 □ □ □

고루하다 固陋--

굳다 / 더럽다

[형] 낡은 관념이나 습관에 젖어 고집이 세고 새로운 것을 잘 받아들이지 아니하다.

0131 □ □ □

고립무원 孤立無援

외롭다 / 서다 / 없다 / 구원하다, 돕다

[명] 홀로 떨어져서 구원을 받을 데가 하나도 없음.

0132 □ □ □

고무 鼓舞

북, 두드리다 / 춤추다

[명] 북을 치고 춤을 춤. 힘을 내도록 응원하고 격려함.

□□□

고무적 鼓舞的

관·명 힘을 내도록 격려하여 용기를 북돋우는.

0133 □□□

고복격양 鼓腹擊壤

북, 두드리다 / 배 / 치다 / 땅

명 태평세월을 즐김. 중국 요순시대에 한 노인이 배를 두드리고 땅을 치면서 요임금의 덕을 찬양하고 태평성대를 즐겼다는 고사. = 함포고복(含哺鼓腹).

0134 □□□

고소 苦笑

쓰다 / 웃다

명 쓴웃음. 어이가 없을 때 짓는 웃음.

0135 □□□

고식지계 姑息之計

시어미, 잠시 / 숨 쉬다 /
어조사 / 꾀, 셈하다

명 당장 편한 것만을 생각하여 내어놓는 계책.
임시로 꿰어 맞추는 대책. 임시방편.

0136 □□□

고언 苦言

쓰다, 괴롭다 / 말

명 쓴 소리. 듣기에는 귀에 거슬리나 도움이 되는 말. ↔ 감언(甘言)

0137 □□□

고운야학 孤雲野鶴

외롭다 / 구름 / 들 / 학

명 외로이 떠 있는 구름과 거친 들판에 있는 학.
벼슬을 하지 아니하고 초야에서 한가롭게 숨어 지내는 선비.

0138 □□□

고육지계 苦肉之計

쓰다, 아프다 / 고기, 살 /
어조사 / 계책

명 자기 몸을 상해 가면서까지 꾸며 내는 계책. 어려운 상태를 벗어나기 위해 어쩔 수 없이 꾸며 내는 계책 = 고육지책(苦肉之策).

0139 □□□

고의 故意

연고, 짐짓 / 뜻

명 일부러 하는 행위나 생각.

0140 ☐ ☐ ☐

미필적 未必的 **고의** 故意

명 행위자가 범죄를 적극적으로 의도하지는 않았지만, 범죄가 발생할 가능성이 있음을 알면서도 그 행위를 하는 것.

0141 ☐ ☐ ☐

고장난명 孤掌難鳴

외롭다, 홀로 / 손바닥 /
어렵다 / 울다

명 외손뼉만으로는 소리가 울리지 아니한다.
혼자의 힘만으로 일을 이루기 어려움. 맞서는 사람이 없으면 싸움이 일어나지 아니함. ≒ 독장불명(獨掌不鳴).

0142 ☐ ☐ ☐

고적하다 孤寂--

외롭다 / 조용하다, 쓸쓸하다

형 외롭고 쓸쓸하다.

0143 ☐ ☐ ☐

고전 古典

옛 오래다 / 법, 책

명 옛날의 의식(儀式)이나 법식(法式).
오랜 세월 동안 사라지지 않고 남아있을 만한 가치가 있는 것. 많은 사람에게 널리 읽히고 모범이 될 만한 작품.

0144 ☐ ☐ ☐

고정 固定

딱딱하다, 굳다 / 정하다

명 정한 대로 변경하지 아니함.
한곳에 꼭 붙어 있음. ↔ 유동(流動).

☐ ☐ ☐

고정관념 固定觀念

딱딱하다, 굳다 / 정하다 /
보다 / 생각하다

명 변화를 잘 받아들이지 않는 확고한 생각이나 관념.

0145 ☐ ☐ ☐

고졸하다 古拙--

옛 / 소박하다

형 기교(技巧)는 별로 없으나 예스럽고 소박한 멋이 있다.

0146 ☐ ☐ ☐

고진감래 苦盡甘來

쓰다 / 다하다 / 달다 / 오다

형 쓴 것이 다하면 단 것이 온다는 뜻으로, 고생 끝에 즐거움이 옴. ↔ 흥진비래(興盡悲來 흥이 다하면 슬픔이 다가온다).

0147 ☐☐☐

고충 苦衷

쓰다 / 괴롭다

⌷ 어려움과 괴로움.

0148 ☐☐☐

고침안면 高枕安眠

높다 / 베개 / 편안하다 / 잠자다

⌷ 베개를 높이 베고 편안히 잔다. 근심 없이 편안히 지냄.

0149 ☐☐☐

고혹 蠱惑

미혹하게 하다 / 미혹

⌷ 아름다움이나 매력에 마음이 홀림.

0150 ☐☐☐

매혹 魅惑

도깨비 / 미혹

⌷ (도깨비처럼) 남의 마음을 사로잡아 홀림.

0151 ☐☐☐

고희 古稀

옛 / 드물다

⌷ 일흔 살. 예로부터 드문 나이.
출전 두보(杜甫)의 인생칠십고래희(人生七十古來稀).

0152 ☐☐☐

곡절 曲折

굽다 / 꺾다

⌷ 이리저리 복잡하게 얽힌 사정이나 까닭. 우여곡절(迂餘曲折).

0153 ☐☐☐

곡직 曲直

굽다 / 곧다

⌷ 굽음과 곧음. 사리의 옳고 그름.
예시 불문곡직(不問曲直)하고.

0154 ☐☐☐

곡진하다 曲盡--

굽다 / 다하다

⌷ 매우 간곡하고 정성스럽다.

0155 ☐☐☐

곡학아세 曲學阿世

굽히다 / 학문 / 아첨하다 / 세상

명 진리를 탐구하는 바른 학문의 길에서 벗어나 세상에 굽신거리며 아부함.

0156 ☐☐☐

곡해 曲解

굽히다 / 풀다

명 사실을 구부려 바르지 않게 해석함.

0157 ☐☐☐

곤욕 困辱

어렵다, 괴롭다 / 욕되다, 더럽히다

명 참기 힘든 심한 모욕.

0158 ☐☐☐

곤혹스럽다 困惑---

어렵다, 괴롭다 / 미혹

형 곤란한 일을 당하여 어찌할 바를 모르다.

0159 ☐☐☐

골계 滑稽

미끄럽다 / 비녀, 지르다

명 웃음과 익살을 사용하여 교훈을 줌.

0160 ☐☐☐

골몰 汩沒

잠기다 / 빠지다

명 한 가지 일에만 푹 빠지거나 파묻힘.

0161 ☐☐☐

골육 骨肉

뼈 / 살, 고기, 몸

명 뼈와 살.
부자, 형제 등의 육친(肉親)을 이르는 말. '골육지친(骨肉之親)'의 준말.

0162 ☐☐☐

공간 空間

바다 / 사이

명 아무것도 없이 텅 빈 곳.

0163 ☐☐☐

공감 共感

함께 / 느끼다

명 남의 감정이나 의견에 대하여 자기도 그렇다고 느낌.

0164 ☐☐☐

공감각 共感覺

함께 / 느끼다 / 느끼다

명 어떤 하나의 감각이 다른 영역의 감각을 불러일으키는 일. 예를 들어 소리를 들으면 어떤 빛깔이 느껴지는 것을 이른다. 예시 푸른 종소리.

0165 ☐☐☐

공고하다 鞏固--

단단하다 / 굳다

형 단단하고 굳세다.

0166 ☐☐☐

공공 公共

공변되다 / 함께

명 개인이 아니라 여럿이나 집단에 관계되는 일. 국가나 사회의 구성원에게 관계되는 것.

☐☐☐

공공선 公共善

공변되다 / 함께 / 좋다

명 개인이 아니라 국가나 사회, 인류 등 모두를 위한 선. ≒공동선(公同善).

0167 ☐☐☐

공과 功過

공 / 허물

명 공로와 과실.

0168 ☐☐☐

공교하다 工巧--

장인 / 교묘하다

명 · 형 재주가 있고 교묘하다.

0169 ☐☐☐

공급 供給

주다 / 주다

명 주는 것. 교환하거나 판매하기 위하여 시장에 재화나 용역을 제공하는 일. ↔ 수요(需要).

0170 ☐☐☐

공동체 共同體

함께/한가지, 같다/몸, 단체

몡 여럿이 함께하는 집단. 공동 사회.

0171 ☐☐☐

공리 公利

공변되다/이롭다, 이익

몡 개인이 아니라 여럿이나 모두의 이익.

0172 ☐☐☐

공리주의 功利主義

몡 모든 행위의 목적이나 기준이 인간의 이익과 행복을 늘리는 데 있는 주의. 공리주의에는 개인의 행복 추구를 앞세우는 것(제레미 벤담)과, 사회 전체의 복지를 중시하는(존 스튜어트 밀) 견해가 있다.

0173 ☐☐☐

공리공론 空理空論

비다/이치/비다/논의하다

몡 말로만 행하는 헛된 이론. 실천이 따르지 않는 논의.

예시 탁상공론(卓上空論).

0174 ☐☐☐

공명심 功名心

공/이름/마음

몡 공을 내세워 이름을 널리 알리려는 마음.

0175 ☐☐☐

공명심 公明心

공변되다/밝다/마음

몡 사사로움이나 치우침이 없이 공정하고 명백한 마음.

0176 ☐☐☐

공박하다 攻駁--

치다/반박하다

동 남의 잘못을 따지고 공격하다.

0177 ☐☐☐

공복 公僕

공변되다/종, 부리다

몡 여러 사람의 심부름꾼.
국민이나 사회의 심부름꾼이라는 뜻으로, '공무원'을 이르는 말.

0178 ☐☐☐

공상 空想

비다 / 생각하다

명 현실적이지 못해서 실현될 가망이 없는 생각. ↔ 현실(現實).

예시 공상과학(空想科學) 소설

0179 ☐☐☐

공설 公設

공변되다 / 설치하다

명 국가나 공공 단체에서 일반 사람들을 위하여 만들어 설치하는 것들.

예시 공설 운동장.

0180 ☐☐☐

공손성 恭遜性

명 말이나 행동이 겸손하고 예의 바른 성품.

0181 ☐☐☐

공시적 共時的

함께 / 때 / 과녁

관·명 어떤 시기를 가로로 잘라서 보듯이 횡적으로 바라보는 것. ↔ 통시적(通時的).

0182 ☐☐☐

공양 供養

주다, 이바지하다 / 기르다

명 웃어른을 잘 모시어 음식을 바치는 일.

0183 ☐☐☐

공염불 空念佛

비다 / 생각하다[념] / 부처

명 믿음이 없이 입으로만 외는 헛된 염불.
실천이나 내용이 뒤따르지 않는 실없는 말을 비유.

0184 ☐☐☐

공익 公益

공변되다, 공동 / 더하다, 이익

명 개인이 아닌 사회나 집단 모두의 이익.
사회 전체의 이익.

0185 ☐☐☐

공정 公正

공변되다 / 바르다

명 공평하고 올바름.

0186 ☐☐☐

공중 公衆

공변되다 / 무리

⑨ 보통 사람들. 사회의 일반인.

☐☐☐

공중누각 空中樓閣

하늘, 비다 / 가운데 / 다락, 망루
[류] / 다락집, 층집

⑨ 공중에 떠 있는 누각. 아무런 근거나 토대가 없
는 사물이나 생각을 비유. ≒ 신기루. 사상누각(砂上
樓閣, 沙上樓閣).

0187 ☐☐☐

신기루 蜃氣樓

교룡 / 기운 / 누각

⑨ 대기 속에서 빛의 굴절 현상에 의하여 공중이나
땅 위에 무엇이 있는 것처럼 보이는 현상. 홀연히 나
타났다 사라지는 아름답고 환상적인 현상을 비유.

0188 ☐☐☐

공천 公薦

공변되다 / 추천하다

⑨ 여러 사람의 의견을 모아 추천함.
선거에 출마할 당원을 당에서 공식적으로 추천하는
일.

0189 ☐☐☐

공출 供出

주다, 이바지하다 / 나다

⑨ 국민이 국가의 필요에 따라 농업 생산물이나 물
건 등을 내어놓는 것

0190 ☐☐☐

공평무사 公平無私

공변되다 / 평평하다 /
없다 / 사사로움

⑨ 한쪽으로 치우치지 않고 사사로움이 없음.

0191 ☐☐☐

과대 誇大

떠벌리다 / 크다

⑨ 작은 것을 크게 부풀림.

☐☐☐

과대망상 誇大妄想

떠벌리다 / 크다 /
허망하다 / 생각하다

⑨ 사실보다 크게 부풀려진 헛된 생각.

0192 □□□

과물탄개 過勿憚改

허물 / 말다 / 꺼리다 / 고치다

圀 잘못임을 깨닫거든 바로 고치기를 꺼려하지 말라. ≒ 과즉물탄개(過則勿憚改).

0193 □□□

과분하다 過分‒‒

넘치다, 지나치다 / 나누다, 분수

圈 분수에 넘치다. ↔ 응분(應分).

0194 □□□

과실 果實

열매, 실과 / 열매, 실제

圀 과일. 열매.

0195 □□□

과실 過失

지나치다, 허물 / 잃다, 실수

圀 잘못이나 허물. ≒ 과오(過誤).

0196 □□□

과실상규 過失相規

허물 / 잃다 / 서로 / 법, 규제하다

圀 잘못을 저지르지 않도록 서로 규제함.

0197 □□□

과유불급 過猶不及

지나치다 / 같다 / 아니다 / 미치다

圀 정도를 지나침은 미치지 못함과 같다. 지나치지도 모자라지도 않은 중용(中庸)이 중요함.

출전 〈논어(論語)〉.

0198 □□□

과장 誇張

떠벌리다 / 베풀다

圀 사실보다 지나치게 부풀림.

0199 □□□

과전이하 瓜田李下

오이 / 밭 / 오얏[리] / 아래

圀 오이 밭에서 신발을 고쳐 신지 말라. 남에게 의심받기 쉬운 행동은 피하는 것이 좋음.

참조 과전불납리 이하부정관 (瓜田不納履 李下不整冠)

0200 □□□

이하부정관 李下不整冠

오얏, 자두/아래/아닐/정돈하다/갓, 관

[명] 자두나무 밑에서는 갓을 고쳐 쓰지 않는다. 자두나무 밑에서 갓을 고쳐 쓰면, 마치 자두를 따는 것처럼 보여 도둑으로 오인되기 쉽다는 말. 남에게 의심 살 만한 일은 피하는 것이 좋다.

0201 □□□

관건 關鍵

빗장/자물쇠

[명] 문빗장과 자물쇠. 어떤 사물이나 문제 해결의 가장 중요한 부분.

0202 □□□

관념 觀念

보다/생각하다

[명] 어떤 일에 대한 견해나 생각.

현실에 바탕을 두지 않는 추상적이고 공상적인 생각.

□□□

관념적 觀念的

[관] · [명] 실제 현실이 아니라 눈에 보이지 않는 추상적 관념에만 사로잡혀 있는. ≒ 추상적(抽象的), ↔ 현실적(現實的), 구체적(具體的).

0203 □□□

관련 關聯

빗장, 잠그다/연관되다

[명] 사람, 사물, 현상 따위가 서로 관계를 맺고 있음.

0204 □□□

관문 關門

빗장, 잠그다/문

[명] 국경이나 요새의 성문. 어떤 일을 하기 위하여 반드시 거쳐야 하는 주요한 길목.

0205 □□□

관습 慣習

버릇/익히다

[명] 사회에서 오랫동안 지켜져 내려와 사회 구성원들이 널리 인정하는 질서나 풍습.

□□□

관습적 慣習的

[관] · [명] 관습에 따른.

0206 □ □ □

관용 慣用

익숙하다/쓰다

[명] 습관적으로 늘 쓰는 것.
오랫동안 써서 굳어진 대로 그렇게 쓰는 것.

0207 □ □ □

관용 寬容

관대하다/용서하다

[명] 남의 잘못을 너그럽게 받아들이거나 용서함.

0208 □ □ □

관점 觀點

보다/점

[명] 사물이나 현상을 보고 생각하는 태도나 방향.

0209 □ □ □

관조 觀照

보다/비추다

[명] 고요한 마음으로 사물이나 현상을 바라보거나 비추어 봄.

□ □ □

관조적 觀照的

[관] · [명] 고요한 마음으로 사물이나 현상을 바라보거나 비추어 보는.

0210 □ □ □

관철 貫徹

꿰다/뚫다

[명] 단단한 것을 꿰뚫고 나감.
어려움을 헤치고 나아가 기어이 목적을 이룸. ↔ 좌절(挫折).

0211 □ □ □

관포지교 管鮑之交

대롱/말린 생선/어조사/사귀다

[명] 관중(管仲)과 포숙아(鮑叔牙)의 사귐. 아주 돈독한 우정. ≒ 금란지교(金蘭之交), 지란지교(芝蘭之交).

0212 □ □ □

관할 管轄

피리, 대롱/비녀장

[명] 담당 구역, 일정한 권한을 가지고 통제할 수 있는 범위.

0213 ☐ ☐ ☐

관행 慣行

버릇, 익숙하여지다 / 가다, 행동

> **명** 오래전부터 익숙하게 해 오는 행동.

0214 ☐ ☐ ☐

관혼상제 冠婚喪祭

갓, 모자 / 혼인하다, 결혼하다 /
죽다, 상 치르다 / 제사

> **명** 관례, 혼례, 상례, 제례.
> 벼슬하고, 결혼하고, 장례를 치르고, 제사 지내는 것
> 을 아울러 이름.

0215 ☐ ☐ ☐

괄목상대 刮目相對

눈 비비다 / 눈 / 서로 / 마주하다

> **명** 눈을 비비고 상대편을 보다. 못 본 사이에 남의
> 학식이나 재주가 놀랄 만큼 부쩍 늘어난 것을 비유.

0216 ☐ ☐ ☐

광복 光復

빛 / 되찾다

> **명** 빛을 되찾음. 빼앗긴 주권을 도로 찾음. ≒ 해방
> (解放).

0217 ☐ ☐ ☐

광야 曠野 / 廣野

넓다 / 들

> **명** 아득하게 넓은 들.

0218 ☐ ☐ ☐

광음 光陰

빛 / 그늘

> **명** 햇빛과 그늘. 즉 낮과 밤이라는 뜻으로, 시간이나
> 세월. **예시** 일촌광음불가경(一寸光陰不可輕 아주 작은
> 순간이라도 가벼이 여기지 말라).

0219 ☐ ☐ ☐

괴뢰 傀儡

꼭두각시, 도깨비 / 꼭두각시

> **명** 꼭두각시. 망석중. 나무로 만든 인형의 팔다리에
> 맨 줄을 움직여서 춤을 추게 한다.

0220 ☐ ☐ ☐

괴리 乖離

어그러지다, 어기다 / 떨어지다, 어
긋나다

> **명** 서로 어그러져 동떨어짐.

ㄱ

0221 □□□

교각살우 矯角殺牛

바로잡다/뿔/죽이다/소

[명] 소의 뿔을 바로잡으려다가 소를 죽인다.
잘못된 점을 고치려다가 정도가 지나쳐 오히려 일을 그르침.

0222 □□□

교두보 橋頭堡

다리/머리/보루

[명] 침략하기 위한 발판. 상륙 · 도하 작전에서 적군이 점령하고 있는 강기슭이나 해안선의 한 모퉁이를 점거하고 마련한 진지. ≒ 거점(據點).

0223 □□□

교란 攪亂

어지럽다/어지럽다, 혼란하다

[명] 어지럽힘. 뒤흔들어 혼란스럽게 함.

0224 □□□

교만 驕慢

뽐내다, 으스대다/건방지다

[명] 잘난 체 뽐내며 건방짐.

0225 □□□

교사 教唆

가르치다/꾀다, 부추기다

[명] 남을 꾀거나 부추김.

0226 □□□

교수 教授

가르치다/주다

[명] 학문이나 기예를 가르침.
대학에서 학문을 가르치고 연구하는 사람.

0227 □□□

교술 教述

가르치다/서술하다

[명] 대상이나 세계를 있는 그대로 묘사하고 설명.

0228 □□□

교언영색 巧言令色

교묘하다/말/아름답다/빛

[명] 번드레한 말과 좋게 꾸민 얼굴빛. 아첨하는 말과 태도를 가리킴.

[참조] 교언영색선의인(巧言令色鮮矣仁)

0229 ☐ ☐ ☐

교정 校訂

학교, 교정 / 고치다

㈅ 문장의 잘못된 글자나 글귀 따위를 바르게 고침.
≒ 퇴고(推敲).

0230 ☐ ☐ ☐

교정 矯正

바루다 / 바르다

㈅ 잘못된 것을 바로잡음.
교도소나 소년원에서 재소자의 잘못된 품성이나 행
동을 바로잡음.

0231 ☐ ☐ ☐

교체 交替/交遞

사귀다 / 바꾸다

㈅ 다른 것으로 바꿈.

0232 ☐ ☐ ☐

교편 教鞭

가르치다 / 채찍

㈅ 가르치는 일. 교사가 수업이나 강의를 할 때 필
요한 사항을 가리키기 위하여 사용하는 가느다란
막대기. 예시 교편을 잡다

0233 ☐ ☐ ☐

교학상장 教學相長

가르치다 / 배우다 /
서로 / 길다, 자라다

㈅ 가르치고 배우면서 서로 성장한다는 뜻.
배움의 과정은 가르치는 이와 배우는 이 사이에서
상호간에 일어나는 것임을 이른다.

0234 ☐ ☐ ☐

구가하다 謳歌--

칭송하다 / 노래하다

㈌ 여러 사람이 입을 모아 칭송하다.

0235 ☐ ☐ ☐

구구하다 區區--

나누다 / 나누다

㈎ 각각 다르다.
자잘하고 많아서 일일이 언급하기가 구차스럽다.

0236 ☐ ☐ ☐

구명하다 究明--

연구하다 / 밝다

㈌ 사물의 본질이나 원인을 깊이 연구하여 밝히다.

0237 ☐☐☐

구밀복검 口蜜腹劍
입/꿀/배/칼

명 입에는 꿀이 있고 배 속에는 칼이 있다.
입으로는 달콤한 말을 해도 속으로는 해칠 마음을 품고 있음. 참조 겉 다르고 속 다르다.

0238 ☐☐☐

구비 口碑
입/비석, 새기다

명 예전부터 입에서 입으로 전해져 내려온 것.
비석에 새긴 것처럼 오래도록 전해 내려온 말.

☐☐☐

구비문학 口碑文學

명 문자가 아니라 입에서 입으로 전하여 오는 문학.
민요, 무가, 민속극 등이 있다. ≒ 구전 문학, 적층 문학, 전승 문학.

0239 ☐☐☐

구사 驅使
말 몰다/시키다, 부리다

명 사람이나 동물을 몰아쳐서 부림. 능숙하게 마음대로 부려 씀.

0240 ☐☐☐

구사일생 九死一生
아홉/죽다/하나/살다

명 아홉 번 죽을 뻔했다 한 번 살아난다. 죽을 고비를 여러 차례 넘기고 겨우 살아남.

0241 ☐☐☐

구상 構想
얽다/생각하다

명 머릿속으로 이리저리 생각해 보는 것.
예술작품을 창작할 때, 내용이나 표현 형식에 대하여 미리 생각을 해 봄. ≒ 구사(構思).

0242 ☐☐☐

구상권 求償權
구하다/보상하다, 갚다/권세, 권리

명 다른 사람의 빚을 대신 갚은 사람이 연대 채무자나 주채무자에게 상환을 요구할 수 있는 권리.

0243 ☐☐☐

구상유취 口尙乳臭
입/아직/젖/냄새

명 입에서 아직 젖내가 난다. 말이나 행동이 어리고 유치함.

0244 □□□

구성 構成

얽다, 구조 / 이루다

영 몇 가지 부분이나 요소들을 모아서 전체를 이룸. 늑플롯(plot).

□□□

구성원 構成員

영 어떤 조직이나 단체를 이루고 있는 사람들.

□□□

재구성 再構成

영 한 번 구성하였던 것을 해체하여 다시 새롭게 구성함.

0245 □□□

구세제민 救世濟民

구출하다 / 세상 / 건네주다 / 백성

영 어지러운 세상을 구원하고 고통 받는 백성을 구제함.

참조 경세제민(經世濟民).

0246 □□□

구속 拘束

억압하다 / 묶다

영 가두거나 묶다. ↔석방(釋放), 해방(解放).

0247 □□□

구속 救贖

구해주다 / 속바치다

영 기독교에서 예수가 십자가에 못 박혀 인류의 죄를 대신 속죄하여 구원함.

참조 속바치다 (죄를 면하기 위하여 돈을 바치다).

0248 □□□

구어체 口語體

영 일상 대화체로 쓰인 문체. 늑입말체. ↔문어체(文語體).

0249 □□□

구우일모 九牛一毛

아홉 / 소 / 하나 / 털

영 아홉 마리의 소 가운데 박힌 하나의 털. 매우 많은 것 가운데 극히 적은 수.

참조 창해일속(滄海一粟).

0250 □□□

구전 口傳

입/전하다

[명] 말로 전하여 내려옴.
입에서 입으로 전하여 옴.

□□□

구전문학 口傳文學

[명] 말로 전하여 오는 문학. ≒구비문학

0251 □□□

구조 構造

얽다/만들다

[명] 부분이나 요소가 어떤 전체를 짜 이룸.

0252 □□□

구중심처 九重深處

아홉/무겁다, 거듭/깊다/곳

[명] 밖으로 드러나지 않는 아주 깊숙한 곳. =구중궁궐(九重宮闕).

0253 □□□

구체적 具體的

갖추다/몸/과녁

[관]·[명] 직접 경험하거나 느낄 수 있도록 실제적 형태와 성질을 갖추고 있는. ≒ 구상적(具象的). ↔ 추상적(抽象的)

0254 □□□

구현 具現/具顯

갖추다/나타나다

[명] 어떤 내용이 구체적인 사실로 나타남.

0255 □□□

구화지문 口禍之門

입/재앙/어조사/문

[명] 입은 재앙을 불러들이는 문. 말조심의 뜻.

0256 □□□

구획 區劃

나누다, 구역/긋다

[명] 경계를 지음.

0257 ☐☐☐

구휼 救恤

구해주다 / 돕다

명 재난을 당한 사람을 도와주는 것. 구제. 구호.

0258 ☐☐☐

국경일 國慶日

나라 / 경사 / 날

명 나라의 경사를 기념하기 위하여, 국가에서 법률로 정한 경축일. 삼일절, 제헌절, 광복절, 개천절, 한글날이 있다. 현충일(顯忠日), 성탄절(聖誕節), 석가탄신일, 설날, 추석(秋夕)은 국경일이 아니라 공휴일(公休日)임.

0259 ☐☐☐

국면 局面

판, 국면 / 얼굴, 장면

명 어떤 일이 벌어진 장면이나 형편.

0260 ☐☐☐

한국문학 韓國文學

명 한국의 문학. 한국의 고전 문학부터 현대 문학까지 모두 포함한다.

0261 ☐☐☐

국부적 局部的

국면 / 나누다, 부분 / 과녁

관·명 전체가 아닌 어느 한 부분에만 한정되는. ≒ 지엽적(枝葉的).

0262 ☐☐☐

국수 國粹

나라 / 순수하다, 고유하다

명 한 나라나 민족이 지닌 고유함

0263 ☐☐☐

국수주의 國粹主義

명 자기의 고유한 것만 고집하고 다른 것은 배척하는 태도. 자기 나라의 고유한 역사·전통·정치·문화만을 가장 뛰어난 것으로 믿고, 다른 나라나 민족을 배척하는 극단적인 태도.

0264 ☐☐☐

국어 國語

나라 / 말씀, 언어

명 한 나라의 국민이 쓰는 말. 우리나라의 국어는 '한국어'.

□□□

한국어 韓國語

명 한국인이 사용하는 언어. 형태상으로는 교착어이고, 계통적으로는 알타이 어족에 속한다. 한반도 전역 및 제주도를 위시한 한반도 주변의 섬에서 쓴다. 어순(語順)은 주어, 목적어(또는 보어), 술어의 순이며 꾸미는 말이 꾸밈을 받는 말의 앞에 놓이는 특성이 있다.

0265 □□□

국외자 局外者

국면/바깥/사람

명 바깥에 있는 사람. 벌어진 일에 직접적인 관계가 없는 바깥의 사람.

0266 □□□

국제 國際

나라/가장자리, 사귀다

명 나라와 나라 사이의 관계. 여러 나라가 모여서 이룬 관계.

0267 □□□

국한 局限

판, 국면/한정하다, 제한하다

명 범위를 일정한 부분에 한정함.

0268 □□□

군계일학 群鷄一鶴

무리/닭/하나/학

명 닭의 무리 가운데 한 마리의 학. 많은 사람 가운데서 뛰어난 인물.

0269 □□□

군담 軍談

군사/이야기

명 전쟁에 대한 이야기.

0270 □□□

군담소설 軍談小說

명 주인공의 군사적 활약상을 주요 내용으로 하는 소설. 〈임진록〉과 같이 실재했던 전쟁을 소재로 한 역사 군담 소설과 〈유충렬전〉, 〈조웅전〉과 같이 허구적 전쟁을 소재로 한 창작 군담 소설이 있다.

0271 ☐☐☐

군사부일체 君師父一體

임금 / 스승 / 아비 / 하나 / 몸

(명) 임금과 스승과 아버지의 은혜가 같음.

0272 ☐☐☐

군색하다 窘塞--

모자라다 / 막히다

(형) 모자라고 옹색하다.
떳떳하지 못하고 거북하다.

0273 ☐☐☐

군자 君子

임금, 사내 / 아들, 남자의 미칭

(명) 행실이 점잖고 어질며 덕과 학식이 높은 사람.
유교에서 이상적인 사람을 이르던 말.

☐☐☐

군자삼락 君子三樂

임금, 사내 / 아들 / 셋 / 즐겁다

(명) 군자의 세 가지 즐거움. 부모가 살아 계시고 형제
가 무고한 것, 하늘과 사람에게 부끄러워할 것이 없
는 것, 천하의 영재를 얻어서 가르치는 것을 이른다.

0274 ☐☐☐

굴절 屈折

굽히다 / 꺾이다

(명) 휘어지고 꺾임.
생각이나 말 따위가 어떤 것에 영향을 받아 본래의
모습과 달라짐.

0275 ☐☐☐

굴지 屈指

굽히다 / 손가락

(명) 손가락을 꼽아 셈. 손꼽을 정도로 매우 뛰어남.

0276 ☐☐☐

궁구 窮究

몸, 속, 다하다 / 연구하다

(명) 속속들이 파고들어 깊게 연구함.

0277 ☐☐☐

궁극적 窮極的

몸, 속, 다하다 / 끝 / 과녁

(관)·(명) 마지막으로 최종적인 지경에 도달하는.

0278 □□□

권리 權利

권세 / 이롭다, 이익

명 권세와 이익. 어떤 일을 행하거나 타인에 대하여 당연히 요구할 수 있는 힘이나 자격.

0279 □□□

권모술수 權謀術數

권세, 임기응변하다 / 꾀 / 꾀 / 꾀

명 임기응변의 꾀와 술책. 목적 달성을 위하여 수단과 방법을 가리지 아니하는 것.

0280 □□□

권불십년 權不十年

권력 / 아니다 / 열 / 해

명 권세는 십 년을 가지 못한다. 아무리 높은 권세라도 오래가지 못함. ≒ 화무십일홍(花無十日紅).

0281 □□□

화무십일홍 花無十日紅

꽃 / 없다 / 열 / 날 / 붉다

명 열흘 동안 붉은 꽃은 없다. 한 번 성한 것이 때가 되면 쇠하여짐을 비유. ≒ 권불십년(權不十年).

0282 □□□

권선징악 勸善懲惡

권하다 / 착하다 /
징계하다 / 악하다

명 착한 일을 권장하고 악한 일을 징계함.

0283 □□□

권위 權威

권세 / 위엄, 위용

명 남을 지휘하거나 통솔하여 따르게 하는 힘.
사회적으로 인정을 받고 영향력을 끼칠 수 있는 위신.

0284 □□□

권태 倦怠

게으르다 / 게으르다

명 관심이 시들해져서 생기는 게으름이나 싫증.

0285 □□□

권토중래 捲土重來

말다 / 흙 / 거듭, 무겁다 / 오다

명 땅을 말아 일으킬 것 같은 기세로 다시 온다. 한 번 실패하였으나 힘을 회복하여 다시 시도함.
출전 〈오강정시(烏江亭詩)〉.

0286 ☐☐☐

궤도 軌道

바큇자국 / 길

㈀ 수레가 지나간 바큇자국.

일이 발전하는 본격적인 방향과 단계. ≒ 선로(線路).

0287 ☐☐☐

궤변 詭辯

속이다, 어그러지다 /
말 잘하다, 논쟁하다

㈀ 상대편을 이기기 위하여 교묘한 언술로 꾸며대
는 것.

예시 궤변론자. 소피스트.

0288 ☐☐☐

귀감 龜鑑

거북 / 거울

㈀ 본받을 만한 모범.

0289 ☐☐☐

귀거래사 歸去來辭

돌아가(오)다 / 가다 /
오다, 조사 / 말, 문체

㈀ 세속명리를 버리고 고향으로 돌아가 전원생활을 하는
것에 대한 찬미. 중국 진(晉) 나라의 도연명(陶淵明)이 벼
슬을 버리고 고향으로 돌아갈 때 지은 것으로, 자연과 더불
어 사는 전원생활의 즐거움을 동경하는 내용이다.

0290 ☐☐☐

귀결 歸結

돌아가다 / 맺다, 결론

㈀ 어떤 결말이나 결과에 이름.

0291 ☐☐☐

귀납 歸納

돌아가다 / 들이다

㈀ 특수한 사실이나 원리로부터 일반적이고 보편적
인 명제 및 법칙을 이끌어 냄. 추리 및 사고방식의
하나. ≒ 귀납추리. ↔ 연역(演繹).

☐☐☐

귀납법 歸納法

㈀ 개별적인 특수한 사실이나 원리로부터 일반적인
사실이나 원리로서의 결론을 이끌어 내는 연구 방법.
베이컨을 거쳐 밀에 의하여 자연 과학 연구 방법으로
정식화되었다. ↔ 연역법(演繹法).

0292 ☐☐☐

귀소 歸巢

돌아가(오)다 / 둥지, 집, 깃들다

㈀ 동물이 집이나 둥지로 돌아감. ≒ 귀서(歸棲).

ㄱ

0293 □□□

귀소성 歸巢性

명 동물이 자기 서식지나 둥지로 되돌아오는 성질을 가리킴. 꿀벌, 개미, 비둘기, 제비 등에서 두드러지게 나타난다. = 귀소본능(歸巢本能).

0294 □□□

귀신 鬼神

귀신 / 귀신, 정신, 신

명 사람이 죽은 뒤에 남는다는 넋. 사람에게 화(禍)와 복(福)을 내려 준다는 신령(神靈).

어떤 일에 남보다 뛰어난 재주가 있는 사람을 비유.

0295 □□□

귀의 歸依

돌아가다 / 의지하다

명 돌아와서 몸을 의지함.

몰아의 경지에서 종교적 절대자나 종교적 진리를 깊이 믿고 의지하는 일. 예시 불법(佛法)에 귀의하다.

0296 □□□

귀천 歸天

돌아가다 / 하늘

명 넋이 하늘로 돌아간다. 사람의 죽음을 이르는 말.

0297 □□□

귀추 歸趨

돌아가다 / 달아나다

명 일이 되어 가는 형편.

0298 □□□

귀화 歸化

돌아가다 / 되다

명 원산지가 아닌 다른 지역으로 옮겨서 적응하는 것. 다른 나라의 국적을 얻음.

왕의 어진 정치에 감화되어 그 나라의 백성이 됨.

0299 □□□

규명하다 糾明--

얽히다, 들추다 / 밝다

동 자세히 따져서 밝히다.

0300 □□□

규방 閨房

여자 / 방

명 부녀자가 거처하는 방. 안방.

0301 □ □ □

규범 規範

법 / 모범

[명] 마땅히 따르고 지켜야 할 법칙과 원리.

0302 □ □ □

규제 規制

법, 바로잡다 / 마르다, 누르다

[명] 규칙이나 규정에 의하여 일정한 한도를 정함.
= 규정(規定).

0303 □ □ □

규칙 規則

법 / 법

[명] 여러 사람이 다 같이 지키기로 작정한 법칙이나 질서. 헌법이나 법률에 입각하여 정립되는 제정법. 입법 . 사법 . 행정의 각 부에서 제정되며, 국회 인사 규칙 . 감사원 사무 처리 규칙 . 법원 사무 규칙 따위가 있다.

0304 □ □ □

규탄 糾彈

꼬다, 들추어내다 / 탄알, 힐책하다

[명] 잘못을 들춰내어 따지고 나무람.

0305 □ □ □

규합하다 糾合--

살피다, 모으다 / 더하다, 합하다

[동] 모으다.

0306 □ □ □

균열 龜裂

트다, 갈라지다, 거북 [구] / 찢다, 찢어지다

[명] 찢어지고 갈라짐.
거북의 등에 난 무늬처럼 갈라져 터짐.

0307 □ □ □

균형 均衡

고르다 / 저울, 무게

[명] 어느 한쪽으로 기울거나 치우치지 아니하고 고른 상태.

0308 □ □ □

극기 克己

이기다, 극복하다 / 몸, 자기

[명] 자기 자신을 스스로 눌러 이김. 자기의 감정이나 욕심, 충동 따위를 이성적 의지로 눌러 이김.
[예시] 극기 훈련.

□□□

극기복례 克己復禮

이기다/몸,자기/돌아오다/예도

ⓜ 자기 자신을 이겨서 예로 돌아감. 자기의 욕심을 누르고 극복하여 예의범절을 따름. ≒ 극복(克復).

0309 □□□

극대화 極大化

끝/크다/되다

ⓜ 아주 크게 함. ↔ 극소화(極小化).

0310 □□□

극복 克服

이기다/굴복하다

ⓜ 악조건이나 고생 따위를 이겨 냄.

0311 □□□

극적 劇的

심하다,연극/과녁

ⓟ · ⓜ 연극의 특성을 띤. 연극을 보는 것처럼 긴장이나 감동을 불러일으키는

0312 □□□

근간 根幹

뿌리/줄기

ⓜ 뿌리와 줄기. 사물의 바탕이나 중심이 되는 중요한 것. ↔ 지엽(枝葉 줄기와 잎).

0313 □□□

근거 根據

뿌리/기대다

ⓜ 근본이 되는 이유. ≒ 증거(證據).

0314 □□□

근대 近代

가깝다/대신하다, 시대

ⓜ 얼마 지나가지 않은 가까운 시대. 역사의 시대 구분의 하나로, 중세와 현대 사이의 시대. 우리나라에서는 일반적으로 1876년의 개항 이후부터 근대 시기가 시작되었다고 여긴다.

□□□

근대소설 近代小說

ⓜ 19세기 유럽에서 주로 사실주의나 자연주의에 바탕을 두고 현실과 사회와 인간 문제를 다룬 소설. 우리나라의 경우, 이광수의 〈무정〉을 효시로 본다.

□ □ □

근대화 近代化

® 근대적인 상태가 됨.

0315 □ □ □

근묵자흑 近墨者黑

가깝다 / 먹 / 사람 / 검다

® 먹을 가까이하는 사람은 검어진다. 나쁜 사람과 가까이 지내면 같이 나쁜 버릇에 물들기 쉬움. ≒ 근주자적 (近朱者赤 붉은색을 가까이하면 붉어진다). 참조 먹을 가까이 하면 검어진다. 까마귀 노는 골에 백로야 가지 마라.

0316 □ □ □

근신 謹愼

삼가다 / 삼가다

® 말이나 행동을 삼가고 조심함.

0317 □ □ □

근역 槿域

무궁화 / 지역, 권역, 땅

® 끝이 없이 피어나는 무궁화가 많은 땅. '우리나라'를 이르는 말 ≒ 근화향(槿花鄕).

0318 □ □ □

금고 禁錮

금하다 / 땜질하다, 가두다

® 가두어 둠.
교도소에 가두어 두기만 하고 노역은 시키지 않는 형벌. ≒ 금고형(禁錮刑).

0319 □ □ □

금과옥조 金科玉條

금 / 과목 / 구슬 / 가지, 조문

® 금이나 옥처럼 귀중히 여겨 꼭 지켜야 할 법칙이나 규정.

0320 □ □ □

금관악기 金管樂器

® 쇠붙이로 만든 관악기. 트럼펫, 트롬본, 호른 등. ≒ 브라스.

0321 □ □ □

금기 禁忌

금하다 / 꺼리다

® 마음에 꺼려서 피함. 사용을 금지함.

□□□

금기어 禁忌語

㈜ 마음에 꺼려서 피하는 말. 관습, 신앙, 질병, 배설 따위와 관련되는 경우가 많다.

0322 □□□

금란 金蘭

쇠, 금/난초

㈜ 쇠보다 견고하고, 난초보다 향기롭다.
매우 친밀한 사귐이나 두터운 우정.

□□□

금란지교 金蘭之交

금/난초/어조사/사귀다

㈜ 우정이 두터워 단단하기가 쇠를 자를 정도이고, 향내가 난초와 같은 사귐. 다정한 친구 사이의 교제.
= 금란지계(金蘭之契).

□□□

금란지계 金蘭之契

금/난초/어조사/맺다

㈜ 친구 사이의 매우 두터운 정. 늑 금란지교(金蘭之交).

0323 □□□

금명간 今明間

이제, 오늘/밝다, 내일/사이

㈜ 곧. 오늘 내일 사이.

0324 □□□

금상첨화 錦上添花

비단/위/더하다/꽃

㈜ 비단 위에 꽃을 더한다.
좋은 일 위에 또 좋은 일이 더하여짐. ↔ 설상가상 (雪上加霜).

0325 □□□

금석 金石

쇠, 금/돌

㈜ 쇠붙이와 돌.
매우 굳고 단단함.

□□□

금석맹약 金石盟約

㈜ 쇠나 돌처럼 굳고 변함없는 약속. = 금석지약(金石之約).

□□□

금석지교 金石之交

쇠,금/돌/어조사/사귀다

웽 쇠나 돌처럼 굳고 변함없는 사귐.

□□□

금석문 金石文

웽 금속이나 돌에 새겨진 글자. 고대의 역사나 문화를 연구하는데 귀중한 자료이다. = 금석문자(金石文字).

0326 □□□

금석지감 今昔之感

이제/옛/어조사/느끼다

웽 지금과 옛날의 차이가 너무 심하여 생기는 느낌. ≒ 상전벽해(桑田碧海 뽕나무밭이 푸른 바다가 되듯이 아주 심한 변화를 일컬음.).

0327 □□□

금성 金星

쇠,금/별

웽 태양계에서 태양에서 둘째로 가까운 행성. ≒ 루시퍼, 비너스, 요도성, 태백성(太白星).

0328 □□□

금성탕지 金城湯池

쇠/성/끓다/못

웽 쇠로 만든 성과, 그 둘레에 파 놓은 뜨거운 물로 가득 찬 못. 방어 시설이 튼튼하게 잘되어 있는 성.
출전 〈한서(漢書)〉의 괴통전(蒯通傳)

0329 □□□

금슬 琴瑟

거문고/비파

웽 거문고와 비파. 부부 사이를 나타내는 "금실"의 본딧말.

□□□

금실 琴瑟

웽 부부간의 사랑.

□□□

금슬지락 琴瑟之樂

거문고/비파/어조사/즐겁다

웽 부부 사이의 화목함..

0330 □ □ □

금시 今時

이제/때

ⓜ 바로 지금.

□ □ □

금시초문 今時初聞/今始初
聞 이제/때/처음/듣다

ⓜ 바로 지금 처음으로 듣는 말.
갑작스럽고도 엉뚱한 말.

0331 □ □ □

금의야행 錦衣夜行

비단/옷/밤/가다

ⓜ 비단옷을 입고 밤길을 다닌다.
자랑삼지 않으면 생색이 나지 않음. ↔ 금의환향(錦
衣還鄉).

0332 □ □ □

금의환향 錦衣還鄉

비단/옷/돌다/고향

ⓜ 비단옷을 입고 자랑스럽게 고향에 돌아온다. 타
지에서 출세를 하여 태어난 고향에 돌아옴.
≒ 금귀(錦歸), 금환(錦還). ↔ 금의야행(錦衣夜行).

0333 □ □ □

금의옥식 錦衣玉食

비단/옷/구슬/음식

ⓜ 비단옷과 흰쌀밥.
호화스럽고 사치스러운 생활. ≒ 호의호식(好衣好食).

0334 □ □ □

금자탑 金字塔

쇠,금/글자/탑

ⓜ '金'자 모양의 탑. 피라미드(Pyramid)를 한자(漢子)
로 옮긴 말. 길이 후세에 남을 뛰어난 업적을 비유.

0335 □ □ □

금지옥엽 金枝玉葉

금,쇠/가지/옥/잎

ⓜ 금으로 된 가지와 옥으로 된 잎처럼 귀한 자손을
이르는 말. 임금의 가족을 높여 이르는 말.

0336 □ □ □

급진 急進

급하다/나아가다

ⓜ 서둘러서 급히 나아감. ↔ 점진(漸進 천천히 나아
감).

□□□

급진적 急進的

(관)·(명) 빠르고 급하게 이루어지는.
목적이나 이상을 급히 실현하고자 하는. ↔ 점진적
(漸進的).

0337 □□□

긍정 肯定

고개 끄덕이다 / 정하다

(명) 그렇다고 생각하여 인정함.

0338 □□□

긍지 矜持

자랑하다, 가엾이 여기다 / 가지다

(명) 당당함. 자랑스러움.

0339 □□□

긍휼 矜恤

자랑하다, 가엾이 여기다 /
도와주다

(명) 불쌍히 여겨 돌보아 줌.

0340 □□□

기고 寄稿

부치다, 주다 / 원고

(명) 신문, 잡지 등에 글을 싣기 위하여 원고를 써서
보냄. ≒ 투고(投稿).

0341 □□□

기고만장 氣高萬丈

기운 / 높다 / 일만 / 길이, 어른

(명) 높이 뛰어 오를 만큼 기세가 대단함.

0342 □□□

기교 技巧

기술, 기예 / 교묘하다

(명) 교묘한 기술이나 솜씨.

0343 □□□

기구하다 崎嶇--

험하다 / 험하다

(형) 험하다. 순탄하지 못하다.

0344 ☐☐☐

기근 饑饉/飢饉

굶다/주리다

명 굶주림.

0345 ☐☐☐

기능 機能

틀, 기회/능하다, 가능

명 구실이나 작용.

0346 ☐☐☐

기대 期待/企待

발돋움하다, 꾀하다/
기다리다, 대접하다

명 바라고 기다림.

0347 ☐☐☐

기도 企圖

발돋움하다, 꾀하다/
그림, 의도하다

명 어떤 일을 이루려는 계획이나 행동.

0348 ☐☐☐

기득권 旣得權

이미/얻다/권리, 권세

명 이미 차지하고 있는 권리.

0349 ☐☐☐

기로 岐路

가닥 나뉘다/길

명 나누어진 길. 여러 갈래로 갈린 길.

0350 ☐☐☐

기록 記錄

적다/적다

명 어떤 사실을 적음.

☐☐☐

기록문학 記錄文學

명 문자 언어로 기록되어 전해지는 문학. 르포, 르포
르타주, 보고문학 등.

0351 □□□

기립 起立

일어나다 / 서다

몡 일어나 섬.

0352 □□□

기밀 機密

틀 / 빽빽하다

몡 외부에 드러내서는 안 될 중요한 비밀.

0353 □□□

기발하다 奇拔--

기이하다 / 빼다, 배어나다

혱 기이하고 뛰어나다. 진기하게 빼어나다. ↔ 평범
하다(平凡)

0354 □□□

기백 氣魄

기운 / 넋

몡 씩씩하고 굳센 정신.

0355 □□□

기복 祈福

빌다, 구하다 / 복

몡 복을 빎.
예시 기복 신앙.

0356 □□□

기분 氣分

기운 / 나누다, 분위기

몡 감정이나 분위기.

0357 □□□

기사회생 起死回生

일어나다 / 죽다 / 돌다 / 살다

몡 죽은 사람을 일으켜 다시 살리다. 거의 죽을 뻔했
다가 도로 살아남.
간신히 위기에서 벗어남.

0358 □□□

기상천외 奇想天外

기이하다 / 생각하다 / 하늘 / 밖

몡 기발하고 엉뚱한 생각.

59

ㄱ

0359 □□□

기선 機先

틀, 기회 / 먼저

[명] 상대편의 세력이나 기세를 억누르기 위하여 먼저 행동하는 것.

[예시] 기선을 잡다.

0360 □□□

기술 技術

기예 / 술수

[명] 사물을 잘 다룰 수 있는 방법이나 능력.

0361 □□□

기승 氣勝

기운 / 이기다

[명] 기운이나 힘이 성하여 좀처럼 누그러들지 않음.

0362 □□□

기억 記憶

적다 / 다시 생각하다

[명] 의식 속에 저장함. ↔ 망각(忘却).

0363 □□□

기우 杞憂

나라이름 / 걱정

[명] 쓸데없는 걱정.

옛날 중국 기(杞)나라 사람이 '만일 하늘이 무너지면 어디로 피해야 좋을 것인가?' 하고 침식을 잊고 걱정하였다는데서 온 말. ≒ 군걱정.

0364 □□□

기조 基調

터, 바탕 / 고르다

[명] 기본적인 경향이나 방향.

0365 □□□

기준 基準

터, 바탕 / 법도, 고르다

[명] 기본이 되는 표준.

0366 □□□

기지 機智

틀, 기회 / 슬기, 지혜

[명] 재치 있는 지혜와 슬기.

0367 □□□

기치 旗幟

깃발 / 깃발

[명] 예전에 군대에서 쓰던 깃발.

일정한 목적을 위하여 내세우는 태도나 주장.

0368 □□□

기탄 忌憚

꺼리다/꺼리다

명 꺼림.

예시 기탄없는 의견.

0369 □□□

기피 忌避

꺼리다/피하다

명 꺼리거나 피함.

예시 병역 기피. 기피 시설.

0370 □□□

기호 記號

적다/부호

명 어떠한 뜻을 나타내기 위하여 쓰이는 부호, 문자, 표지 등. ≒ 심벌(symbol).

0371 □□□

기호 嗜好

즐기다/좋아하다

명 즐기고 좋아함.

□□□

기호품 嗜好品

명 즐기고 좋아하는 것.

0372 □□□

기호지세 騎虎之勢

말 타다/범/어조사/힘, 형세

명 호랑이를 타고 달리는 형세. 이미 시작한 일을 중도에서 그만둘 수 없는 경우를 가리킴.

0373 □□□

긴장 緊張

팽팽하다, 급하다, 굳다 / 베풀다, 당기다, 활시위 얹다

명 팽팽하게 당김. 마음을 조이고 정신을 바짝 차림. ↔ 이완(弛緩).

0374 □□□

끽연 喫煙

먹다, 마시다/연기, 담배, 그을음

명 담배를 피움. = 흡연(吸煙).

0375 □□□

끽다 喫茶

먹다, 마시다/차

명 차를 마심.

0376 ☐ ☐ ☐

나락 那落/奈落

어찌/떨어지다

🅜 아래로 떨어짐. 벗어나기 어려운 절망적인 상황을 비유.

0377 ☐ ☐ ☐

나침반 羅針盤

비단, 그물/못/함지

🅜 방향을 가리키는 계기판. 자침(磁針)이 남북을 가리키는 특성을 이용하여 만든다. ≒ 컴퍼스.

0378 ☐ ☐ ☐

낙관 樂觀

즐기다[락]/바라보다

🅜 밝고 희망적으로 바라봄. ↔ 비관(悲觀).

☐ ☐ ☐

낙관론 樂觀論

🅜 인생이나 사물을 밝고 희망적으로 바라보는 견해.

0379 ☐ ☐ ☐

낙양지귀 洛陽紙貴

물 이름[락]/별, 해/종이/귀하다

🅜 책이 좋은 평가를 얻어 잘 팔리는 것.
예전에 좌사의 책이 인기가 있어서 너도나도 베끼는 바람에 낙양의 종이 값이 오른 고사에서 유래.
예시 낙양지가를 올리다.

0380 ☐ ☐ ☐

낙인 烙印

지지다, 단근질하다/
도장, 찍다

🅜 불도장. 쇠붙이를 불에 달구어 찍는 도장.
주로 목재나 기구, 가축에 찍고 예전에는 죄인의 몸에 형벌로도 찍음. 씻기 어려운 불명예스럽고 욕된 평판.

0381 ☐☐☐

낙제 落第

떨어지다 / 차례, 등급

명 떨어짐. = 낙방(落榜). ↔ 급제(及第).

0382 ☐☐☐

낙천 樂天

즐겁다 / 하늘, 천성

명 즐겁고 좋은 것으로 여김.

☐☐☐

낙천주의 樂天主義

명 세상과 인생을 희망적으로 밝게 보는 생각이나 태도. ≒ 옵티미즘. 낙관주의.

0383 ☐☐☐

난감하다 難堪--

어렵다 / 견디다

명 · **형** 딱하고 어렵다.

0384 ☐☐☐

난리 亂離

어지럽다[란] / 떠나다

명 소란하고 어지럽다.

0385 ☐☐☐

난맥 亂脈

어지럽다[란] / 맥박, 줄기

명 이리저리 어지럽게 흩어져 있음.

0386 ☐☐☐

난무하다 亂舞--

어지럽다[란] / 춤추다

동 어지럽게 춤추다. 함부로 나서서 마구 날뛰다.

0387 ☐☐☐

난민 難民

어렵다, 재앙 / 백성, 사람

명 곤경에 빠져 형편이 어려운 사람.

□□□

피난민 避難民 　　　　　　　　　　　명 재난을 피하여 가는 사람.

0388 □□□

난삽하다 難澁-- 　　　　　　　　　형 글이나 말이 매끄럽지 못하여 어렵고 까다롭다.

어렵다, 난리／껄끄럽다, 어렵다

0389 □□□

난잡하다 亂雜-- 　　　　　　　　　형 행동이 어지럽고 막되다. 함부로 행동하고 너저

어지럽다／섞이다 　　　　　　　　　분하다.

0390 □□□

난이도 難易度 　　　　　　　　　　명 어려움과 쉬움의 정도.

어렵다／쉽다／정도

0391 □□□

고난도 高難度 　　　　　　　　　　명 어려움의 정도가 매우 큼.

0392 □□□

난항 難航 　　　　　　　　　　　　명 배나 비행기가 어렵게 항행함.

어렵다／운항하다 　　　　　　　　　여러 가지 장애 때문에 일이 순조롭게 진행되지 않
　　　　　　　　　　　　　　　　　음을 비유.

0393 □□□

난해하다 難解-- 　　　　　　　　　형 풀기 어렵다. 해결하기 어렵다.

어렵다／풀다

□□□

난해성 難解性 　　　　　　　　　　명 풀거나 해결하기 어려운 성질.

0394 ☐☐☐

날인 捺印

누르다, 삐치다 / 도장, 찍다

명 눌러 찍음.

0395 ☐☐☐

날조 捏造

반죽하다, 꿰어 맞추다 / 만들다

명 거짓으로 꾸며냄.

0396 ☐☐☐

남가일몽 南柯一夢

남녘 / 나뭇가지 / 하나 / 꿈

명 헛된 꿈. 한때의 헛된 부귀영화.
남쪽으로 뻗은 나뭇가지 아래에서 꾼 꿈. 중국 당나라의 순우분(淳于棼)이 술에 취하여 홰나무의 남쪽으로 뻗은 가지 밑에서 잠이 들었는데 괴안국(槐安國)의 부마가 되어 20년 동안 부귀영화를 누리다가 깨었다는 고사. ≒ 일장춘몽(一場春夢). 인생무상(人生無常).

0397 ☐☐☐

남루하다 襤褸--

누더기, 남루하다[람] / 남루하다

형 해지고 초라하다.

0398 ☐☐☐

남면 南面

남쪽 / 얼굴, 향하다

명 남쪽으로 향함. 왕이 나라를 다스림. 예전에 왕이 남쪽을 보고 앉아서 나라의 정사를 보던 데서 유래한 말. ≒ 남면출치(南面出治).

0399 ☐☐☐

남발 濫發

넘치다, 띄우다, 함부로[람] / 발행하다, 피다

명 마구 발행함.
말이나 행동 따위를 자꾸 함부로 함.

0400 ☐☐☐

남부여대 男負女戴

사내 / 지다, 짊어지다 / 여 / 머리에 이다

명 남자는 지고 여자는 인다. 가난한 사람들이 살 곳을 찾아 이리저리 떠돌아다님. ≒ 유랑걸식(流浪乞食).

0401 ☐☐☐

남상 濫觴

넘치다[람]/술잔

(명) 사물의 처음이나 기원. 양쯔 강(揚子江) 같은 큰 하천의 근원도 잔을 띄울 만큼 가늘게 흐르는 시내에서 시작하였다는 데서 온 말.

0402 ☐☐☐

남용 濫用

넘치다[람]/쓰다

(명) 함부로 씀. 함부로 행함.

0403 ☐☐☐

남취 濫吹

넘치다, 함부로[람]/불다

(명) 무능한 사람이 재능이 있는 체하는 것이나 실력이 없는 사람이 어떤 지위에 붙어 있는 일을 이르는 말.

중국 제(齊)나라 때에, 남곽(南郭)이라는 사람이 생황을 불 줄 모르면서 악사(樂士)들 가운데에 끼어 있다가 한 사람씩 불게 하자 도망하였다는 고사.

0404 ☐☐☐

납득 納得

들이다/얻다

(명) 이해. 알아듣고 받아들임.

0405 ☐☐☐

납량 納凉

들이다/서늘하다

(명) 서늘한 기운을 느낌.

예시 여름 납량 특선(特選).

0406 ☐☐☐

낭독 朗讀

소리 내어 읽다/읽다

(명) 소리 내어 읽음. ↔ 묵독(黙讀).

0407 ☐☐☐

낭만 浪漫

물결, 함부로[랑]/흐트러지다

(명) 정서적이며 이상적인 심리상태. 또는 그런 심리상태로 인한 감미로운 분위기.

참조 로맨틱 'romantic'에서 유래.

□□□

낭만주의 浪漫主義

ⓔ 실재나 현실보다 꿈이나 공상의 세계를 동경하고 감상적인 정서를 중시하는 사조. ≒ 노만주의, 로맨티시즘.

□□□

낭만적 浪漫的

관 · ⓔ 현실적이 아니고 환상적이며 공상적인.

0408 □□□

낭비 浪費

물결, 함부로 [랑] / 쓰다, 비용

ⓔ 헤프게 마구 씀. ↔ 검약(儉約).

0409 □□□

낭설 浪說

물결, 함부로 [랑] /
말(하다), 헛소문

ⓔ 터무니없는 헛소문.

0410 □□□

낭자하다 狼藉--

이리(동물) / 어지럽다

ⓗ 어지럽게 흩어져 있다. 왁자지껄하고 시끄럽다.

0411 □□□

낭중지추 囊中之錐

주머니 / 가운데 / 어조사 / 송곳

ⓔ 주머니 속의 송곳. 재능이 뛰어난 사람은 숨어 있어도 저절로 사람들에게 알려짐. ≒ 백미(白眉), 군계일학(群鷄一鶴).

0412 □□□

낭중취물 囊中取物

주머니 / 가운데 / 갖다 / 물건

ⓔ 주머니 속에서 물건을 꺼내듯이 아주 손쉽게 얻을 수 있음을 이르는 말. ≒ 여반장(如反 손바닥을 뒤집는 것처럼 쉽다).

0413 □□□

낭패 狼狽

이리(동물) / 이리(동물)

ⓔ 실패하거나 기대에 어긋나 매우 딱하게 됨.
예시 낭패를 당하다.

ㄴ

0414 □□□

내면 內面
안/쪽

[명] 안쪽. 사람의 속마음.

□□□

내면세계 內面世界
안/얼굴/세상/지경

[명] 마음속의 감정이나 심리.

□□□

내면화 內面化

[명] 정신적 · 심리적으로 마음속에 깊이 자리 잡힘.

0415 □□□

내사 內査
안/조사하다

[명] 안에서 몰래 조사함. 자체적으로 조사함.

0416 □□□

내성 耐性
참다, 견디다/성품

[명] 외부 자극에 대해서 일정하게 견디어내는 성질. 약물의 반복 복용에 의해 약효가 저하하는 현상.

0417 □□□

내신 內申
안, 몰래/피다, 말하다

[명] 인사 문제나 사업 내용 따위를 공개하지 아니하고 상급 기관에 보고함. 상급 학교 진학이나 취직과 관련하여 선발의 자료가 될 수 있도록 지원자의 출신 학교에서 학업 성적, 품행 등을 적어 보냄.

0418 □□□

내역 內譯
안/통변하다, 번역

[명] 명세(明細). 물품이나 금액 따위의 내용.

0419 □□□

내용 內容
안/얼굴, 포용하다

[명] 안에 든 것. 사물의 속내를 이루는 것. ↔ 형식(形式).

0420 ☐ ☐ ☐

내우외환 內憂外患

안/근심/바깥/근심

명 안의 근심과 바깥의 근심. 나라 안팎의 여러 가지 어려움.

0421 ☐ ☐ ☐

내재 內在

안/있다

명 안에 들어 있음.
형이상학 또는 종교 철학에서, 신(神)이 세계의 본질로서 세계 안에 존재함을 이르는 말.

☐ ☐ ☐

내재율 內在律

명 자유시나 산문시에서 문장에 잠재적으로 깃들어 있는 운율. ↔ 외형률(外形律).

☐ ☐ ☐

내재적 內在的

안/있다/과녁

관 · 명 안에 있는. 내면에 존재하는.

0422 ☐ ☐ ☐

내포 內包

안/싸다

명 어떤 성질이나 뜻을 속에 품음.
형식 논리학상으로는 내포와 외연은 반대 방향으로 증가 혹은 감소한다.

0423 ☐ ☐ ☐

내홍 內訌

안/어지럽다

명 내부에서 자기들끼리 일으킨 분쟁. ≒ 자중지란 (自中之亂).

0424 ☐ ☐ ☐

냉소 冷笑

치다, 쌀쌀하다,
쓸쓸하다[랭]/웃다

명 쌀쌀한 태도로 비웃음. ≒ 찬웃음.

0425 ☐ ☐ ☐

노골적 露骨的

이슬, 드러나다/뼈/과녁

관 · 명 모두 그대로 드러내는.

0426 ☐☐☐

노련하다 老鍊--

늙다[로]/단련하다

⬥ 익숙하고 능란하다. ↔ 미숙하다(未熟--).

0427 ☐☐☐

노마식도 老馬識途

늙다/말/알다, 지식/길

⬥ 늙은 말이 길을 안다.

어려운 일이 닥치면 경험이 풍부한 사람의 지혜를 빌려 풀어가야 한다는 뜻. ≒ 노마지지(老馬之智).

0428 ☐☐☐

노마지지 老馬之智

늙다/말/어조사/슬기

⬥ 늙은 말의 슬기로움. 늙은 말처럼 기력이 다하여 쓸모없어 보이지만 풍부한 경험으로 지혜를 낼 수 있다는 뜻. 아무리 하찮은 것이라도 저마다의 장기나 재주를 지니고 있다.

0429 ☐☐☐

노숙 露宿

이슬, 드러나다/잠자다

⬥ 바깥에서 자는 잠. 한뎃잠.

예시 노숙자, 노숙인.

0430 ☐☐☐

노심초사 勞心焦思

애쓰다/마음/태우다/생각

⬥ 몹시 마음을 쓰며 애를 태움.

0431 ☐☐☐

노익장 老益壯

늙다[로]/더하다/힘세다

⬥ 늙었지만 의욕이나 기력은 점점 좋아짐.

나이가 들수록 더욱 장대해짐.

0432 ☐☐☐

노작 勞作

힘쓰다/만들다, 작품

⬥ 애쓰고 노력해서 이룬 작품.

0433 ☐☐☐

수작 秀作

빼어나다/만들다, 작품

⬥ 빼어난 작품. 우수한 작품.

≒ 걸작

0434 ☐☐☐

역작 力作

힘/만들다, 작품

몧 힘을 기울여 만든 작품.

0435 ☐☐☐

노회하다 老獪--

늙다[로]/교활하다

톙 경험이 많고 교활하다.

0436 ☐☐☐

녹록하다 碌碌-/錄錄-

돌이 많다, 따르다[록]/
돌이 많다, 따르다

톙 평범하고 보잘것없다.
만만해서 상대하기 쉽다. 예시 녹록하지 않다.

0437 ☐☐☐

녹의홍상 綠衣紅裳

초록/옷, 저고리/붉다/치마

몧 연두저고리와 다홍치마.
곱게 차려입은 젊은 여자의 옷차림.

0438 ☐☐☐

논거 論據

의논하다[론]/근거

몧 어떤 이론이나 논리의 근거.

0439 ☐☐☐

논리 論理

의논하다[론]/이치

몧 사물의 이치.
이치에 맞게 사고나 추리를 이끌어 가는 원리.

☐☐☐

논리적 論理的

의논하다/이치/과녁

관·몧 논리에 맞는. 사고나 추리에 맞는.

☐☐☐

논리학 論理學

의논하다/다스리다/배우다

몧 바른 판단과 인식을 얻기 위한 올바른 사유의 형
식과 법칙을 연구하는 학문.

0440 □ □ □

논박 論駁

의논하다 [론] / 공격하다

[명] 논리나 이론으로 반박함.

□ □ □

논설 論說

의논하다 [론] / 말씀

[명] 이성적으로 판단하고 추리하여 하는 말.

어떤 주제에 관하여 자기의 의견이나 주장을 조리 있게 설명함.

□ □ □

논설문 論說文

[명] 어떤 주제에 관하여 자기의 생각이나 주장을 체계적으로 밝혀 쓴 글.

0441 □ □ □

논의 論議

의논하다 [론] / 의논하다

[명] 어떤 문제에 대하여 서로 의견을 내어 토의함.

0442 □ □ □

논점 論點

의논하다 [론] / 점

[명] 논의(論議)나 논쟁(論爭)의 중심이 되는 문제점.

0443 □ □ □

논제 論題

의논하다 [론] / 제목

[명] 논설이나 논문 등의 주제나 제목.

0444 □ □ □

논증 論證

의논하다 [론] / 증명하다

[명] 옳고 그름을 논리적 이유를 들어 밝힘.

0445 □ □ □

논지 論旨

의논하다 [론] / 뜻

[명] 논하는 말이나 글의 취지.

0446 ☐☐☐

논파 論破

의논하다[론]/깨다

圐 논하여 남의 이론이나 학설을 깨뜨려버림.

0447 ☐☐☐

논평 論評

의논하다[론]/평가하다

圐 논의하고 비평함.

0448 ☐☐☐

농단 壟斷/隴斷

언덕[롱]/끊다

圐 이익이나 권리를 독차지함.
어떤 사람이 시장에서 높은 곳에 올라가 사방을 둘러보고 물건을 사 모아 비싸게 팔아 이익을 독점하였다는 고사.

0449 ☐☐☐

농담 濃淡

진하다, 짙다/묽다

圐 짙음과 옅음. 진함과 묽음.

0450 ☐☐☐

농성 籠城

대그릇, 새장, 싸다[롱]/성, 성읍

圐 어떤 목적을 이루기 위하여 자리를 지키며 시위함.
적에게 둘러싸여 성문을 굳게 닫고 성을 지킴.

0451 ☐☐☐

농후하다 濃厚--

짙다/도탑다, 두텁다

圐·圀 짙다. ↔ 희박하다(稀薄--).

0452 ☐☐☐

누란지위 累卵之危

포개다, 여러[루]/알/
어조사/위험

圐 매우 위태로움. 알을 층층이 쌓아 놓아 깨질 듯이 위태로운 모습. ≒ 누란지세(累卵之勢).

0453 ☐☐☐

누설 漏泄/漏洩

새다[루]/새다

圐 새어 나감.

73

0454 ☐☐☐

누항 陋巷

더럽다/거리

㉱ 좁고 지저분하며 더러운 거리.

자기가 사는 거리나 동네를 겸손하게 이르는 말.

0455 ☐☐☐

눌변 訥辯

말더듬다, 말이 적다/
말질하다, 다투다

㉱ 서툰 말솜씨. ↔ 능변(能辯), 달변(達辯).

0456 ☐☐☐

능동 能動

능하다/움직이다

㉱ 스스로 움직이거나 작용함.

주체가 자발적으로 움직임. ↔ 수동(受動).

☐☐☐

능동적 能動的

능하다/움직이다/과녁

㉰·㉱ 스스로 자발적으로 일으키거나 움직이는. ↔
수동적(受動的).

0457 ☐☐☐

능사 能事

능하다/일

㉱ 잘하는 일.

㉭예시 능사가 아니다.

0458 ☐☐☐

능소능대 能小能大

능하다, 할 수 있다/작다/
능하다, 할 수 있다/크다

㉱ 능히 작게도 크게도 할 수 있음.

모든 일에 두루 능함.

0459 ☐☐☐

다기망양 多岐亡羊

많다/갈림길/잃다/
양, 염소

명 갈림길이 많아 잃어버린 양을 찾지 못한다는 뜻. 두루 섭렵하기만 하고 전공하는 바가 없어 끝내 성취하지 못함을 이르는 말. 방침이 많아서 도리어 갈 바를 모름.

0460 ☐☐☐

다다익선 多多益善

많다/많다/더욱/좋다

명 많으면 많을수록 더욱 좋음.
중국 한(漢)나라의 장수 한신이 한고조(高祖)유방과 '장수의 역량' 에 대하여 애기할 때, 고조는 10만 정도의 병사(병사를 지휘하는 군관)를 지휘할 수 있는 그릇이지만, 자신은 병사의 수가 많을수록 잘 지휘할 수 있다고 한 고사.

0461 ☐☐☐

다문화 多文化

많다/글월, 문화/되다

명 한 사회 안에 여러 민족이나 문화가 뒤섞여 있음.
예시 다문화사회.

0462 ☐☐☐

다반사 茶飯事

차/밥/일

명 예삿일. 흔한 일. 차를 마시고 밥을 먹는 것처럼 보통 있는 예사로운 일. ≒ 일상다반사, 항다반사.

0463 ☐☐☐

다의성 多義性

많다/옳다, 뜻/성품

명 여러 의미를 가지는 것.

0464 ☐☐☐

단가 短歌

짧다/노래

명 길이가 짧은 노래.
가사(歌辭)에 대하여, '시조(時調)'를 달리 이르는 말.

0465 ☐☐☐

단락 段落

계단/떨어지다

명 긴 글을 나눈 토막.
일이 어느 정도 다 된 끝.

0466 ☐☐☐

일단락 一段落

명 일의 한 단계를 끝냄.

0467 ☐☐☐

단사표음 簞食瓢飮

대그릇/밥, 먹이다/표주박/음료수, 마시다

명 대그릇에 담은 밥과 표주박에 든 물. 청빈하고 소박한 생활. ≒ 일단사일표음(一簞食一瓢飮), 단표누항(簞瓢陋巷), 안빈낙도(安貧樂道).

0468 ☐☐☐

단순호치 丹脣皓齒

붉다/입술/희다/이

명 붉은 입술과 하얀 치아. 아름다운 여자.

0469 ☐☐☐

단축 短縮

짧다/줄다

명 짧게 줄임.

0470 ☐☐☐

단합 團合

둥글다, 모이다/합하다

명 뭉침. = 단결(團結).

0471 ☐☐☐

담합 談合

명 짬짜미. 미리 서로 의논하여 짜 놓음. 경쟁 입찰을 할 때에 입찰 참가자가 서로 의논하여 미리 입찰 가격이나 낙찰자를 정하는 일.

0472 ☐☐☐

달관 達觀

이르다, 통달하다/보다

명 사소한 사물이나 일에 얽매이지 않고 세속을 벗어난 활달한 식견이나 인생관.

0473 ☐☐☐

담담하다 淡淡--

묽다/묽다

형 담백하고 묽다. 차분하고 평온하다. 사사롭지 않고 객관적이다.

0474 ☐☐☐

담론 談論

이야기하다 / 의논하다

명 이야기를 주고받음. 결론을 내거나 주장을 강하게 펼치지 않고 이어지는 논의.

0475 ☐☐☐

답보 踏步

밟다 / 걷다

명 앞으로 나아가지 않고 한 자리에 머무르는 일. = 제자리걸음.

0476 ☐☐☐

답습 踏襲

밟다 / 엄습하다, 인하다

명 예로부터 해 오던 방식을 그대로 뒤좇음.

0477 ☐☐☐

당구풍월 堂狗風月

집 / 개 / 바람 / 달

명 서당 개가 풍월을 읊는다. 무식한 사람도 환경에 따라서 유식한 사람과 함께 지내면 다소 유식해진다. 참조 서당 개 삼년이면 풍월을 읊는다.

0478 ☐☐☐

풍월 風月

명 얻어들은 짧은 지식.≒ 청풍명월(淸風明月), 음풍농월(吟風弄月).

0479 ☐☐☐

당랑거철 螳螂拒轍

사마귀 / 사마귀 / 막다 / 바큇자국

명 제 역량을 생각하지 않고, 강한 상대에게 덤벼드는 무모한 행동. 중국제나라 장공(莊公)이 사냥을 나가는데 사마귀가 앞발을 들고 수레바퀴를 멈추려 했다는 데서 온 말. 참조 하룻강아지 범 무서운 줄 모른다.

0480 ☐☐☐

당위 當爲

마땅하다 / 하다, 되다

명 마땅히 그렇게 하거나 되어야 하는 것. 마땅히 행하여야 하는 것. ≒ 졸렌(Sollen).

0481 ☐☐☐

대경 大驚

크다 / 놀라다

명 크게 놀람.

□ □ □

대경실색 大驚失色

크다/놀라다/잃다/빛

명 몹시 놀라 얼굴빛이 하얗게 질림.

0482 □ □ □

대구 對句

대하다/구절

명 비슷한 어조를 가진 것으로 짝 지은 둘 이상의 글귀.

0483 □ □ □

대기만성 大器晩成

크다/그릇/늦다/이루다

명 큰 그릇을 만드는 데는 시간이 오래 걸린다. 크게 될 사람은 늦게 이루어짐.

0484 □ □ □

대동소이 大同小異

크다/같다/작다/다르다

명 다르지 않고 거의 같음. 크게 같고 조금만 다르다는 말로, 큰 차이 없다는 말. ≒ 막상막하(莫上莫下).

0485 □ □ □

대두 擡頭

쳐들다/머리

명 머리를 쳐든다. 어떤 세력이나 현상이 새롭게 나타남.

0486 □ □ □

대로 大怒

크다/성내다[노]

명 크게 화를 냄.

0487 □ □ □

대립 對立

대하다/서다

명 의견이나 처지가 서로 반대됨.

0488 □ □ □

대붕 大鵬

크다/붕새

명 원대한 이상과 포부를 이름. 하루에 구만 리(里)를 날아간다는, 커다란 상상(想像)의 새. 북해(北海)에 살던 곤(鯤)이라는 물고기가 변해서 붕이 되었다고 한다. 참조 〈장자〉

0489 □□□

대비 對比

대하다 / 견주다

명 두 가지를 서로 비교함.

0490 □□□

대상 對象

대하다 / 코끼리, 모양

명 어떤 일의 상대.
어떤 일의 목표나 목적이 되는 것.

0491 □□□

대승적 大乘的

크다 / 타다, 수레 / 과녁

관·명 큰 수레를 타는. 작은 일에 얽매이지 않고 전체적인 관점에서 보는. 불교에서 대승적 진리란 모두가 함께 깨달음을 얻고 극락에 가는 것을 이른다.

0492 □□□

대안 代案

대신하다 / 책상, 안건

명 대신하는 안.

0493 □□□

대응 對應

대하다 / 응하다

명 어떤 일에 맞추어 태도나 행동을 취함.

0494 □□□

대의멸친 大義滅親

크다 / 의롭다 / 없애다 /
친하다, 어버이

명 중대한 의리를 위해서는 사사로움을 없앤다는 뜻으로, 국가나 사회의 큰 도리를 지키기 위하여 가족도 돌아보지 않음. 참조 멸사봉공(滅私奉公 사사로움을 버리고 공적인 이익을 위하여 힘씀).

0495 □□□

대조 對照

대하다 / 비추다

명 서로 다른 것을 맞댐.

0496 □□□

대주 大洲

크다 / 섬, 모래톱, 대륙

명 아주 넓은 육지.

0497 ☐☐☐

대중 大衆
크다 / 무리

명 수많은 사람의 무리.

현대 사회를 구성하는 대다수의 보통 사람. 엘리트와 상대되는 개념으로, 수동적·감정적·비합리적인 특성을 가진다.

불교에서, 많이 모인 승려. 또는 비구, 비구니, 우바새, 우바니를 통틀어 이르는 말.

예시 대중교통. 대중가요. 대중식당.

☐☐☐

대중적 大衆的

관·명 수많은 보통 사람들의 무리. 일반 사람들의 무리. ↔ 귀족적(貴族的).

☐☐☐

대중문화 大衆文化

명 일반 대중이 만드는 문화.

대량 생산과 대량 소비를 전제로 하기 때문에 문화의 상품화·획일화·저속화 경향이 생기는 경우가 많다.

☐☐☐

대중소설 大衆小說

명 일반 대중을 독자층으로 하는 흥미 위주의 소설. 추리 소설, 통속 연애 소설, 괴기 소설 따위가 있다.

0498 ☐☐☐

대지여우 大智如愚
크다 / 지혜(롭다) /
마치, ~같다 / 어리석다

명 크게 슬기로운 사람은 도리어 어리석게 보인다.

크게 슬기로운 사람은 함부로 자기를 드러내지 않으므로 겉으로는 어리석게 보인다는 말.

0499 ☐☐☐

대치 對峙
대하다, 마주치다 / 우뚝 솟다, 고개

명 서로 맞서서 버팀.

0500 ☐☐☐

대치 代置
대신하다 / 두다, 놓다

명 다른 것으로 바꾸어 놓음.

0501 ☐☐☐

대하 大河

크다 / 물, 강

명 큰 강.

중국에서, '황하강(黃河江)'을 달리 이르는 말.

0502 ☐☐☐

대화 對話

대하다 / 이야기하다

명 서로 이야기를 주고받음.

0503 ☐☐☐

도덕 道德

길 / 덕행

명 인간이 양심이나 관습에 비추어 마땅히 지켜야

할 도리. 법적 제재나 강제성은 없다.

참조 외적 강제력을 갖는 법률과 달리 개인의 내면

적 원리로서 작용하며, 종교와 달리 초월자와의 관

계가 아닌 인간 상호 관계를 규정한다.

☐☐☐

도덕성 道德性

명 도덕적 품성. 칸트 도덕 철학의 용어에서는, 적

법성이나 이해관계가 아니라 도덕률 그 자체에 대

한 존중에서 자발적으로 도덕을 준수하는 것.

0504 ☐☐☐

도도하다 滔滔--

물이 넘치다, 가득 차다

형 기세가 크고 거침이 없다. 물이 그득 퍼져 흐르는

모양이 막힘이 없고 기운차다.

0505 ☐☐☐

도래 到來

이르다, 닥치다 / 오다

명 다가옴. 닥쳐옴.

0506 ☐☐☐

도량 度量

법, 길이 / 헤아리다, 부피

명 사물의 길이와 부피. 사물의 양을 헤아림.

사물을 너그럽게 용납할 수 있는 넓은 마음과 깊은

생각.

□□□

도량형 度量衡

㉟ 길이, 부피, 무게 따위의 단위를 재는 법.

0507 □□□

도량 道場

도덕/장소, 마당[장]

㉟ 불교에서 도를 얻으려고 수행하는 장소. 절이나 승려들이 모인 곳. 참조 '도장'으로 쓰고 [도량]으로 읽음. 힌두어의 한자식 표기.

0508 □□□

도로 徒勞

헛되다/수고하다

㉟ 헛된 수고.

□□□

도로무공 徒勞無功

헛되다/수고하다/없다/공로

㉟ 헛되이 애만 쓰고 아무런 보람이 없음. ≒ 도로무익(徒勞無益).

0509 □□□

도발 挑發

집적대다, 건들다/피다

㉟ 남을 집적거려 일이 일어나게 함.

0510 □□□

도산 倒産

기울다, 넘어지다/낳다, 재산

㉟ 재산을 모두 잃고 망함.

0511 □□□

도살 屠殺

죽이다/죽이다

㉟ 잡아 죽임.

0512 □□□

도서 島嶼

섬/섬

㉟ 크고 작은 온갖 섬.

0513 ☐☐☐

도시 都市

도읍/저자, 도시

명 사람이 많이 모여 사는 지역으로 정치. 경제. 문화의 중심이 된다.

☐☐☐

도시화 都市化

명 도시가 아닌 지역이 도시로 변함. 도시의 문화 형태가 도시 이외의 지역으로 발전 · 확대되는 현상.

0514 ☐☐☐

도야 陶冶

도자기/쇠 불리다

명 도기를 만드는 일과 쇠를 주조하는 일.
훌륭한 사람이 되도록 몸과 마음을 닦아 기름을 비유. 예시 인격(人格) 도야.

0515 ☐☐☐

도외시 度外視

법, 한도/바깥/보다

명 상관하지 아니하거나 무시함. ≒ 등한시(等閑視), 경시(輕視). ↔ 중요시(重要視).

0516 ☐☐☐

도원결의 桃園結義

복숭아나무/밭/맺다/
혈연이 아닌 친족관계

명 복숭아밭에서 서로 의형제를 맺음.
참조 〈삼국지연의(三國志演義)〉. 유비, 관우, 장비가 도원에서 의형제(義兄弟)를 맺음.

0517 ☐☐☐

도입 導入

이끌다/들이다

명 끌어 들임.

0518 ☐☐☐

도전 挑戰

돋우다, 집적대다/싸우다, 전쟁

명 싸움을 걺. ↔ 응전(應戰).

0519 ☐☐☐

도출 導出

이끌다/나다

명 이끌어 냄.

0520 ☐☐☐

도취 陶醉

도자기 / 취하다

명 취함.

0521 ☐☐☐

도치 倒置

거꾸로 / 두다, 놓다

명 거꾸로 둠. 뒤바꿈.

0522 ☐☐☐

도탄 塗炭

진흙 / 숯

명 진구렁에 빠지고 숯불에 탐. 몹시 곤궁하여 고통스러운 지경.

0523 ☐☐☐

도태 淘汰 / 陶汰

쌀 일다 / 걸러내다

명 좋은 것을 선택하고 불필요한 것을 버림. 여럿 중에서 불필요한 것을 골라서 버림.

예시 자연도태.

0524 ☐☐☐

도화선 導火線

끌다, 인도하다 / 불 / 선 줄

명 폭약이 터지도록 불을 붙이는 심지.

사건이 일어나게 된 직접적인 원인.

0525 ☐☐☐

독과점 獨寡占

홀로 / 적다, 홀어미 /
차지하다, 지키다

명 독점과 과점을 아울러 이르는 말. 상품의 판매권, 이익 등을 혼자 차지하다.

0526 ☐☐☐

독점 獨占

홀로 / 점유하다, 차지하다

명 독차지. 개인이나 단체가 다른 경쟁자를 배제하고 이익을 독차지함.

0527 ☐☐☐

과점 寡占

명 몇몇 기업이 시장의 대부분을 지배하는 상태. ≒ 다원적 독점, 제한 경쟁.

0528 ☐ ☐ ☐

독단 獨斷

홀로/끊다

ㄷ

명 혼자서 판단하거나 결정함.

근본적인 연구를 하지 않고 주관적인 편견으로 판단함. ≒ 도그마(dogma).

☐ ☐ ☐

독단적 獨斷的

관 · 명 남과 상의하지 않고 혼자서 판단하거나 결정하는. 근본적인 연구를 하지 않고 주관적인 편견으로 판단하는.

0529 ☐ ☐ ☐

독려 督勵

감독하다 / 격려하다

명 감독하며 격려함.

0530 ☐ ☐ ☐

독립 獨立

홀로/서다

명 다른 것에 의존하지 않고 독자적으로 섬.

한 나라가 정치적으로 완전한 주권을 행사함. ↔ 종속(從屬), 의지(依支).

0531 ☐ ☐ ☐

독백 獨白

홀로/아뢰다

명 혼자서 중얼거림.

배우가 상대역 없이 혼자 말하는 대사. ≒ 모놀로그.

0532 ☐ ☐ ☐

독살스럽다 毒煞---

독하다 / 살스럽다

형 살기가 있고 악독하다.

0533 ☐ ☐ ☐

독서 讀書

읽다 / 글, 책

명 책을 읽음. ≒ 독해(讀解).

0534 ☐ ☐ ☐

음독 音讀

소리 / 읽다

명 소리를 내어 읽음. ↔ 묵독(默讀).

0535 ☐☐☐

묵독 黙讀

침묵하다/읽다

명 소리를 내지 않고 속으로 글을 읽음. ↔ 음독(音讀).

0536 ☐☐☐

속독 速讀

빠르다/읽다

명 책 따위를 빠른 속도로 읽음. ↔ 지독(遲讀).

0537 ☐☐☐

통독 通讀

통하다/읽다

명 처음부터 끝까지 훑어 읽음. ↔ 발췌독(拔萃讀 주요 부분만 골라서 읽음).

0538 ☐☐☐

정독 精讀

정밀하다, 순수하다/읽다

명 뜻을 찬찬히 새겨 가며 자세히 읽음. ↔ 난독(亂讀), 남독(濫讀).

0539 ☐☐☐

난독 亂讀

어지럽다/읽다

명 아무 책이나 닥치는 대로 마구 읽음. ≒ 남독(濫讀). ↔ 정독(精讀).

0540 ☐☐☐

다독 多讀

많다/읽다

명 많이 읽음.

0541 ☐☐☐

독서망양 讀書亡羊

읽다/책/잃다/양

명 글을 읽는 데 정신이 팔려서 먹이고 있던 양을 잃었다는 뜻. 자기가 하는 일에는 뜻이 없고 다른 생각만 하다가 낭패를 봄을 이름.

☐☐☐

독서삼매 讀書三昧

읽다/책, 글/셋/어둡다

명 오직 책 읽기에만 골몰하는 경지.

□□□

독서상우 讀書尙友

읽다/책/오히려, 옛/벗

[명] 책을 읽음으로써 옛날의 현인들과 벗이 될 수 있음.

0542 □□□

독선 獨善

홀로/착하다

[명] 자기 혼자만이 옳다고 믿고 행동하는 일. = 독선기신(獨善其身).

□□□

독선적 獨善的

홀로/착하다/과녁

[관] · [명] 자기 혼자만이 옳다고 믿고 행동하는 성향을 가진.

0543 □□□

독설 毒舌

독하다/혀

[명] 모질고 악독스러운 말.

□□□

독설가 毒舌家

[명] 남을 해치거나 비방하는 모질고 악독스러운 말을 잘하는 사람.

0544 □□□

독야청청 獨也靑靑

홀로/어조사/푸르다/푸르다

[명] 나무들이 단풍이 들거나 낙엽이 질 때에 홀로 푸름을 유지함.
남들이 모두 절개를 꺾는 상황 속에서도 홀로 절개를 굳세게 지킴을 비유.

0545 □□□

독지가 篤志家

두텁다/뜻, 의지/집, 사람

[명] 다른 이를 위하여 물질적으로나 정신적으로 후원하고 지원하는 사람.

0546 □□□

독직 瀆職

도랑, 더럽히다/맡다, 관직

[명] 어떤 직책에 있는 사람이 직책을 더럽히거나 부정을 저지르는 일. ≒ 오직(汚職).

0547 □□□

독창 獨創

홀로/처음 만들다

㈅ 새로운 것을 처음으로 만들어 내거나 생각해 냄.
↔ 모방(模倣).

□□□

독창성 獨創性

㈅ 새로운 것을 만들어 내거나 생각해내는 성질.

0548 □□□

독파 讀破

읽다/깨다

㈅ 글을 처음부터 끝까지 다 읽음. ≒ 독료(讀了).

0549 □□□

독해 讀解

읽다/풀다

㈅ 글을 읽어서 뜻을 이해함.

0550 □□□

돈독하다 敦篤--

도탑다/도탑다

㈅ 도탑고 성실하다.

0551 □□□

돌발 突發

튀어나오다/피다, 일어나다

㈅ 뜻밖의 일이 갑자기 일어남.

0552 □□□

돌출 突出

튀어나오다/나다

㈅ 툭 튀어나옴. 쑥 내밂. 갑자기 쑥 나오거나 불거짐.

0553 □□□

동가식서가숙 東家食西家宿

동녘/집/먹다/서녘/집/자다

㈅ 동쪽 집에서 밥 먹고 서쪽 집에서 잠잔다. 일정한 거처가 없이 떠돌아다니며 지냄.

0554 □□□

동가홍상 同價紅裳

같다/값/붉다/치마

(명) 같은 값이면 다홍치마라는 뜻으로, 같은 값이면 좋은 물건을 고른다는 말.

예시 같은 값이면 다홍치마.

0555 □□□

동기 同氣

한가지, 같다/기운

(명) 같은 부모 아래서 태어난 형제와 자매, 남매를 통틀어 이르는 말.

0556 □□□

동기 動機

움직이다/틀, 기회

(명) 어떤 일이나 행동을 일으키게 하는 계기. = 모티프. ↔ 결과(結果).

0557 □□□

동란 動亂

움직이다/어지럽다

(명) 폭동, 반란, 전쟁 따위가 일어나 사회가 질서를 잃고 소란해지는 일.

0558 □□□

동량 棟梁/棟樑

기둥/들보

(명) 기둥. 기둥과 들보를 아울러 이르는 말. = 동량지재(棟梁之材).

□□□

동량지재 棟梁之材

(명) 기둥과 들보로 쓸 만한 재목.
한 집안이나 한 나라를 떠받치는 중대한 일을 맡을 만한 인재.

0559 □□□

동문서답 東問西答

동녘/묻다/서녘/대답하다

(명) 동쪽에서 묻고 서쪽에서 답하다. 질문과는 상관없는 엉뚱한 대답.

0560 □□□

동반 同伴

한가지, 같다/짝하다

(명) 함께하는 짝. 어떤 사물이나 현상이 함께 생김.

0561 ☐ ☐ ☐

동반 작가 同伴作家

᠍명 동반자 문학을 한 작가를 이르는 말. = 동반자 작가.

☐ ☐ ☐

동반자 문학 同伴者文學

᠍명 소련에서 공산주의 혁명 뒤에, 혁명에는 찬동하지만 마르크스주의나 프롤레타리아 문학에 참여하지 아니한 자유주의적인 인텔리겐치아의 문학. 공산주의를 뚜렷이 의식하지도 않았고, 오히려 개인주의를 중시하였으며, 작품의 주인공으로는 인텔리를 등장시켰다.

0562 ☐ ☐ ☐

동병상련 同病相憐

같다, 한가지 / 병 / 서로 /
불쌍히 여기다

᠍명 같은 병을 앓는 사람끼리 서로 가엾게 여김. 어려운 처지에 있는 사람끼리 서로 가엾게 여김.

0563 ☐ ☐ ☐

동분서주 東奔西走

동녘 / 달리다 / 서녘 / 달리다

᠍명 동쪽으로 뛰고 서쪽으로 뛴다. 사방으로 이리저리 몹시 바쁘게 돌아다님.

0564 ☐ ☐ ☐

동산 動産

움직이다 / 낳다, 재산

᠍명 형상이나 성질을 바꾸지 않고 옮길 수 있는 재산. 돈, 유가 증권 등. ↔ 부동산(不動産).

0565 ☐ ☐ ☐

부동산 不動産

᠍명 움직여 옮길 수 없는 재산. 토지나 건물 등.

0566 ☐ ☐ ☐

동상이몽 同床異夢

같다 / 평상, 침대 / 다르다 / 꿈

᠍명 같은 자리에 자면서 다른 꿈을 꾼다. 겉으로는 같이 행동하면서도 속으로는 각각 딴생각을 하고 있음.

ㄷ

0567 □□□

동서고금 東西古今

동녘/서녘/옛/이제

[명] 공간적으로 동양과 서양, 시간적으로 옛날과 지금을 통틀어서.

0568 □□□

동온하청 冬溫夏凊

겨울/따뜻하다/여름/서늘하다

[명] 겨울에는 따뜻하게, 여름에는 서늘하게 어버이를 잘 모심. ≒ 혼정신성(昏定晨省).

0569 □□□

동음이의어 同音異議語

한가지, 같다/소리/다르다/뜻/말씀, 단어

[명] 소리는 같으나 뜻이 다른 단어. ≒ 동음어(同音語).

0570 □□□

동의 同義

한가지, 같다/옳다, 뜻

[명] 같은 뜻. 뜻이 같음.

0571 □□□

동의 同義

움직이다, 제기하다/안건, 의안

[명] 회의 중에 안건을 내 놓는 것.

0572 □□□

동인 同人

한가지, 같다/사람

[명] 같은 사람. 어떤 일에 뜻을 같이하여 모인 사람.

□□□

동인지 同人誌

[명] 사상, 취미, 경향이 같은 사람들끼리 모여 발행하는 잡지.

0573 □□□

동일시 同一視

한가지, 같다/하나/보다

[명] 같은 것으로 봄.

0574 ☐☐☐

동정 動靜

> **명** 물질의 운동과 정지.
> 사람이 일상적으로 하는 모든 행위.
> 일이나 현상이 벌어지고 있는 낌새.

0575 ☐☐☐

동족방뇨 凍足放尿

얼다/발/놓다/오줌

> **명** 언 발에 오줌 누기. 잠시 동안만 효력이 있을 뿐 효력이 바로 사라짐.

0576 ☐☐☐

동화 同化

한가지,같다/되다

> **명** 다른 것이 서로 같게 됨. ↔ 이화(異化).

0577 ☐☐☐

두괄식 頭括式

머리/묶다/법

> **명** 글의 첫머리에 중심 내용이 오는 산문 구성 방식.
> ↔ 미괄식(尾括式).

0578 ☐☐☐

두둔하다 斗頓--

말, 우뚝 솟다/조아리다

> **명** 편들어 감싸 주다. 역성을 들다.

0579 ☐☐☐

두문불출 杜門不出

막다/문/아니다/나가다

> **명** 문을 걸어 닫고 집에만 있고 바깥출입을 아니 함.
> 집에서 은거하면서 사회생활을 하지 않는 것을 비유.

0580 ☐☐☐

두문동 杜門洞

> **명** 이성계가 조선을 건국한 것에 반대하여 고려 유신이 모여 살던 곳. 경기도 개풍군 광덕면 광덕산 서쪽 기슭에 있다.

0581 ☐☐☐

두서 頭緒

머리/실마리

> **명** 일의 차례나 갈피.
> 예시 두서가 없다.

0582 ☐☐☐

둔재 鈍才

둔하다 / 재주

(명) 둔한 재주. 재주가 둔한 사람. ↔ 영재(英才).

0583 ☐☐☐

득어망전 得魚忘筌

얻다 / 물고기 / 잊다 / 통발

(명) 물고기를 잡고 나면 통발을 잊어버린다. 목적을 달성하고 나면 그때까지 수단으로 삼았던 것은 버린다는 말. ≒ 토사구팽(兎死狗烹 토끼를 잡고나면 사냥개는 삶는다.).

0584 ☐☐☐

등고자비 登高自卑

오르다 / 높다 / ~로부터 / 낮다

(명) 높은 곳에 오르려면 낮은 곳에서부터 오른다는 뜻으로, 일을 순서대로 차근차근 해야 함을 이름.
속담 천 리 길도 한 걸음부터.

0585 ☐☐☐

영과이후진 盈科而後進

차다 / 웅덩이 / 말 잇다 / 뒤 / 나아가다

물은 흐르다가 웅덩이를 만나면 웅덩이를 다 채운 연후에 앞으로 나아간다. ≒ 등고자비.

0586 ☐☐☐

등용문 登龍門

오르다 / 용[룡] / 문

(명) 용문(龍門)에 오른다. 어려운 관문을 통과하여 크게 출세함. 잉어가 중국 황하강 상류의 용문을 오르면 용이 된다는 데서 온 말.

0587 ☐☐☐

등하불명 燈下不明

등잔불 / 아래 / 아니다 / 밝다

(명) 등잔 밑이 어둡다. 오히려 자기 가까이에 있는 것을 잘 찾지 못함.

0588 ☐☐☐

등한시 等閑視

무리 / 한가하다 / 보다

(명) 소홀하게 보아 넘김. ≒ 경시(輕視). 도외시(度外視).

0589 ☐☐☐

마이동풍 馬耳東風

말/귀/동녘/바람

명 부드러운 바람이 말의 귀를 스쳐 간다. 아무리 좋은 말이라도 귀담아듣지 못하고 흘려 지나치는 것을 비유. ≒ 우이독경(牛耳讀經 쇠귀에 경 읽기).

0590 ☐☐☐

마찰 摩擦

갈다/비비다

명 서로 닿아 부딪침.

0591 ☐☐☐

막간 幕間

막, 천막/사이

명 어떤 일이 끝나고 다음 일이 시작될 동안.
연극에서 한 막이 끝나고 다음 막이 시작될 때까지의 시간.

0592 ☐☐☐

막상막하 莫上莫下

없다/위/없다/아래

명 더 낫고 더 못함의 차이가 없이 거의 비슷함.
참조 난형난제(難兄難弟).

0593 ☐☐☐

막역지우 莫逆之友

없다/거스르다/어조사/벗

명 서로 허물없이 아주 친한 친구. ≒ 막역지간(莫逆之間).

☐☐☐

막역하다 莫逆--

없다/거스르다

명 허물없이 아주 친하다.

0594 ☐☐☐

막연하다 漠然--

아득하다/그러하다

형 아득하다. 어렴풋하다. ↔ 확연하다(確然--).

0595 ☐☐☐

만두 饅頭

만두/머리

명 밀가루 따위를 반죽하여 소를 넣어 빚은 음식. ≒ 교자(餃子), 포자(包子).

0596 ☐☐☐

만부당하다 萬不當--

일만, 많다 / 아니다 / 마땅하다

㉖ 어림없이 사리에 맞지 아니하다. = 천부당만부당하다(千不當萬不當--).

0597 ☐☐☐

만세 萬歲

일만, 많다 / 해, 나이

㉢·㉤ 경축, 환호를 나타내기 위하여 두 손을 높이 들면서 외치는 소리. 참조 예전 천자국은 '만세', 제후국(諸侯國)은 '천세(千歲)'를 사용.

0598 ☐☐☐

만시지탄 晩時之歎/晩時之嘆

늦다 / 때 / 어조사 / 탄식하다

㉤ 뒤늦게 후회함. 때를 놓쳤음을 안타까워하는 탄식.

0599 ☐☐☐

만연 蔓延/蔓衍

덩굴 / 끌다, 퍼지다

㉤ 널리 퍼짐. 식물의 줄기가 널리 뻗음. ≒ 횡행(橫行), 난무(亂舞), 창궐(猖獗).

0600 ☐☐☐

만전 萬全

일만, 많다 / 온전하다

㉤ 조금도 허술함이 없이 완전함.

0601 ☐☐☐

만찬 晩餐

늦다, 저물다 / 밥

㉤ 저녁 식사로 제대로 차린 음식. 손님을 초대하여 먹는 저녁 식사. 참조 아침은 '조찬(朝餐)', 점심은 '오찬(午餐)'.

0602 ☐☐☐

만휘군상 萬彙群象

일만, 많다 / 모으다 / 무리 / 코끼리, 모양

㉤ 우주에 있는 온갖 사물과 현상. = 삼라만상(森羅萬象).

0603 ☐☐☐

말소 抹消

지우다 / 쓰다, 사라지다

㉤ 지움. 지워 없애버림.

0604 ☐☐☐

말초적 末梢的

끝 / 나무 끝

㉙·㉤ 끝부분에 달린. 부차적인. ↔ 근본적(根本的).

0605 ☐ ☐ ☐

망라 網羅

그물/새 그물

ⓜ 그물. 널리 받아들여 포함함.

0606 ☐ ☐ ☐

망양보뢰 亡羊補牢

잃다/양/깁다, 고치다/우리

ⓜ 양을 잃고 우리를 고친다. 어떤 일을 실패한 뒤에 뉘우쳐도 아무 소용이 없음.

참조 소 잃고 외양간 고친다.

0607 ☐ ☐ ☐

망양지탄 亡羊之歎/亡羊之嘆

잃다/양/어조사/탄식하다

ⓜ 갈림길이 매우 많아 잃어버린 양을 찾을 길이 없음을 탄식한다. 학문의 길이 여러 갈래여서 한 갈래의 진리도 얻기 어려움. ≒ 다기망양(多岐亡羊).

0608 ☐ ☐ ☐

망양지탄 望洋之歎/望洋之嘆

바라다보다/큰바다/어조사/탄식하다

ⓜ 큰 바다를 바라보며 탄식함. 어떤 일에 자기 자신의 힘이 미약해서 미치지 못함을 탄식함.

0609 ☐ ☐ ☐

망연자실 茫然自失

아득하다/그러하다/스스로/잃다

ⓜ 정신을 잃고 멍하니 있음.

0610 ☐ ☐ ☐

망자계치 亡子計齒

잃다/아들/세다/이

ⓜ 죽은 자식 나이 세기. 이미 잘못된 일을 돌이켜 생각해도 아무 소용이 없음.

0611 ☐ ☐ ☐

망측하다 罔測--

없다/재다

ⓗ 어이가 없거나 차마 보기가 어렵다.

참조 '망칙하다'는 틀린 표기.

0612 ☐ ☐ ☐

매개 媒介

중매하다/끼다

ⓜ 둘 사이에서 관계를 맺어 줌.

0613 □□□

매도 罵倒

욕하다, 꾸짖다 / 넘어지다

[명] 꾸짖음. 욕하며 나무람.

0614 □□□

매도 賣渡

팔다 / 넘기다

[명] 팔아넘김.

0615 □□□

매매 賣買

팔다 / 사다

[명] 물건을 팔고 사는 일.

0616 □□□

매수 買收

사다 / 거두다

[명] 사기. 사들이기.

0617 □□□

매장 埋葬

묻다 / 장례, 장사 지내다

[명] 땅속에 묻음. 사회적으로 활동하지 못하게 함을 비유.

[예시] 사회적 매장.

0618 □□□

매체 媒體

중매하다, 전달하다 / 몸, 물체

[명] 어떤 작용을 한쪽에서 다른 쪽으로 전달하는 물체.

0619 □□□

맥수지탄 麥秀之歎/麥秀之嘆

보리 / 빼어나다 / 어조사 / 탄식하다

[명] 고국의 멸망을 한탄함. 기자(箕子)가 은(殷)나라가 망한 뒤에도 성 안의 보리만은 잘 자라는 것을 보고 한탄하였다는 고사.

0620 □□□

맥락 脈絡

맥, 줄기 / 맥, 잇다

[명] 서로 이어져 있는 관계. ≒ 맥(脈).

0621 ☐ ☐ ☐

맹랑하다 孟浪--

맏이, 맹랑하다 / 물결, 허망하다

형 하는 짓이 만만히 볼 수 없을 만큼 똑똑하고 깜찍하다.

처리하기가 매우 까다롭다.

0622 ☐ ☐ ☐

단기지계 斷機之戒

자르다 / 틀, 베틀 / 어조사 / 경계하다, 꾸짖다

명 학문을 중도에서 그만두면 아무 쓸모가 없음. 맹자(孟子)가 공부 도중에 집에 돌아오자, 어머니가 짜던 베의 날줄을 끊어 훈계하였다는 고사에서 온 말. ≒ 단기(斷機).

0623 ☐ ☐ ☐

맹모삼천 孟母三遷

성씨 / 어미 / 셋 / 옮기다

명 맹자가 어렸을 때 묘지 가까이 살았더니 장사 지내는 흉내를 내기에, 집을 시장 근처로 옮겼다가, 다시 글방이 있는 곳으로 옮겨서 공부를 시켰다. 맹자의 어머니가 아들을 가르치기 위하여 세 번이나 이사를 하였다는 고사. = 맹모삼천지교(孟母三遷之敎).

0624 ☐ ☐ ☐

맹목적 盲目的

눈멀다 / 눈 / 과녁

관 · 명 주관이나 원칙이 없이 덮어놓고 행동하는.
↔ 이성적(理性的).

0625 ☐ ☐ ☐

맹아 萌芽

움트다 / 싹나다

명 움. 사물의 시초.

0626 ☐ ☐ ☐

맹인모상 盲人摸像

장님 / 사람 / 더듬다 / 코끼리

명 장님이 코끼리의 몸을 더듬다.

어떤 사물의 부분만을 보고 마치 전체를 아는 듯 하는 것.

0627 ☐ ☐ ☐

맹점 盲點

눈멀다 / 점

명 미처 생각이 미치지 못하는 틈.

0628 □ □ □

면접 面接

낯, 얼굴 / 사귀다, 대접하다

[명] 서로 직접 만나서 봄.

[예시] 면접시험.

0629 □ □ □

면종복배 面從腹背

낯, 얼굴 / 따르다, 좇다 / 배 / 등지다

[명] 겉으로는 복종하는 체하면서 내심으로는 배반함.

0630 □ □ □

면책 免責

면하다 / 책임, 꾸짖다

[명] 책임을 모면함.

□ □ □

면책특권 免責特權

[명] 특별한 경우에 자신이 한 말과 행동에 대하여 응분의 책임을 지지 않고 면제받을 권리.

0631 □ □ □

명경지수 明鏡止水

밝다 / 거울 / 고요하다, 그치다 / 물

[명] 맑은 거울과 고요한 물.

불교에서, 잡념과 가식과 헛된 욕심 없이 맑고 깨끗한 마음.

0632 □ □ □

명료하다 明瞭--

밝다 / 밝다

[형] 뚜렷하고 분명하다.

0633 □ □ □

명령 命令

목숨, 명령 / 명령하다

[명] 부림을 받는 이에게 무엇을 시키거나 요구함.

0634 □ □ □

명명 命名

목숨, 붙이다 / 이름

[명] 대상에 이름을 지어 붙임.

0635 ☐☐☐

명목 名目
이름/눈

📗 겉으로 내세우는 구실이나 이유.

0636 ☐☐☐

명복 冥福
어둡다, 저승/복, 복덕

📗 죽은 뒤 저승에서 받는 복.

예시 삼가 명복을 빕니다.

0637 ☐☐☐

명분 名分
이름/나누다, 분수

📗 마땅히 지켜야 할 도리.

일을 꾀할 때 내세우는 구실이나 이유. ↔ 실제(實際). 실리(實利).

0638 ☐☐☐

명불허전 名不虛傳
이름/아니다/비다/전하다

📗 이름이 헛되이 퍼진 것이 아님. 이름날 만한 까닭이 있음.

0639 ☐☐☐

명석하다 明晳--
밝다/밝다

📗 생각이나 판단력이 분명하고 똑똑하다.

0640 ☐☐☐

명실상부 名實相符
이름, 명분/열매, 실제/
서로/부합하다, 부신

📗 이름과 실상이 서로 꼭 맞음. 명분과 실제가 서로 일치함.

0641 ☐☐☐

명암 明暗
밝다/어둡다

📗 밝음과 어두움. 기쁜 일과 슬픈 일 또는 행복과 불행.

0642 ☐☐☐

명약관화 明若觀火
밝다/같다/보다/불

📗 불을 보듯 분명하고 빤함.

0643 □□□

명재경각 命在頃刻

목숨/있다/이랑, 잠시/
시각, 새기다

명 거의 죽게 되어 숨이 곧 끊어질 지경에 이름.

0644 □□□

명제 命題

목숨, 명령/제목

명 글의 제목. 어떤 문제에 대한 논리적 판단 내용과 주장을 언어나 기호로 표시한 것. 예를 들면 '고래는 포유류이다.' 따위.

0645 □□□

명철하다 明哲--

밝다/밝다

명 총명하고 사리에 밝다.

0646 □□□

명확하다 明確--

밝다/확실하다

형 명백하고 확실하다. ↔ 애매하다(曖昧--).

0647 □□□

모리배 謀利輩

꾀하다/이롭다, 이익/무리

명 온갖 수단과 방법으로 자신의 이익만을 꾀하는 사람.
예시 정상(政商) 모리배.

0648 □□□

모면 謀免

꾀하다/면하다, 벗어나다

명 피함. 꾀를 써서 벗어남.

0649 □□□

모방 模倣

본뜨다/본받다

명 다른 것을 본뜨거나 본받음. ↔ 창조(創造).

0650 □□□

모색 摸索

더듬다/찾다

명 더듬어 찾음.

0651 ☐ ☐ ☐

모순 矛盾

창/방패

> **명** 창과 방패. 서로 양립할 수 없는 관계.
> 중국 초나라의 상인이 창과 방패를 팔면서, 창은 어떤 방패로도 막지 못하는 창이라 하고, 방패는 어떤 창으로도 뚫지 못하는 방패라 하여, 앞뒤가 맞지 않은 말을 하였다는 고사.

0652 ☐ ☐ ☐

무모순성 無矛盾性

없다/창/방패/성질

> **명** 모순이 없음. 공리계에 논리적 모순이 없는 것.
> ≒ 정합성(整合性).

0653 ☐ ☐ ☐

모의 模擬/摸擬

본뜨다/비기다

> **명** 흉내 냄. 본 뜸.
> **예시** 모의고사. 모의재판.

0654 ☐ ☐ ☐

모험 冒險

무릅쓰다/험하다, 위태롭다

> **명** 위험을 무릅쓰고 어떠한 일을 함.

0655 ☐ ☐ ☐

모호하다 模糊--

법, 본, 모호하다/
풀칠하다, 모호하다

> **형** 애매하고 분명하지 않다. 애매하다(曖昧--).

☐ ☐ ☐

모호성 模糊性

> **명** 여러 가지가 뒤섞여 분명하게 알기 어려운 성질.

0656 ☐ ☐ ☐

목가 牧歌

(가축을)치다/노래

> **명** 전원시의 하나. 전원의 한가로움을 서정적으로 노래한 소박한 시가.

□ □ □

목가적 牧歌的

㉇·㉇ 전원의 소박하고 서정적인 분위기의. ≒ 향토적(鄕土的), 토속적(土俗的), 전원적(田園的), 자연친화적(自然親化的).

0657 □ □ □

목불식정 目不識丁
눈/아니다/알다/고무래

㉇ 매우 무식함. 간단한 글자인 고무래 정 '丁' 자를 보고도 알지 못하는 데서 옴. ≒ 일자무식(一字無識). 까막눈. 낫 놓고 기역자도 모른다.

0658 □ □ □

목불인견 目不忍見
눈/아니다/차마/보다

㉇ 차마 눈 뜨고 볼 수가 없음.

0659 □ □ □

목석 木石
나무/돌

㉇ 나무와 돌. 아무런 감정도 없는 사람을 비유.

0660 □ □ □

목욕재계 沐浴齋戒
머리감다/목욕하다/
재계하다/경계하다

㉇ 부정(不淨)을 타지 않도록 깨끗이 목욕하고 몸가짐을 가다듬는 일.

0661 □ □ □

목적 目的
눈/과녁

㉇ 실현하려고 하는 일이나 나아가는 방향.

0662 □ □ □

목표 目標
눈/표지

㉇ 어떤 목적을 이루기 위해 도달해야 할 곳.

0663 □ □ □

몰락 沒落
빠지다/떨어지다

㉇ 쇠하여 보잘것없이 됨. 멸망하여 없어짐.

0664 ☐☐☐

몽매하다 蒙昧--

어리다, 어리석다 / 어둡다

圐 · 圀 어리석고 사리에 어둡다.

☐☐☐

무지몽매 無知蒙昧

圐 아는 것이 없고 사리에 어두움.

0665 ☐☐☐

몽유 夢遊

꿈 / 놀다

圐 꿈속에서 놂. 꿈같은 기분으로 놂.
예시 안견의 몽유도원도(夢遊桃園圖).

0666 ☐☐☐

묘두현령 猫頭縣鈴

고양이 / 머리 / 달다, 걸다 / 방울

圐 실행하기 어려운 헛된 의논. 쥐가 고양이의 습격
을 미리 막기 위하여 고양이의 머리(목)에 방울을
다는 일을 의논하였으나, 실행 불가능으로 끝났다
는 우화. **참조** 고양이 목에 방울 달기.

0667 ☐☐☐

묘사 描寫

그리다 / 베끼다

圐 그려 냄. 대상이나 사물을 그림을 그리듯 자세하
게 표현함.

0668 ☐☐☐

무가 巫歌

무당 / 노래

圐 무당의 노래.

0669 ☐☐☐

무구하다 無垢--

없다 / 때

圀 때가 묻지 않고 깨끗하다.
꾸밈없이 자연 그대로 순박하다.

0670 ☐☐☐

무궁화 無窮花

없다 / 끝, 다하다 / 꽃

圐 우리나라를 상징하는 꽃. 국화(國花). ≒ 목근화
(木槿花).

0671 ☐ ☐ ☐

무동 舞童

춤추다 / 아이

몡 춤추는 아이.
농악대 · 걸립패 따위에서, 상쇠의 목말을 타고 춤추고 재주 부리는 아이.

0672 ☐ ☐ ☐

무료 無聊

없다 / 잠시, 즐거워하다

몡 심심하고 지루함.

0673 ☐ ☐ ☐

무릉도원 武陵桃源

무기 / 언덕 / 복숭아 / 근원

몡 이상향. 별천지. 인간이 살고 싶어 하는 매우 아름답고 평화로운 마을. 중국 진(晉)나라 때 호남(湖南) 무릉의 한 어부가 강물에 복숭아꽃이 떠서 흘러오는 곳을 따라 배를 저어가니 아름다운 별천지를 만나게 되었다는 고사. 그들은 진(秦)나라의 난리를 피하여 온 사람들로, 그동안 많은 세월이 흘러 바깥 세상에 많은 변천과정이 일어났는데도 전혀 모르고 있었다고 한다. 참조 도연명(陶淵明)의 〈도화원기〉.

0674 ☐ ☐ ☐

무산지몽 巫山之夢

무당 / 뫼 / 어조사 / 꿈

몡 무산(巫山)의 꿈. 남녀 간의 밀회(密會). 중국 초나라의 양왕(襄王)이 낮잠을 자다가 꿈속에서 무산신녀(巫山神女)를 만나 즐거움을 누렸다는 고사.

0675 ☐ ☐ ☐

무상 無常

없다 / 항상

몡 한결같지 않고 변함. 덧없음.

☐ ☐ ☐

무상감 無常感

몡 모든 것이 덧없다는 느낌.

☐ ☐ ☐

제행무상 諸行無常

모두 / 가다, 행동 / 없다 / 항상

몡 불교에서, 우주의 모든 사물은 늘 변하여 한 모양으로 머물러 있지 아니함.

0676 □ □ □

무색하다 無色--

없다 / 빛

혱 겸연쩍고 부끄럽다.

0677 □ □ □

무실역행 務實力行

힘쓰다 / 열매, 실제 / 힘 /
가다, 실행하다

몡 참되고 실속 있게 힘써 실행함. 허황된 이론이 아
니라 실질을 추구하고 실천함.

0678 □ □ □

무인 拇印

엄지손가락 / 도장

몡 도장 대신 엄지손가락에 인주를 묻혀 찍음. = 지
장(指章).

0679 □ □ □

무작위 無作爲

없다 / 짓다 / 하다

몡 일부러 꾸미지 않고 있는 그대로. ↔ 작위(作爲).

0680 □ □ □

묵례 默禮

침묵하다 / 예의

몡 인사말 없이 고개만 숙이는 인사.

0681 □ □ □

목례 目禮

눈 / 예의

몡 눈인사. 눈으로만 건네는 인사.

0682 □ □ □

묵수 墨守

먹 / 지키다

몡 굳게 지킴.
중국 춘추 시대 송나라의 묵자(墨子)가 성을 잘 지
켜 초나라의 공격을 아홉 번이나 물리쳤다는 고사.

0683 □ □ □

문경지교 刎頸之交

목 베다 / 목 / 어조사 / 사귀다

몡 생사를 같이할 수 있을 정도로 친한 친구. 서로를
위해서라면 목이 잘린다 해도 후회하지 않는 사이.
참조 중국 전국 시대의 인상여(藺相如)와 염파(廉頗)
의 고사.

0684 ☐ ☐ ☐

문답 問答

묻다/대답하다

명 물음과 대답. 서로 묻고 대답함.

참조 자문자답(自問自答 스스로 묻고 스스로 대답함), 우문현답(愚問賢答 어리석은 질문에 현명한 답변).

0685 ☐ ☐ ☐

문란 紊亂

어지럽다/어지럽다

명 어지러움.

0686 ☐ ☐ ☐

문명 文明

글월, 문화/밝다

명 인간이 자연 상태에서 벗어나 물질적. 정신적으로 진보한 상태로, 문명은 주로 생산이나 기술 등 물질적인 방면의 발달을 가리킴.

0687 ☐ ☐ ☐

문화 文化

글월, 문화/되다

명 인간이 자연 상태에서 벗어나 물질적. 정신적으로 진보한 상태로, 문화는 주로 종교, 학문. 예술 등 정신적인 방면의 진보를 가리킨다.

☐ ☐ ☐

문화상대주의 文化相對主義

글월, 문화/되다/서로/
대하다/주인/의롭다, 뜻

명 인류 문화는 한 방향으로 진화하는 것이 아니라, 시대나 지역에 따라서 제각기 독자적인 방향으로 발전하기 때문에, 문명의 발달 정도에 다양성이 있을 뿐 서로 문화의 우열이 있을 수 없다고 보는 태도.

0688 ☐ ☐ ☐

문방사우 文房四友

글월/방/넷/벗

명 종이, 붓, 먹, 벼루의 네 가지 문방구. ≒ 지필연묵(紙筆硯墨).

0689 ☐ ☐ ☐

문예 文藝

글월, 문학/기예, 예술

명 문학과 예술. 예술로서의 문학.

☐ ☐ ☐

문예사조 文藝思潮

명 한 시대를 통하여 문예를 창작하는 데에 주된 사상의 흐름.

0690 □ □ □

문외한 門外漢

문/바깥/나라, 사람

[명] 어떤 일에 직접 관계가 없는 사람. 어떤 일에 전문적인 지식이 없는 사람. ↔ 전문가(專門家).

0691 □ □ □

문일지십 聞一知十

듣다/하나/알다/열

[명] 하나를 듣고 열 가지를 미루어 안다. 지극히 총명함.

0692 □ □ □

문장 文章

글, 무늬/글, 무늬

[명] 생각이나 감정을 말과 글로 표현한 것.

0693 □ □ □

담화 談話

이야기하다/이야기하다

[명] 서로 이야기를 주고받음.

0694 □ □ □

발화 發話

피다/이야기하다

[명] 소리를 내어 말을 함.

0695 □ □ □

문체 文體

글월, 문장/몸

[명] 글투. 문장의 개성적 특색.

0696 □ □ □

문학 文學

글월, 문장/배우다, 학문

[명] 인간의 사상이나 감정을 언어로 표현한 예술. 시, 소설, 희곡, 수필, 평론 등.

0697 □ □ □

문헌 文獻

글월, 문서/드리다, 어진 사람

[명] 글자로 된 자료나 기록. 서적이나 문서.

0698 □□□

물색 物色

물건/빛

㊅ 물건의 빛깔. 어떤 일의 까닭이나 형편.
어떤 기준에 알맞은 사람이나 물건, 장소를 찾아 냄.
예시 마땅한 장소를 물색하다.

0699 □□□

미만 未滿

아직/차다

㊅ 아직 정도에 차지 못함. 기준에 흡족하지 못함.
↔ 초과(超過).

0700 □□□

미봉 彌縫

퍼지다, 깁다/꿰매다, 깁다

㊅ 임시로 맞춰놓음. 임시로 꾸며 댐.

□□□

미봉책 彌縫策

㊅ 눈가림만 하는 한때의 일시적인 계책.

0701 □□□

미생지신 尾生之信

꼬리/낳다/어조사/믿음

㊅ 우직하여 융통성이 없고 어리석음.
중국 춘추 시대에 미생(尾生)이라는 자가 다리 밑에서 만나자고 한 여자와의 약속을 지키기 위하여 홍수가 났음에도 피하지 않고 기다리다가 마침내 익사하였다는 고사.

0702 □□□

미어 謎語

수수께끼/말씀

㊅ 수수께끼의 말. 어떤 사물에 대하여 빗대어 말하여 알아맞히는 놀이.

0703 □□□

미온적 微溫的

작다/따뜻하다/과녁

㊍·㊅ 뜨겁지 않고 미적지근한. ↔ 적극적(積極的).

0704 □□□

미의식 美意識

아름답다/뜻/알다

㊅ 아름다움을 느끼거나 이해하고 판단함.

0705 ☐ ☐ ☐

미인계 美人計

아름답다 / 사람 / 셈하다, 꾀하다

명 미인을 이용하는 책략.

0706 ☐ ☐ ☐

미인박명 美人薄命

아름답다 / 사람 / 박하다 / 운명

명 미인은 불행하거나 병약하여 요절하는 일이 많음. ≒ 가인박명(佳人薄命).

0707 ☐ ☐ ☐

미증유 未曾有

아니다 / 일찍 / 있다

명 지금까지 한 번도 있어 본 적이 없음. 최초의.

0708 ☐ ☐ ☐

미학 美學

아름답다 / 배우다, 학문

명 자연이나 인생 및 예술 따위에 담긴 아름다움의 본질과 구조를 해명하는 학문.

0709 ☐ ☐ ☐

숭고미 崇高美

높이다 / 높다 / 아름답다

명 숭고한 느낌을 주는 아름다움. 경이(驚異), 외경(畏敬), 위대함 등의 느낌을 준다.

0710 ☐ ☐ ☐

우아미 優雅美

남다 / 우아하다 / 아름답다

명 우아한 느낌을 주는 아름다움.

0711 ☐ ☐ ☐

비장미 悲壯美

슬프다 / 힘차다 / 아름답다

명 슬픈 느낌을 주는 아름다움.
자연을 인식하는 '나'의 실현 의지가 현실적 여건 때문에 좌절될 때 나타난다. ≒ 비창미.

0712 ☐ ☐ ☐

골계미 滑稽美

미끄럽다 / 생각하다, 조아리다 / 아름답다

명 풍자와 해학으로 웃음과 교훈을 주는 아름다움.
자연의 질서나 이치를 존중하지 않고 추락시킴으로써 나타나는 미의식.

0713 ☐☐☐

미혹 迷惑

헷갈리다 / 홀리다

명 헤맴. 정신이 무엇엔가 홀려 갈피를 못 잡음. ↔ 불혹(不惑).

0714 ☐☐☐

미화 美化

아름답다 / 되다

명 아름답게 꾸밈.

0715 ☐☐☐

민담 民譚

백성 / 이야기

명 민간에 전하여 오는 이야기. 민간 설화의 한 종류.

0716 ☐☐☐

민완 敏腕

재빠르다, 민첩하다 / 팔

명 재빠른 팔. 일을 재치 있고 빠르게 처리하는 솜씨.

0717 ☐☐☐

민요 民謠

백성 / 노래, 가요

명 예로부터 민중 사이에 구전되면서 불려오던 전통적인 노래. 작사자나 작곡가를 알 수 없으며 민중들의 사상, 생활, 감정을 담고 있다.

0718 ☐☐☐

민족 民族

백성 / 겨레

명 역사적으로 일정한 지역에서 오랜 세월 동안 공동 생활을 하면서 공통의 언어와 문화를 지닌 사회 집단. 민족이 인종이나 국가 단위인 국민과 반드시 일치하는 것은 아니다. 참조 단일 민족 국가. 다문화 사회.

☐☐☐

민족주의 民族主義

명 민족의 고유성을 중시하는 사상. 민족의 독립과 통일을 가장 중시하는 주의. 19세기 이래 민족주의는 근대 국가 형성의 기본 원리가 되었으며, 분열되어 있는 민족의 정치적 통일을 목표로 하는 형태와 외국의 지배로부터의 해방이나 독립을 목표로 하는 형태로 크게 나누어진다. 늑 내셔널리즘.

0719 ☐☐☐

민초 民草

백성 / 풀

명 백성. 일반 '백성'을 질긴 생명력을 가진 잡초에 비유.

ㅂ

0720 □□□

박대 薄待

열다, 얇다 / 대하다

명 푸대접. 인정 없이 모질게 대함. ≒ 하대(下待). ↔ 후대(厚待).

0721 □□□

박두 迫頭

가깝다, 다가오다 / 머리

명 가까이 닥쳐옴. **예시** 개봉박두(開封迫頭).

0722 □□□

박애 博愛

넓다 / 사랑하다

명 모든 사람을 두루 평등하게 사랑함. ↔ 편애(偏愛).

□□□

박애주의 博愛主義

명 모든 사람을 차별 없이 두루 사랑하자는 주의. 인종에 대한 편견이나 국가적 이기심 또는 종교적 차별을 버리고 인류 전체의 복지 증진을 위하여 온 인류가 서로 평등하게 사랑하여야 한다는 주의. ≒ 사해동포주의(四海同胞主義).

0723 □□□

박이부정 博而不精

넓다 / 말 잇다 / 아니다 / 정밀하다, 자세하다, 깨끗하다

명 널리 알지만 정밀하게 깊이 알지는 못함.

0724 □□□

박주산채 薄酒山菜

얇다 / 술 / 뫼 / 나물

명 묽은 술과 산나물. 맛이 변변하지 못한 술과 산나물. 자기가 내는 술과 안주를 겸손하게 이르는 말.

0725 ☐☐☐

박차 拍車

치다, 박자 / 차, 도르래

® 속도를 내기 위해 힘을 더함. 말을 탈 때에 신는 구두의 뒤축에 쇠로 된 톱니바퀴 모양으로 달려 있으며, 말의 배를 차서 빨리 달리게 한다.

예시 박차를 가(加)하다.

0726 ☐☐☐

박탈 剝奪

벗기다 / 빼앗다

® 빼앗음.

0727 ☐☐☐

박학 博學

넓다 / 배우다, 학문
배운 것이 넓고 많음.

® 널리 배우고 많이 들음.

박학다식(博學多識).

0728 ☐☐☐

박해 迫害

구박하다 / 해롭다

® 못살게 굴어서 해롭게 함.

0729 ☐☐☐

반려 伴侶

짝 / 짝

® 짝. 예시 : 반려자, 반려 동물.

0730 ☐☐☐

반면교사 反面敎師

돌이키다 / 얼굴 / 가르치다 / 스승

® 나쁜 일에서 도리어 교훈이나 가르침을 얻을 수 있음. 사람이나 사물의 부정적인 면에서 얻는 깨달음. ≒ 타산지석(他山之石).

0731 ☐☐☐

반목 反目

되돌리다 / 눈

® 서로 미워함. 서로 시기하고 미워함. ↔ 화목(和睦).

☐☐☐

반목질시 反目嫉視

되돌리다 / 눈 / 시샘하다 / 보다

® 서로 미워하고 질투하는 눈으로 봄.

0732 □□□

반신반의 半信半疑

절반/믿다/절반/의심하다

[명] 반은 믿고 반은 의심함. 어느 정도 믿으면서도 다른 한편으로는 의심하는 상태.

0733 □□□

반어 反語

되돌리다, 반대하다/말씀

[명] 표현의 효과를 높이기 위하여 실제와 반대되는 뜻의 말을 하는 것. 못난 사람을 보고 '잘났어.' 라고 하는 것 따위이다. ≒ 아이러니.

□□□

반어법 反語法

[명] 참뜻과는 반대되는 말을 하여 문장의 의미를 강화하는 수사법. 풍자나 위트, 역설 따위가 섞여 나타나는 경우가 많다. [참조] 논리적 모순을 일으키는 '역설법(逆說法)' 과 구분해야 한다.

0734 □□□

반영 反映

되돌리다, 반대하다/비추다, 영화

[명] 나타냄. 빛이 반사하여 비침.
다른 것에 영향을 받아 어떤 현상이 나타남.

□□□

반영론 反映論

[명] 철학에서, 인간의 인식은 객관적 현실 세계의 반영이라고 하는 유물론적 인식론. 인식을 이데아의 영상이라고 한 플라톤에서부터 시작된 이론이다.

□□□

반영론적 관점 觀點

[명] 작품 속에 당대 현실이 어떻게 반영되어 있는가를 중시하는 관점.

0735 □□□

반의 反義

되돌리다, 반대하다/옳다, 뜻

[명] 반대말. 반대되는 뜻.

0736 □□□

부정어 否定語

아니다/정하다/말씀, 단어

[명] 부정하는 말. '아니다' , '못하다' , '말다' 따위가 있다.

0737 ☐☐☐

무관심 無關心

㊅ 관심이나 흥미가 없음.

0738 ☐☐☐

미성년 未成年

㊅ 성년에 이르지 못한 나이. 성년은 민법상 19세.

0739 ☐☐☐

미완성 未完成

㊅ 완성에 이르지 못함. 아직 덜 됨.

0740 ☐☐☐

비현실적 非現實的

㊌·㊅ 현실적이지 않은. 현실과는 동떨어진.

0741 ☐☐☐

비생산적 非生産的

㊌·㊅ 생산적이지 못한. 생산과 관련이 없는.

0742 ☐☐☐

불충분 不充分

㊅ 충분하지 않음. 넉넉하지 않음.

0743 ☐☐☐

몰인정 沒人情

㊅ 인정이 전혀 없음.

0744 ☐☐☐

몰취미 沒趣味

㊅ 취미가 전혀 없음.

ㅂ

0745 ☐☐☐

몰염치 沒廉恥

ⓜ 염치가 전혀 없음.

0746 ☐☐☐

탈냉전 脫冷戰

벗다 / 차다 / 싸우다

ⓜ 냉전에서 벗어남.

화기를 사용하는 전쟁을 벌이지 않고 대치하는 차가운 전쟁(냉전) 상태에서 벗어남.

0747 ☐☐☐

탈공해 脫公害

ⓜ 공해에서 벗어남. 공해의 요인을 없앰.

0748 ☐☐☐

탈대중화 脫大衆化

ⓜ 일반 대중을 상대하는 것에서 벗어남.

0749 ☐☐☐

반전 反轉

되돌리다 / 구르다

ⓜ 반대로 됨. 거꾸로 됨.

0750 ☐☐☐

반증 反證

돌이키다 / 증명하다

ⓜ 어떤 사실이나 주장이 옳지 아니함을 그에 반대되는 근거를 들어 증명함.

0751 ☐☐☐

방증 傍證

옆, 곁 / 증명하다

ⓜ 사실을 직접 증명할 수 있는 증거가 되지는 않지만, 간접적으로 증명에 도움을 줌.

0752 ☐☐☐

반추 反芻

돌이키다 / 꼴(먹이)

ⓜ 돌이켜서 생각하는 것. 되풀이하여 생각하는 것.

소나 염소가 소화가 힘든 섬유소가 들어 있는 식물을 삼켰다가 다시 게워내서 씹는 일.

예시 되새김질, 새김질.

□□□

반추동물 反芻動物

[명] 되새김질을 하는 동물. 기린, 사슴, 소, 양, 낙타 따위가 있다.

0753 □□□

반포지효 反哺之孝

돌이키다 / 먹이다 / 어조사 / 효도

[명] 자식이 어버이에게 바치는 효.
까마귀 새끼가 자라서 늙은 어미 까마귀에게 먹이를 물어다 주는 데서 옴.

ㅂ

0754 □□□

발문 跋文

밟다, 발문(문체) / 글월, 문장

[명] 책의 끝부분에 책의 간행 경위나 간략한 내용을 쓴 글. ↔ 서문(序文).

0755 □□□

서문 序文

[명] 책의 앞부분에 책에 대한 소개나 발간 경위, 간략한 내용 등을 쓴 글.

0756 □□□

발발 勃發

갑작스럽게 일어나다/피다

[명] 갑자기 일어남. [예시] 6 · 25 전쟁(戰爭) 발발.

0757 □□□

발본색원 拔本塞源

뽑다 / 근본, 뿌리 / 막다 / 근원, 수원

[명] 근본이 될 만한 것을 뿌리째 뽑아 없앰.
나무의 뿌리를 뽑아 버리고, 물의 원천을 틀어막는다. 좋지 않은 일의 근본 원인이 되는 요소를 완전히 없애 버려서 다시는 그러한 일이 생길 수 없도록 함.

0758 □□□

발상 發想

피다 / 생각

[명] 어떤 생각을 해냄.

0759 □□□

발생 發生

피다 / 나다

[명] 일어남. 생김.

0760 ☐ ☐ ☐

발음기관 發音器官

® 소리를 내는 몸의 기관. 음성을 내는 데 쓰는 신체의 각 부분. 성대, 목젖, 구개, 이, 잇몸, 혀 따위가 있다.

0761 ☐ ☐ ☐

발췌 拔萃

뽑다 / 모으다

® 가려서 뽑아 냄.

0762 ☐ ☐ ☐

발현 發現 / 發顯

피다 / 나타나다

® 밖으로 나타남.

0763 ☐ ☐ ☐

발호 跋扈

밟다 / 뒤따르다

® 함부로 휘두르며 날뜀.

0764 ☐ ☐ ☐

발화 發話

피다 / 이야기하다

® 소리를 내어 말을 함.

0765 ☐ ☐ ☐

방각본 坊刻本

동네, 행정구역 / 새기다 / 근본, 책

® 조선 후기에, 민간의 출판업자가 출판한 책.

☐ ☐ ☐

방각본소설 坊刻本小說

® 필사본으로 전하여 오던 것을 판각(版刻)하여 출판한 고전 소설. 판각한 지역에 따라 경판본, 완판본, 안성판본으로 나누어지며, 1846년 무렵부터 출판되어 현재 57종의 작품이 전한다.

0766 ☐ ☐ ☐

방관 傍觀

곁 / 보다

® 곁에서 구경만 함. 수수방관

□□□

수수방관 袖手傍觀

㈱ 끼어들지 않고 내버려 둠. 팔짱을 낀 채 보고만 있음.

0767 □□□

방백 方伯

모나다/맏이, 우두머리

㈱ 관찰사. '도지사'를 예스럽게 이르는 말.

ㅂ

0768 □□□

방백 傍白

곁/희다, 아뢰다

㈱ 연극에서 등장인물의 말이 상대역에게는 들리지 않고 관객만 들리는 것으로 약속된 대사. 참조 독백(獨白), 대화(對話).

0769 □□□

방법 方法

모나다/법

㈱ 수단이나 방식.

□□□

방법론 方法論

㈱ 진리에 도달하기 위한 과학 연구에서의 합리적인 방법에 관한 이론.

0770 □□□

방불하다 彷彿--

거닐다, 비슷하다/비슷하다

㈜ 거의 비슷하다. 거의 같다고 느끼다.

0771 □□□

방약무인 傍若無人

곁/같다/없다/사람

㈱ 아무런 거리낌 없이 제멋대로 행함. 곁에 사람이 없는 것처럼 남을 전혀 의식하지 않고 거리낌 없이 함부로 하는 태도. ≒ 안하무인(眼下無人).

0772 □□□

방언 方言

모나다, 지방/말씀, 언어

㈱ 지방에서 사용하는 말. 사투리. ↔ 표준어(標準語).

0773 □□□

표준어 標準語

푯말/수준점, 기준/말씀, 언어

명 한 나라에서 공용어로 사용하는 언어. 우리나라에서는 표준어는 교양 있는 사람들이 두루 쓰는 현대 서울말로 정함을 원칙으로 한다.

0774 □□□

공용어 公用語

공변되다/쓰다/말씀, 언어

명 한 나라 안에서 공식적으로 쓰는 언어. 국제회의나 기구에서 공식적으로 쓰는 언어. 참조 우리나라 제주도의 공용어는 영어(英語)를 포함한다.

0775 □□□

방점 傍點

곁/점

명 곁점. 글자 옆이나 위에 찍는 점.
중세 국어 각 음절의 성조를 표시하기 위한 〈훈민정음〉의 표기법. 평성(平聲)은 점이 없고, 거성(去聲)은 한 점, 상성(上聲)은 두 점을 글자의 왼편에 찍었다. 요즘은 강조(强調)하기 위해 글자 위에 찍는다.

0776 □□□

방향 方向

모나다/향하다

명 어떤 곳을 향한 쪽.
어떤 곳을 향하여 나아가는 쪽.

0777 □□□

배경 背景

등/볕, 경치

명 뒤쪽의 정경. 앞에 드러나지 아니한 채 뒤에서 돌보아 주는 힘. 문학 작품에서, 주제를 뒷받침하는 시대적 · 사회적 환경이나 장소.
예시 공간적(空間的), 시대적(時代的) 배경.

0778 □□□

배금주의 拜金主義

숭배하다, 절하다/쇠, 금/
주인/옳다

명 물질적인 것을 숭배하는 태도. 돈을 최고의 가치로 여기고 숭배하여 삶의 목적을 금전에 두는 태도.

0779 □□□

배수지진 背水之陣

등지다/물/어조사/진

명 강이나 바다를 등지고 치는 진. 더 이상 뒤로 물러설 수 없음을 비유.
중국 한(漢)나라의 한신이 강을 등지고 진을 쳐서 병사들이 뒤로 물러서지 못하고 힘을 다하여 싸우도록 한데서 온 고사. ≒ 배수진(背水陣).

0780 ☐☐☐

배심원 陪審員

돕다, 거듭하다 / 살피다 / 사람

명 재판에 참여하여 판단하는 일을 맡은 사람.
법률 전문가가 아닌 일반 국민 가운데 선출되어, 심리(審理)나 재판에 참여하고 판단을 내린다.

0781 ☐☐☐

배은망덕 背恩忘德

등지다, 배반하다 /
은혜 / 잊다 / 덕행

명 남에게 입은 은혜를 저버리고 배신함.

0782 ☐☐☐

배타적 排他的

내치다 / 남, 타인 / 과녁

관 · **명** 남을 배척하는. 나와 다른 것을 밀어내는.

☐☐☐

배타주의 排他主義

명 남을 배척하는 사상이나 경향.

0783 ☐☐☐

백가쟁명 百家爭鳴

일백, 많다 / 집, 사람 /
다투다 / 울다

명 많은 사람들이 나서서 자기의 학설이나 주장을 자유롭게 발표하고, 논쟁하며 토론하는 일.

0784 ☐☐☐

백화제방 百花齊放

일 백 / 꽃 / 가지런하다, 일제히 /
풀다, 피다

명 많은 꽃이 일제히 피어나듯 온갖 학문이나 예술, 사상 따위가 함께 일어나 풍성해지는 것을 비유함. 한때 중국의 예술 정책으로 내세웠던 말이다.

0785 ☐☐☐

백골난망 白骨難忘

희다 / 뼈 / 어렵다 / 잊다

명 죽어서도 잊을 수 없을 만큼 큰 은혜.
남에게 큰 은덕을 입었을 때 고마움의 뜻으로 이르는 말.

0786 ☐☐☐

백년대계 百年大計

일백 / 해 / 크다 / 셈, 계획하다

명 백년 앞을 내다보고 세우는 계획.
먼 앞날까지 미리 내다보고 세우는 크고 중요한 계획. **예시** 교육은 백년대계이다.

0787 ☐☐☐

백년하청 百年河淸

일백/해/강이름/맑다

명 아무리 오랜 세월이 지나도 이루어지기 어려움.
'백 년을 기다린다고 해도 황하의 강이 맑아지겠는가?' 라는 뜻으로, 중국의 황하강(黃河江)이 늘 흐려 맑을 때가 없다는 뜻에서 온 말. ≒ 연목구어(緣木求魚), 수주대토(守株待兎).

0788 ☐☐☐

백미 白眉

희다/눈썹

명 여럿 가운데서 가장 뛰어남. 흰 눈썹.
중국 촉한(蜀漢) 때 마량(馬良)의 다섯 형제가 모두 재주가 있었는데 그중에서도 눈썹 속에 흰 털이 난 량(良)이 가장 뛰어났다는 고사.

0789 ☐☐☐

백아절현 伯牙絶絃

맏/어금니/끊다/줄

명 자기를 알아주는 참다운 벗의 죽음을 슬퍼함.
중국 춘추 시대에 백아(伯牙)는 거문고를 매우 잘 탔고 그의 벗 종자기(鍾子期)는 거문고 소리를 잘 알아들었는데, 종자가가 죽자 백아가 절망하여 거문고 줄을 끊어 버리고 다시는 거문고를 타지 않았다는 고사. ≒ 지음(知音).

0790 ☐☐☐

백안시 白眼視

희다/안/보다

명 흘겨봄. 남을 업신여기거나 무시하는 태도.
진나라 때 죽림칠현의 한 사람인 완적(阮籍)이 반갑지 않은 손님은 백안(白眼)으로 대하고, 반가운 손님은 청안(靑眼)으로 대한 고사. ↔ 청안(靑眼).

0791 ☐☐☐

백절불굴 百折不屈

일백, 많다/꺾다/
아니다/굽히다

명 백번 꺾어도 결코 굽히지 않음. 즉 어떠한 난관에도 결코 굽히지 않는 기개.

0792 ☐☐☐

백중 伯仲

맏, 큰아버지/버금, 가운데

명 맏이와 둘째. 서로 비슷하여 낫고 못함이 없음.

0793 ☐ ☐ ☐

백중지세 伯仲之勢

맏, 첫째 / 버금, 둘째 /
어조사 / 형세, 세력

🅜 비슷하여 서로 우열을 가리기 힘든 형세. ≒ 막상
막하(莫上莫下), 대동소이(大同小異), 호각지세(互角
之勢), 난형난제(難兄難弟), 오십보백보(五十步百步).

0794 ☐ ☐ ☐

백지화 白紙化

희다 / 종이 / 되다

🅜 원래의 상태로 돌아감. 없던 일로 됨. ≒ 만사휴
의(萬事休矣 모든 것이 헛수고로 돌아감).

0795 ☐ ☐ ☐

백척간두 百尺竿頭 일백 /

자 / 낚싯대 / 머리

🅜 몹시 어렵고 위태로운 지경. 백 자나 되는 높은 장
대 위에 올라섰다. ≒ 풍전등화(風前燈火), 누란지위
(累卵之危), 여리박빙(如履薄氷), 일촉즉발(一觸卽發).

0796 ☐ ☐ ☐

번화하다 繁華--

번다하다 / 꽃, 화려하다

🅗 번성하고 화려하다.

0797 ☐ ☐ ☐

범신론 汎神論

무릇 / 귀신 / 의논하다

🅜 일체의 모든 곳에 신이 내재해 있다는 사상. 일체의
자연은 곧 신이며 신은 곧 일체의 자연이라고 생각하
는 종교관과 철학관. ≒ 만유신론, 범일론(汎一論).

0798 ☐ ☐ ☐

변별 辨別

가려내다 / 구별하다

🅜 고르고 가려냄. 판단.

☐ ☐ ☐

변별력 辨別力

🅜 사물의 옳고 그름이나 좋고 나쁨을 가리는 능력.

0799 ☐ ☐ ☐

변용 變容

변하다 / 얼굴, 용모

🅜 모습이 바뀜. 얼굴이 바뀜.

0800 □ □ □

주관적 主觀的
변용 變容

[명] 대상을 있는 그대로가 아니라 개인적이고 주관적인 의식에 의해 받아들이는 것을 말함.

0801 □ □ □

변조 變調
변하다 / 고르다

[명] 바꿈.

ㅂ

0802 □ □ □

변증법 辨證法
분별하다 / 증명하다 / 법

[명] 문답에 의해 진리에 도달하는 방법, 어원은 '대화의 기술' 이라는 뜻.
헤겔 철학에서, 동일률을 근본 원리로 하는 형식 논리와 달리, 모순 또는 대립을 근본 원리로 하여 사물의 운동을 설명하려는 논리. 인식이나 사물은 정(正) · 반(反) · 합(合) 삼 단계를 거쳐 전개된다고 한다.

0803 □ □ □

정반합 正反合
바르다 / 되돌리다 / 합하다

[명] 헤겔에 의하여 정식화된 변증법 논리의 삼 단계. 곧 하나의 주장인 정(正)에 모순되는 다른 주장인 반(反)이, 더 높은 종합적인 주장인 합(合)에 통합되는 과정을 이른다.

0804 □ □ □

별세 別世
이별하다 / 세상

[명] 죽음을 달리 부르는 말. 윗사람이 세상을 떠남.
[참조] 서거(逝去), 소천(召天), 영면(永眠), 선종(善終), 붕어(崩御), 승하(昇遐).

0805 □ □ □

병가상사 兵家常事
군사, 무기 / 집, 학파, 대가 / 항상, 범상 / 일, 섬기다

[명] 전쟁에서 이기고 지는 일은 흔히 있는 일.
실패하는 일은 흔히 있으므로 낙심할 것이 없다는 말.

0806 □ □ □

병치 倂置/竝置
나란히 하다, 아우르다 / 두다, 놓다

[명] 나란히 놓음.

0807 □ □ □

병탄 竝呑/倂呑

나란히 하다, 아우르다 / 삼키다

명 남의 것을 삼킴. 남의 재물이나 다른 나라의 영토를 제 것으로 만듦.

참조 경술(庚戌)년의 한일병탄(竝呑.)

0808 □ □ □

보수적 保守的

지키다, 보호하다 / 지키다 / 과녁

관 · 명 전통적인 것을 옹호하며 지키려는 것. ↔ 진보적(進步的).

0809 □ □ □

보시 布施

명 불교에서, 자비심으로 남에게 재물이나 불법을 베풂.

참조 불교 용어. 포(布)를 [보]로 읽음.

0810 □ □ □

보우하다 保佑--

보호하다 / 돕다

동 보호하다. 도와주다.

예시 하나님이 보우하사~

0811 □ □ □

보조 補助

깁다 / 돕다

명 도움. 보태어 도움.

0812 □ □ □

보편 普遍

두루 / 미치다

명 두루 널리 미침. 모든 것에 공통되거나 들어맞음.

□ □ □

보편성 普遍性

명 모든 것에 두루 미치거나 통하는 성질. ↔ 특수성(特殊性).

0813 □ □ □

복고적 復古的

되돌리다 / 옛 / 과녁

명 · 관 예전으로 되돌아가려는.

ㅂ

0814 □□□

복마전 伏魔殿

엎드리다, 숨다 / 마귀 / 큰 집

㉆ 마귀가 숨어 있는 집이나 굴.

비밀리에 나쁜 일을 꾸미는 무리들이 모이거나 활동하는 곳을 비유.

0815 □□□

복병 伏兵

엎드리다, 숨다 / 병사

㉆ 숨겨놓은 병사. 적을 기습하기 위하여 적이 지날 만한 길목에 군사를 숨김. 예상하지 못한 뜻밖의 경쟁 상대.

0816 □□□

복선 伏線

엎드리다, 숨기다 / 줄, 선

㉆ 남모르게 미리 꾸며 놓은 일. 소설이나 희곡에서, 앞으로 일어날 사건에 대하여 넌지시 미리 암시해 두는 것.

0817 □□□

복안 腹案

배, 숨기다 / 책상, 안건

㉆ 마음속의 생각이나 계책.

겉으로 드러내지 아니하고 마음속으로만 생각함.

0818 □□□

복지 福祉

복 / 복

㉆ 행복한 삶.

0819 □□□

복차지계 覆車之戒

뒤집히다 / 차, 수레 /
어조사 / 경계하다

㉆ 먼저 간 수레가 뒤집힌 것을 보고 경계함. 앞 사람의 실패를 거울삼아 뒷사람은 조심할 것을 비유.

0820 □□□

복합 複合

겹치다 / 합하다

㉆ 두 가지 이상이 하나로 합침.

0821 □□□

본론 本論

근본 / 의논하다

㉆ 주된 주장이 있는 부분.

참조 서론(序論) - 본론 - 결론(結論).

0822 ☐ ☐ ☐

본말 本末

근본, 뿌리 / 우듬지, 말단

명 처음과 끝.

사물이나 일의 중요한 부분과 중요하지 않은 부분을 비유.

☐ ☐ ☐

본말전도 本末顚倒

근본 / 말단 / 뒤집히다 / 넘어지다

명 주요한 부분과 사소한 부분이 뒤바뀜.

일의 원줄기를 잊고 사소한 부분에만 사로잡힘.

0823 ☐ ☐ ☐

본질 本質

근본 / 바탕

명 본디부터 가지고 있는 사물 자체의 성질이나 모습.

사물의 근본적인 성질.

☐ ☐ ☐

본질적 本質的

관 · 명 사물의 근본적 본질에 관한.

0824 ☐ ☐ ☐

봉건적 封建的

봉하다, 제후 봉함 / 세우다 / 과녁

관 · 명 봉건제도 특유의 성격을 가지고 있는. ↔ 민주적(民主的).

☐ ☐ ☐

봉건제도 封建制度

명 천자가 여러 제후에게 토지를 나누어 주고, 제후들은 자기의 영지에서 권력을 행사하는 국가 조직. 제후는 자신의 영지를 가지며 천자가 있는 왕실에 충성을 다한다.

0825 ☐ ☐ ☐

봉쇄 封鎖

봉하다 / 잠그다

명 굳게 잠금. ↔ 개방(開放), 해제(解制).

0826 ☐ ☐ ☐

봉착 逢着

받들다, 만나다 / 붙다

명 어떤 처지나 상태에 부닥침.

0827 ☐ ☐ ☐

봉황 鳳凰

봉새(수컷) / 봉새(암컷)

명 예로부터 전설에 전해오는, 상서로움을 상징하는 상상의 새. 수컷은 '봉', 암컷은 '황' 이라고 하는데, 성인이 나타날 때 세상에 나타난다고 함. 깃털에는 오색 무늬가 있고, 오동나무에 깃들며 대나무 열매를 먹고 산다고 함.

참조 기린, 거북, 용과 함께 사령(四靈) 또는 사서(四瑞)로 부름.

0828 ☐ ☐ ☐

부결 否決

아니다 / 찢다, 결정하다

명 결정을 부정함. 결정을 받아들이지 않음. ↔ 가결(可決).

0829 ☐ ☐ ☐

부국강병 富國强兵

부유하다 / 나라 / 힘세다 / 병사

명 나라를 경제적으로 부유하게 만들고 군사적으로 강하게 함.

0830 ☐ ☐ ☐

부당 不當

아니다[불] / 마땅하다

명 이치에 맞지 아니함. ↔ 정당(正當).

☐ ☐ ☐

부당이득 不當利得

명 부당한 방법으로 얻는 이익.

0831 ☐ ☐ ☐

부도옹 不倒翁

아니다 / 넘어지다 / 늙은이

명 오뚝이. 밑을 무겁게 하여 아무렇게나 굴려도 다시 일어서는 장난감. 중국에서 등소평을 비유. = 오뚝이.

0832 ☐ ☐ ☐

부동 浮動

뜨다, 덧없다 / 움직이다

명 물이나 공중에 떠서 움직임.

□□□

부동층 浮動層

명 떠도는 층.
선거 때에 확고하게 지지하는 후보나 정당이 없이
그때그때의 정세에 따라 다르게 투표하는 사람들.

0833 □□□

부득불 不得不

아니다 / 얻다 / 아니다

부 어찌할 수 없어. 마음이 내키지 않지만 마지못하
여. ≒ 불가불(不可不).

0834 □□□

부록 附錄

붙이다 / 적다, 기록

명 본문 끝에 덧붙이는 지면이나 따로 내는 책자.

0835 □□□

부연 敷衍/敷演

펴다 / 넓다, 펴다

명 덧붙임. ↔ 생략(省略).

0836 □□□

부운 浮雲

뜨다, 가볍다 / 구름

명 뜬구름. 가벼운 것.

□□□

부운조로 浮雲朝露

뜨다, 가볍다 / 구름 / 아침 / 이슬

명 뜬구름과 아침 이슬처럼 인생의 덧없음.

0837 □□□

부인 否認

아니다 / 인정하다

명 부정함. 인정하지 않음. ↔ 시인(是認).

0838 □□□

부제 副題

버금 / 버금

명 제목을 보충하는 작은 제목. ≒ 서브타이틀.

0839 ☐ ☐ ☐

표제 標題/表題

겉/제목

ⓜ 제목. 서책의 이름. 연설이나 담화의 제목.

0840 ☐ ☐ ☐

부조 扶助

붙들다, 돕다/돕다

ⓜ 남을 거들어서 도와주는 일. 잔칫집이나 상가(喪家)에 돈이나 물건을 보내어 도와줌.
참조 부의금(賻儀金), 축의금(祝儀金).

0841 ☐ ☐ ☐

부조리 不條理

아니다[불]/가지, 법조문/이치

ⓜ 이치에 맞지 아니하거나 도리에 어긋남.
철학에서, 인간과 세계, 인생의 의의와 현대 생활과의 불합리한 관계를 나타내는 실존주의적 용어.

☐ ☐ ☐

부조리극 不條理劇

ⓜ 이치에 맞지 아니하는 극작품이라는 의미로, 1950년대 미국이나 유럽에서 일어난 예술 사조.
작품 구성이나 성격 묘사가 불합리하고 기이하여 전통적인 기법을 거부하고 인간 실존의 환상과 몽상적 세계를 묘사함.
참조 베케트의 〈고도를 기다리며〉, 이오네스코의 〈코뿔소〉.

0842 ☐ ☐ ☐

부창부수 夫唱婦隨

지아비/부르다/아내/따르다

ⓜ 남편이 주장하고 아내가 이에 따름. 부부 사이의 화합하는 도리. 참조 여필종부(女必從夫).

0843 ☐ ☐ ☐

부합 符合

부신/들어맞다, 합하다

ⓜ 서로 꼭 들어맞음.

0844 ☐ ☐ ☐

부화 孵化

알까다/되다

ⓜ 알의 껍데기를 까고 새끼가 밖으로 나옴.

0845 ☐ ☐ ☐

부화뇌동 附和雷同

붙다/쫓다/천둥/같이하다

명 줏대 없이 남의 의견에 따라 움직임.
우레 소리에 맞추어 천지만물이 함께 울림.
참조 숭어가 뛰니까 망둥이도 뛴다.

0846 ☐ ☐ ☐

분기 分期

나누다/기간

명 일정한 길이로 나누어진 기간.

0847 ☐ ☐ ☐

분담 分擔

나누다/맡다

명 나누어서 맡음. ↔ 전담(全擔).

0848 ☐ ☐ ☐

분류 分類

나누다/무리

명 일정한 기준에 따라 묶거나 나눔.

0849 ☐ ☐ ☐

분석 分析

나누다/쪼개다

명 전체를 풀어서 개별적인 부분으로 나눔.

0850 ☐ ☐ ☐

분분하다 紛紛--

가루/가루

형 어지럽다. 여럿이 한데 뒤섞여 어수선하다.
예시 의견이 분분하다.

0851 ☐ ☐ ☐

분서갱유 焚書坑儒

불사르다 / 책, 글 / 구덩이 / 유학,
선비

명 책을 불태우고 유생을 파묻는 문화 압살의 행위.
중국 진(秦)시황제가 학자들의 정치적 비판을 막기
위하여 의약(醫藥), 복서(卜筮), 농업에 관한 것만을
제외하고 모든 서적을 불태우고 수많은 유생을 구
덩이에 묻어 죽인 일.

0852 ☐ ☐ ☐

분수령 分水嶺

나누다, 가르다 / 물 / 고개

명 분수계가 되는 산마루나 산맥.

어떤 일이 한 단계에서 다른 단계로 넘어가는 전환점을 비유.

0853 ☐ ☐ ☐

분신 分身

나누다 / 몸

명 하나의 주체에서 갈라져 나온 것.

불교에서, 부처가 중생을 교화하기 위하여 여러 가지 몸으로 나타남.

0854 ☐ ☐ ☐

분업 分業

나누다 / 일, 업

명 일을 나누어서 함. 생산의 과정을 여러 부문으로 일을 나누어하는 노동 형태.

☐ ☐ ☐

분업화 分業化

명 분업으로 됨.

0855 ☐ ☐ ☐

분위기 雰圍氣

눈 흩날리다 / 에워싸다 / 기운

명 느껴지는 기분. 주위를 둘러싸고 있는 상황이나 환경에 따라 느껴지는 독특한 느낌. **참조** 환상적(幻想的), 향토적(鄕土的), 애상적(哀傷的) 분위기 등.

0856 ☐ ☐ ☐

불가근 不可近

아니다 / 가하다 / 가깝다

명 가까이하기 어려움.

참조 불가근불가원(不可近不可遠) : 가까이하지도 멀리하지도 않고 일정한 거리를 유지함.

0857 ☐ ☐ ☐

불가분 不可分

아니다 / 가하다 / 가깝다

명 서로 나눌 수가 없음.

0858 ☐ ☐ ☐

불가불 不可不

아니다 / 가능하다 / 아니다

부 하지 아니할 수 없어. 마지못하여. = 부득불(不得不).

0859 □□□

불결 不潔

아니다/깨끗하다

圏 깨끗하지 아니하고 더러움. ↔ 청결(淸潔).

0860 □□□

불귀 不歸

아니다/돌아가다

圏 돌아오지 아니함. '죽음'을 비유.

예시 불귀의 객(客)이 되고 말았다.

0861 □□□

불모 不毛

아니다, 없다/털

圏 땅이 거칠고 메마름. ↔ 비옥(肥沃).

□□□

불모지 不毛地

圏 식물이 자라지 못하는 거칠고 메마른 땅. 어떠한 사물이나 현상이 발달되어 있지 않은 곳. 또는 그런 상태를 비유.

0862 □□□

불문곡직 不問曲直

아니다/묻다/굽다/곧다

圏 옳고 그름을 따지지 아니하고.

0863 □□□

불문율 不文律

아니다/글월/법

圏 문서의 형식을 갖추지 않은 법. 관습법이나 판례법 등.

0864 □□□

불복 不服

아니다/옷, 복종하다

圏 복종하지 않음.

0865 □□□

불사약 不死藥

아니다/죽다/약

圏 먹으면 죽지 않고 오래 살 수 있다는 약.

참조 불로초(不老草 먹으면 늙지 않는다는 약초).

0866 ☐ ☐ ☐

불사조 不死鳥

아니다/죽다/새

🅟 영원히 죽지 않는다는 전설의 새. 참조 이집트 신화에 나오는 불사조. 피닉스는 500~600년마다 불에 타 죽고 다시 그 재 속에서 살아난다고 한다.

0867 ☐ ☐ ☐

불상사 不祥事

아니다/상서롭다/일

🅟 상서롭지 못한 일. 좋지 못한 일.

0868 ☐ ☐ ☐

불세출 不世出

아니다/세상/나다

🅟 매우 뛰어남. 좀처럼 세상에 나타나기 힘들 만큼 뛰어남.

0869 ☐ ☐ ☐

불순 不純

아니다/순수하다

🅟 순수하지 않음. 참되지 못함. ↔ 순수(純粹).

0870 ☐ ☐ ☐

불시착 不時着

아니다/때/입다, 붙다, 착륙하다

🅟 예정된 목적지가 아닌 곳에 착륙함.
비행기가 비행 도중 기관 고장이나 기상 악화 등의 문제로 예정되지 않은 다른 장소에 착륙함.

0871 ☐ ☐ ☐

불식 拂拭

털다, 주다/씻다

🅟 말끔히 털어 없앰.
예시 의혹을 불식시키다.

0872 ☐ ☐ ☐

불야성 不夜城

아니다/밤/성

🅟 밤이 없는 성. 밤에도 불이 환하게 켜 있어 대낮같이 밝은 장소.

0873 ☐ ☐ ☐

불온 不穩

아니다/온건하다

🅟 온건하지 않음. 순응하지 않고 맞섬.

0874 ☐ ☐ ☐

불온서적 不穩書籍

명 불온한 사상을 내용으로 하는 책.

0875 ☐ ☐ ☐

불요불굴 不撓不屈

아니다/휘다/아니다/굽다

명 휘거나 굽히지 않음. 한번 먹은 마음이 흔들리거나 굽힘이 없음.

0876 ☐ ☐ ☐

불우 不遇

아니다/만나다

명 딱하고 어려움.
재능이나 포부를 가지고 있으면서도 때를 만나지 못하여 출세를 못함.

0877 ☐ ☐ ☐

불이 不二

아니다/둘

명 둘이 아님. 둘도 없음. 참조 신토불이(身土不二).

☐ ☐ ☐

불이문 不二門

명 둘이 아님. 불교에서, 상대적이고 차별적인 것을 모두 초월하여 절대적이고 평등한 진리를 나타내는 가르침. = 불이법문(不二法門).

0878 ☐ ☐ ☐

불찰 不察

아니다/살피다

명 살피지 못함.

0879 ☐ ☐ ☐

불철주야 不撤晝夜

아니다/거두다/낮/밤

명 밤낮없이. 밤낮을 가리지 아니함.

0880 ☐ ☐ ☐

불청객 不請客

아니다/청하다, 초청/손

명 오라고 하지 않았는데도 스스로 찾아온 손님.

0881 □□□

불초 不肖

아니다/닮다

[명] 자식으로서 아버지를 닮지 않았다는 뜻으로, 못나고 어리석은 사람을 이르는 말. = 불초자(不肖子).

0882 □□□

불치하문 不恥下問

아니다/부끄럽다/아래/묻다

[명] 모르는 것을 아랫사람에게 물어보는 일을 부끄러워하지 아니함.

ㅂ

0883 □□□

불통 不通

아니다/통하다

[명] 서로 통하지 아니함. ↔ 소통(疏通).

0884 □□□

불퇴전 不退轉

아니다/물러나다/구르다

[명] 뒤로 물러서지 않는 용기.

불교에서, 한번 도달한 수행의 지위에서 물러서지 아니함.

0885 □□□

불편부당 不偏不黨

아니다/치우치다, 기울다/아니다[부]/무리, 편들다

[명] 어느 쪽으로도 치우침이 없이 공정한 것. 편들지 않음.

0886 □□□

불한당 不汗黨

아니다/땀/무리

[명] 땀 흘려 일하지 않고 남의 것을 마구 빼앗는 무뢰한들. 남을 괴롭히는 것을 일삼는 파렴치한 사람들의 무리.

0887 □□□

불혹 不惑

아니다/미혹하다

[명] 마흔 살. 미혹되지 아니함.

공자가 마흔 살부터 세상일에 미혹되지 않았다고 한 데서 나온 말.

0888 □□□

불후 不朽

아니다/썩다

[명] 썩지 아니함. 영원토록 없어지지 아니함.

[예시] 불후의 명작.

0889 ☐ ☐ ☐

비겁하다 卑怯--

낮다 / 겁내다

⟨형⟩ 비열하고 겁이 많다. ↔ 당당하다(堂堂--), 용감하다(勇敢--).

0890 ☐ ☐ ☐

비관 悲觀

슬프다 / 보다

⟨명⟩ 인생을 어둡게만 보아 슬퍼하거나 절망스럽게 여김.
앞으로의 일이 잘 안될 것이라고 봄. ↔ 낙관(樂觀).

☐ ☐ ☐

비관적 悲觀的

⟨관⟩ · ⟨명⟩ 인생을 어둡게만 보아 슬퍼하거나 절망스럽게 여기는 것. 앞으로의 일이 잘 안될 것이라고 보는 것. ↔ 낙관적(樂觀的).

0891 ☐ ☐ ☐

비교 比較

견주다 / 비교하다

⟨명⟩ 둘 이상의 사물을 견주어 봄.

0892 ☐ ☐ ☐

비극 悲劇

슬프다 / 연극, 놀이

⟨명⟩ 인생의 슬픔과 비참함을 다뤄 주인공의 파멸, 패배, 죽음 따위로 불행한 결말을 갖는 극. ↔ 희극(喜劇).

0893 ☐ ☐ ☐

비근하다 卑近--

낮다 / 가깝다

⟨형⟩ 알기 쉽고 실생활에 가깝다.

0894 ☐ ☐ ☐

비등 沸騰

끓다 / 오르다

⟨명⟩ 끓어오름. 물이 끓듯 떠들썩함.

0895 ☐ ☐ ☐

비망록 備忘錄

예비하다, 준비하다 / 잊다
/ 기록하다

⟨명⟩ 잊지 않으려고 중요한 내용을 적어 둔 책자.

0896 ☐☐☐

비문 非文

아니다 / 글월, 문장

명 문법에 맞지 않는 문장.

0897 ☐☐☐

비분강개 悲憤慷慨

슬프다 / 분하다 /
슬프다 / 개탄하다

명 슬프고 분하여 의분이 북받침.

0898 ☐☐☐

비속어 卑俗語

낮다 / 풍속, 속되다 / 말씀

명 비어와 속어. 상스럽게 낮고 저속한 말.

0899 ☐☐☐

비약 飛躍

날다 / 뛰어오르다

명 나는 듯이 높이 뛰어오름.
논리나 사고방식이 일정한 단계를 따르지 아니하고
훌쩍 뛰어넘음. 예시 비약적인 발전.

0900 ☐☐☐

비위 脾胃

지라 / 위장

명 지라와 위. 음식물을 삭여 내거나 아니꼽고 싫은
것을 견디어 내는 성미.
예시 비위가 좋다.

0901 ☐☐☐

비유 比喩/譬喩

견주다, 비유하다 /
비유하다, 깨우쳐 주다

명 어떤 현상이나 사물을 직접 설명하지 아니하고
다른 비슷한 현상이나 사물에 빗대어서 설명하는
일.

0902 ☐☐☐

비일비재 非一非再

아니다 / 하나 / 아니다 /
다시, 두 번

명 많음. 한둘이 아니고 많음.

0903 ☐☐☐

비장하다 悲壯--

슬프다 / 씩씩하다, 건장하다

형 슬픈 감정을 억눌러 씩씩하고 장하다.

0904 ☐ ☐ ☐

비준 批准

비평하다 / 승인하다, 비기다

(명) 승인. 조약을 헌법상의 조약 체결권자가 최종적으로 확인·동의하는 절차. 우리나라에서는 대통령이 국회의 동의를 얻어 행한다.

0905 ☐ ☐ ☐

비판 批判

가리다 / 분별하다

(명) 옳고 그름을 판별하여 밝힘.

☐ ☐ ☐

비판적 批判的

(관)·(명) 옳고 그름을 판단하여 밝히거나 잘못된 점을 지적함.

0906 ☐ ☐ ☐

비평 批評

비평하다 / 꼲다

(명) 사물의 옳고 그름, 아름다움과 추함 따위를 분석하여 가치를 논함.

0907 ☐ ☐ ☐

비호 庇護

덮다, 감싸다 / 보호하다

(명) 편들어서 감싸 주고 보호함.

0908 ☐ ☐ ☐

빈축 嚬蹙/顰蹙

찡그리다, 찌푸리다 /
찡그리다, 찌푸리다

(명) 눈살을 찌푸리고 얼굴을 찡그림.
(예시) 주변의 빈축을 사다.

0909 ☐ ☐ ☐

서시빈목 西施矉目

(명) 무조건 남의 흉내를 내어 웃음거리가 됨을 비유. 월나라의 미인 서시가 속병이 있어 눈을 찌푸리고 다녔는데, 이것을 본 못난 여자들이 서시를 따라서 눈을 찌푸리니 더 못나게 보였다는 고사. ≒ 효빈(效矉).

0910 ☐ ☐ ☐

빙산일각 氷山一角

얼음 / 뫼 / 하나 / 뿔, 모서리

(명) 빙산의 한 모서리. 대부분은 안에 숨겨져 있고, 밖으로 나타나 있는 것은 극히 일부에 지나지 않음.

0911 □□□

빙자 憑藉

의지하다/깔다

圐 남의 힘을 빌려서 기댐. 핑계로 내세움.

0912 □□□

빙탄불상용 氷炭不相容

얼음/숯/아니다/서로/
얼굴,용납하다

圐 서로 어울리거나 화합하지 못함. 얼음과 숯의 성
질이 정반대이어서 서로 용납하지 못한다는 뜻에서
옴.

□□□

빙탄지간 氷炭之間

얼음/숯/어조사/사이

圐 서로 화합할 수 없는 사이.
참조 물과 기름처럼 겉돌다.

ㅅ

0913 □□□

사경 私耕

사사롭다/밭갈다

명 사래. 묘지기나 마름이 수고의 대가로 부쳐 먹는 논밭. 머슴이 주인에게서 한 해 동안 일한 대가로 받는 돈이나 물건. = 새경.

0914 □□□

사계 斯界

이/경계, 분야

명 이 분야. 해당되는 분야.

예시 사계의 권위자.

0915 □□□

사문 斯文

이/글월, 학문

명 이 학문, 이 글.

'유학자(儒學者)'를 높여 이르는 말.

0916 □□□

사문난적 斯文亂賊

명 성리학에서, 유학의 교리를 어지럽히는 사람을 이르는 말.

0917 □□□

사고 思考

생각하다/생각하다

명 생각하고 궁리함.

0918 □□□

사고 四苦

넷/쓰다, 고생

명 불교에서, 인생의 네 가지 고통. 나고, 늙고, 병들고, 죽는 것을 이른다. 생로병사(生老病死).

0919 □□□

사고무친 四顧無親

넷/돌아보다/없다/친하다

명 고아. 사방을 둘러보아도 의지할 만한 사람이 아무도 없음.

0920 □□□

사뇌가 詞腦歌

가사/뇌/노래

[명] 향가. 향찰(鄕札)로 기록한 신라 때의 노래.
향가 가운데 차사사뇌(嗟辭詞腦), 즉 10구체만을 이르기도 함.

0921 □□□

사단 事端

사단 일/끝, 단서

[명] 사건의 단서. 일의 실마리. 사고나 탈.

0922 □□□

사대 事大

일, 섬기다/크다

[명] 약자가 강자를 섬김.

□□□

사대주의 事大主義

[명] 세력이 크거나 강한 것을 받들어 섬기는 태도.

0923 □□□

사대부 士大夫

선비/크다/지아비, 사내

[명] 사(士)와 대부(大夫). 벼슬이나 문벌이 높은 집안의 사람. [참조] 황제(皇帝) - 제후(諸侯) - 경(卿) - 대부(大夫) - 사(士) - 민(民).

0924 □□□

사료 史料

역사/헤아리다, 자료

[명] 역사 연구에 필요한 자료. 문헌, 유물, 문서, 기록, 건축, 조각 등.

0925 □□□

사면 赦免

용서하다, 죄 사하다/면하다

[명] 죄를 용서하여 형벌을 면제함.
[참조] 대통령이 사면권(赦免權)을 행사하다.

0926 □□□

사면초가 四面楚歌

넷/방향/초나라/노래

[명] 사방에서 들려오는 초나라 노랫소리. 아무에게도 도움을 받지 못하는, 외롭고 곤궁한 처지에 빠짐.
초나라 항우가 사면을 둘러싼 한나라 군사 쪽에서 들려오는 초나라의 노랫소리를 듣고, 초나라 군사가 이미 항복한 줄 알고 놀랐다는 고사.

0927 □ □ □

사무사 思無邪

생각하다 / 없다 /
간사하다, 사특하다

명 생각함에 사특함이 없음.
공자가 〈시경〉의 시 305편을 한마디로 평하여 한
말.

0928 □ □ □

사변적 思辨的

생각하다 / 분별하다 / 과녁

관 · 명 오로지 생각에 의지하여.
경험에 의하지 않고 순수한 이성에 의하여 인식하
고 설명하는.

0929 □ □ □

사사하다 師事--

스승 / 일 섬기다

동 스승으로 섬기다. 스승으로 삼고 가르침을 받다.

0930 □ □ □

사상 思想

생각하다 / 생각하다

명 사고나 생각.
논리적 정합성을 가진 통일된 판단 체계. 이데올로
기.

0931 □ □ □

사상누각 沙上樓閣

모래 / 위 / 다락집 [루] / 집

명 모래 위에 세운 누각. 기초가 튼튼하지 못하여 오
래 견디지 못함.

0932 □ □ □

사색 思索

생각하다 / 찾다

명 깊이 생각하고 이치를 따짐.

0933 □ □ □

사생 寫生

베끼다 / 살다

명 있는 그대로 그림. 있는 그대로 베낌.

0934 □ □ □

사생취의 捨生取義

버리다 / 살다, 목숨 / 취하다, 가지
다 / 정의, 의리

명 목숨을 버리고 의를 좇는다. 목숨을 버리고 옳은
일을 택함.
참조 살신성인 (殺身成仁 제 몸을 버려서 인을 이룬다).

0935 □ □ □

사서삼경 四書三經

㈅ 사서와 삼경.

사서 〈논어〉, 〈맹자〉, 〈중용〉, 〈대학〉과 삼경 〈시경〉, 〈서경〉, 〈주역〉을 이른다.

0936 □ □ □

사설 辭說

말씀/말하다

㈅ 길게 늘어놓는 말이나 이야기.

창을 하는 중간중간에 가락을 붙이지 않고 이야기하듯 엮어 나가는 사설. ＝ 아니리.

0937 □ □ □

사설 社說

모이다/말하다

㈅ 신문이나 잡지에서 글쓴이의 주장을 펴는 글. 논설.

0938 □ □ □

사소설 私小說

사사롭다/작다/말씀

㈅ 작가 자신을 일인칭 주인공(나)으로 하여 자신의 체험이나 심경을 고백하는 형태로 표현하는 소설.

0939 □ □ □

사실 寫實

그리다, 베끼다/열매, 실제

㈅ 있는 그대로 그려 냄.

□ □ □

사실주의 寫實主義

㈅ 현실을 있는 그대로 묘사·재현하려고 하는 창작 태도. ≒ 리얼리즘.

0940 □ □ □

사어 死語

죽다/말씀

㈅ 쓰지 않는 말. 과거에는 쓰였으나 현재에는 쓰이지 아니하게 된 언어. ≒ 죽은말, 폐어(廢語).

참조 뫼(산), 온(백), 즈믄(천).

0941 □ □ □

사연 事緣

일/인연

㈅ 일의 앞뒤 사정과 까닭.

0942 ☐ ☐ ☐

사유 思惟

생각하다 / 생각하다, 오직

㈱ 두루 생각하는 일.
개념, 구성, 판단, 추리 따위를 행하는 인간의 이성 작용. ≒ 사고(思考).

0943 ☐ ☐ ☐

사이비 似而非

같다 / 말 잇다 / 아니다

㈱ 비슷하지만 아닌 것. 겉으로는 비슷하나 다른 것. ≒ 사시이비(似是而非).

☐ ☐ ☐

사이비 진술 似而非陳述

㈱ 사실이 아닌 진술. 과학적 진술이 아니라 작가의 상상력과 정서를 담은 시적 진술. 예시 광복동에서 만난 이중섭은 / 머리에 바다를 이고 있었다.

0944 ☐ ☐ ☐

사자후 獅子吼

사자 / 아들, 접미사 / 울다

㈱ 크게 부르짖어 열변을 토함. 사자의 울부짖음에 숲속의 모든 짐승이 두려워하여 굴복하는 것에 비유. 불교에서, 부처의 위엄 있는 설법. 예시 사자후를 토(吐)하다.

0945 ☐ ☐ ☐

사장 死藏

죽다 / 숨기다, 감추다

㈱ 숨겨서 썩혀 둠. 감춰서 쓸모없게 함.

0946 ☐ ☐ ☐

사정 査正

조사하다 / 바르다

㈱ 조사하여 바로잡음.
예시 사정기관

0947 ☐ ☐ ☐

사정 査定

조사하다 / 정하다

㈱ 조사하거나 심사하여 결정함.
예시 입학(入學) 사정관.

0948 ☐ ☐ ☐

사족 四足

넷 / 발

㈱ 짐승의 네 발. 쓸 데 없는 짓.

0949 □ □ □

사주 使嗾

시키다, 하여금 / 부추기다

㉟ 남을 부추겨 시킴.

0950 □ □ □

사주팔자 四柱八字

넷 / 기둥 / 여덟 / 글자

㉟ 타고난 운수. 사주의 간지(干支)가 되는 여덟 글자. 태어난 해, 달, 날, 시간의 천간과 지지를 가리킴. 예를 들어 갑자년, 무진월, 임신일, 갑인시'에 태어난 경우, '갑자, 무진, 임신, 갑인'의 여덟 글자를 말한다.

0951 □ □ □

사치 奢侈

사치하다 / 사치하다

㉟ 필요 이상의 돈이나 물건을 함부로 써서 분수에 지나침.

0952 □ □ □

사태 沙汰/砂汰

모래 / 씻다

㉟ 경사진 곳에 쌓인 것이 갑자기 무너져 내림. 사람이나 물건이 한꺼번에 많이 쏟아져 나오는 일을 비유. 예시 벚꽃놀이에 사람사태가 났다.

0953 □ □ □

사태 事態

일 / 모양

㉟ 일이 되어 가는 모양이나 형편.
예시 조류독감 사태.

0954 □ □ □

사통팔달 四通八達

넷 / 통하다 / 여덟 /
이르다, 통달하다

㉟ 사방으로 뚫리고 통함.

0955 □ □ □

사필귀정 事必歸正

일 / 반드시 / 돌아가다 / 바르다

㉟ 모든 일은 반드시 바른길로 돌아감.

0956 □ □ □

사행 射倖

쏘다, 맞히다 / 요행, 아첨하다

㉟ 요행을 노림.

□□□

사행심 射倖心

㉱ 요행을 바라는 마음.

0957 □□□

사회 社會

토지 신, 회사 / 모이다

㉱ 같은 무리끼리 모인 집단. 공동생활을 영위하는 모든 형태의 인간 집단.
개인이 아닌 가족, 마을, 회사, 교회, 정당, 국가 등.

□□□

사회주의 社會主義

㉱ 사유 재산제도를 폐지하고 생산 수단을 사회화하여 자본주의 제도의 모순을 극복하려는 사상이나 운동. 공산주의, 무정부주의, 사회 민주주의 등을 넓게 포함하는 개념.

0958 □□□

삭풍 朔風

초하루, 북쪽 / 바람

㉱ 겨울철에 북쪽에서 불어오는 차가운 바람.
예시 삭풍은 나무 끝에 불고.

0959 □□□

산고수장 山高水長

뫼 / 높다 / 물 / 길다

㉱ 산은 높이 솟고 강은 길게 흐른다.
인자(仁者)나 군자(君子)의 덕행이 높고 끝없음을 비유.

0960 □□□

산업 産業

낳다 / 일, 사업

㉱ 생산을 하는 사업. 자연물에 사람의 힘을 가하여 이용가치를 창조하고 이전하는 경제적 활동.

□□□

산업사회 産業社會

㉱ 사회 구조의 기본 성격이 공업화에 의하여 규정되어 있는 사회. 정보 산업과 첨단 공학이 주요한 부문으로 등장함에 따라서 점차 후기 산업 사회로 변모해 간다.

0961 □□□

산자수명 山紫水明

뫼 / 자줏빛 / 물 / 밝다, 맑다

㉱ 산은 자줏빛이고 물은 맑다. 경치가 매우 아름다움.

0962 □□□

산전수전 山戰水戰

뫼/싸우다/물/싸우다

[명] 산에서도 싸우고 물에서도 싸웠다. 세상의 온갖 고생과 어려움을 다 겪었음.

0963 □□□

산파 産婆

낳다/할미

[명] 아이를 낳을 때에, 산모를 도와 아이를 받아주는 일을 직업으로 하던 여자.

0964 □□□

산하 傘下

우산/아래

[명] 어떤 조직체나 세력의 관할 아래.

[예시] 산하 기관.

0965 □□□

산해진미 山海珍味

뫼/바다/보배/맛

[명] 산과 바다에서 나는 온갖 진귀한 물건으로 차린 음식.

[참조] 고량진미(膏粱珍味).

0966 □□□

산화 散花/散華

흩다/꽃

[명] 어떤 일을 위하여 목숨을 바침.

불교에서, 꽃을 뿌리며 부처를 공양하는 일.

0967 □□□

살신성인 殺身成仁

죽이다/자신/이루다/어질다

[명] 자기의 몸을 희생하여 인(仁)을 이룸.

높은 뜻을 지닌 선비와 어진 사람은 살기 위하여 인을 저버리지 않는다. [참조] 〈논어(論語)〉

0968 □□□

삼강 三綱

셋/벼리

[명] 유교의 도덕에서 기본이 되는 세 가지 강령. 임금과 신하, 부모와 자식, 남편과 아내 사이에 마땅히 지켜야 할 도리. [참조] 군위신강(君爲臣綱), 부위자강(父爲子綱), 부위부강(夫爲婦綱).

0969 □□□

삼고초려 三顧草廬

셋/돌아보다/풀/오두막집

[명] 인재를 맞아들이기 위하여 참을성 있게 노력함.

중국 삼국 시대에, 촉한의 유비가 남양(南陽)에 은거하고 있던 제갈량의 초옥으로 세 번이나 찾아갔다는 고사.

ㅅ

0970 □ □ □

삼다 三多

셋/많다

[명] 좋은 글을 짓는 데 필요한 세 가지 방법. **다독**(多讀, 많이 읽고), **다작**(多作, 많이 짓고), **다상량**(多商量, 많이 생각하는 것)을 이름.

0971 □ □ □

삼단논법 三段論法

셋/계단, 단계/논하다/법

[명] 대전제와 소전제와 하나의 결론으로 이루어진 연역적 추리법. [참조] 정언적(定言的) 삼단논법의 예 : 새는 동물이다. 닭은 새이다. 따라서 닭은 동물이다.

0972 □ □ □

삼라만상 森羅萬象

빽빽하다, 숲/비단, 그물/일 만, 많다/코끼리, 물상

[명] 우주에 있는 온갖 사물과 현상. ≒ 만휘군상(萬彙群象).

0973 □ □ □

삼매 三昧

셋/어둡다

[명] 불교에서, 잡념을 떠나서 오직 하나의 대상에만 정신을 집중하는 경지. 이 경지에서 바른 지혜를 얻고 대상을 올바르게 파악하게 된다.

[참조] 삼마야〈산〉sam dhi. 불교 용어를 한자로 음역(音譯)한 단어.

0974 □ □ □

삼부요인 三府要人

셋/곳집, 관청/중요하다/사람

[명] 입법부(立法府), 행정부(行政府), 사법부(司法府)의 중요한 인물. 각부의 수장은 국회의장(國會議長), 대통령(大統領), 대법원장(大法院長).

0975 □ □ □

삼삼오오 三三五五

셋/셋/다섯/다섯

[명] 서넛 또는 대여섯 사람이 떼를 지어 다님.

0976 □ □ □

삼수갑산 三水甲山

셋/물/첫째 천간/뫼

[명] 한번 들어가면 돌아 나올 수 없는 매우 험한 곳. 우리나라에서 가장 험한 산골이라 이르던 삼수와 갑산은 조선 시대에 귀양지의 하나였다.

[예시] 삼수갑산에 가는 한이 있어도.

[참조] '산수갑산' 은 틀린 표현.

0977 □□□

삼순구식 三旬九食

셋/열흘/아홉/밥먹다

(명) 삼십 일 동안 아홉 끼니밖에 먹지 못한다. 몹시 가난함.

0978 □□□

삼십육계 三十六計

셋/얼/여섯/꾀하다

(명) 힘에 부칠 때는 달아나는 것이 최고라는 계책.
[예시] 삼십육계 줄행랑.

0979 □□□

삼인성호 三人成虎

셋/사람/이루다/범

(명) 세 사람이 짜면 거리에 범이 나왔다는 거짓말도 꾸밀 수 있다. 근거 없는 말이라도 여러 사람이 말하면 곧이듣게 됨.

0980 □□□

삼일천하 三日天下

셋/날/하늘/아래

(명) 개화당이 갑신정변으로 3일 동안 정권을 잡은 일. 짧은 기간 정권을 잡았다가 밀려나게 됨을 이르는 말.

0981 □□□

삼척동자 三尺童子

셋/자/아이/아들

(명) 키가 석 자 정도밖에 되지 않는 어린아이. 철없는 어린아이.

0982 □□□

삼한사온 三寒四溫

셋/춥다/넷/따뜻하다

(명) 우리나라를 비롯한 아시아 동북부에서 겨울에 나타나는 기온현상으로, 삼일은 춥고 나흘 동안 따뜻함.

0983 □□□

삽입 挿入

꽂다, 심다/들이다

(명) 집어넣음. 끼워 넣음.

0984 □□□

삽화 挿畵

꽂다, 심다/그림

(명) 글의 내용을 보충하거나 이해를 돕기 위하여 집어넣는 그림.

0985 ☐ ☐ ☐

삽화 挿話

꽂다, 심다 / 이야기

㈐ 어떤 이야기의 중간에 끼인 짧은 토막 이야기.
= 에피소드(episode).

0986 ☐ ☐ ☐

상관 相關

서로 / 빗장, 관련하다

㈐ 서로 관련이 있음. 남의 일에 간섭함.

0987 ☐ ☐ ☐

상대 相對

서로 / 대하다

㈐ 서로 마주하는 대상. 서로 겨룸.

☐ ☐ ☐

상대성 相對性

㈐ 사물이 독립하여 존재하지 아니하고, 다른 사물
과 의존적인 관계를 가지는 성질.

☐ ☐ ☐

상대성이론 相對性理論

㈐ 1905년에 아인슈타인이 처음으로 세운 이론. 상
대성이론에서 뉴턴 역학의 시간과 공간의 절대성을
부정하고, 시간과 공간의 상대성을 주장함.

☐ ☐ ☐

상대주의 相對主義

㈐ 모든 진리나 가치의 절대성을 부인하고, 상대적
이라고 주장하는 사상. ↔ 절대주의.

0988 ☐ ☐ ☐

상보 相補

서로 / 깁다

㈐ 서로 모자란 부분을 채워줌.

☐ ☐ ☐

상보성 相補性

서로 / 깁다, 보충하다 / 성품

㈐ 서로 모자란 부분을 보충하는 관계.

0989 □□□

상사 相思

서로/생각하다

[명] 서로 생각함. 서로 그리워함.

□□□

상사병 相思病

서로, 상대/생각하다/병

[명] 마음에 둔 사람을 그리워해서 생기는 병.

□□□

상사화 相思花

[명] 수선화과의 여러해살이풀. 잎이 지고 난 후에 꽃이 피어나기 때문에, '서로 만날 수 없음을 의미' 함.

ㅅ

0990 □□□

상상 想像

생각하다/형상

[명] 실제로 경험하지 않은 것을 마음속으로 그려 봄.

0991 □□□

상쇄 相殺

서로/없애다, 죽이다 [살]

[명] 서로 영향을 주어 효과가 없어지는 일.

0992 □□□

상응 相應

서로/응하다

[명] 서로 응함. 서로 어울림.

0993 □□□

상반 相反

서로/뒤집다, 반대

[명] 서로 반대됨.

0994 □□□

상충 相衝

서로/부딪치다

[명] 서로 부딪침.

0995 ☐☐☐

상조 相助

서로/돕다

ⓜ 서로 도움.

예시 상부(相扶) 상조.

0996 ☐☐☐

상전벽해 桑田碧海

뽕나무/밭/푸르다/바다

ⓜ 뽕나무밭이 변하여 푸른 바다가 된다. 세상일의 변천이 심함을 비유.

0997 ☐☐☐

상정 上程

서로/따르다

ⓜ 토의할 안건을 내어놓음.

0998 ☐☐☐

상종 相從

서로/따르다

ⓜ 서로 따름. 서로 따르며 친하게 지냄.

예시 유유상종(類類相從).

0999 ☐☐☐

상징 象徵

형상/징후

ⓜ 추상적인 개념이나 사물을 구체적인 사물로 나타냄. ≒ 심벌(symbol). 예시 비둘기는 '평화'를 나타내고, 까치는 '기쁨'이나 '좋은 일'을 상징.

☐☐☐

상징주의 象徵主義

ⓜ 상징적인 방법에 의하여 어떤 정조나 감정을 암시적으로 표현하려는 경향. 19세기 말 프랑스를 중심으로, 사실주의나 자연주의에 대한 반동으로 일어났다.

1000 ☐☐☐

상형 象形

코끼리, 모양/모양

ⓜ 어떤 물건의 형상을 본뜸.

1001 ☐☐☐

상환 償還

갚다/돌다

ⓜ 갚거나 돌려줌.

1002 □□□

상황 狀況

판, 상태/근황

㈜ 일이 되어 가는 과정이나 형편.

1003 □□□

새옹지마 塞翁之馬

변방/늙은이/어조사/말

㈜ 인생의 길흉화복은 변화가 많아서 예측하기가 어렵다. 옛날에 새옹(변방의 늙은이)이 기르던 말이 오랑캐 땅으로 달아나서 노인이 낙심하였는데, 달아났던 말이 준마를 끌고 와서 기뻐했으나, 아들이 그 준마를 타다가 떨어져서 다리가 부러졌으므로 노인이 다시 낙심하였는데, 그로 인하여 아들이 전쟁에 끌려 나가지 아니하고 죽음을 면할 수 있었다는 이야기.

1004 □□□

생득적 生得的

나다/얻다/과녁

㉮ · ㈜ 태어날 때부터 가지고 난.

1005 □□□

생리적 生理的

살다/이치/과녁

㉮ · ㈜ 신체의 조직이나 기능에 관련되는.

1006 □□□

생략 省略

줄이다/간략하다

㈜ 줄임.

1007 □□□

생산 生産

낳다/낳다

㈜ 만들어 냄.

1008 □□□

생색 生色

나다, 살다/빛깔, 모양

㈜ 다른 사람 앞에 당당히 나설 수 있거나 자랑할 수 있는 체면.
활기 있는 기색.

1009 ☐☐☐

생성 生成

나다, 살다 / 이루다

명 생겨남. 생겨 이루어짐. ↔ 소멸(消滅).

1010 ☐☐☐

생소하다 生疏--

나다, 살다 / 성기다

형 낯이 설다. 익숙하지 못하고 서투르다.

1011 ☐☐☐

생태 生態

살다 / 모양

명 살아가는 모양이나 상태.

☐☐☐

생태계 生態系

명 어느 환경 안에서 사는 생물군과 그 생물들을 제어하는 것들을 포함하는 복합 체계.

1012 ☐☐☐

생활고 生活苦

나다, 살다 / 살다 / 쓰다, 괴롭다

명 경제적인 곤란으로 얻는 생활상의 괴로움.

1013 ☐☐☐

서간문 書簡文

명 편지에 쓰는 특수한 형식의 문체. 상대편에게는 경어(敬語)를 쓰고, 자신은 겸양의 말을 쓰는 것이 특징이다. = 서한문(書翰文).

1014 ☐☐☐

서경 敍景

펴다 / 볕, 경치

명 자연의 경치를 글로 나타냄.

☐☐☐

서경시 敍景詩

명 자연의 경치를 읊은 시.

1015 ☐☐☐

서광 瑞光

상서롭다/빛

ⓜ 상서로운 빛. 좋은 일이 일어날 조짐.

예시 서광이 비치다.

1016 ☐☐☐

서론 序論/緒論

차례, 실마리/의논하다

ⓜ 글의 도입부. 글의 첫머리가 되는 부분. 머리말.

참조 서론 – 본론(本論) – 결론(結論).

1017 ☐☐☐

서사 敍事

펼치다/일

ⓜ 사실을 있는 그대로 적음. 이야기를 펼침.

☐☐☐

서사시 敍事詩

ⓜ 역사적 사실이나 신화, 전설, 영웅의 사적 따위를 서사적 형태로 쓴 시. 서정시, 극시와 함께 시의 3대 부문 가운데 하나. 호머의〈일리아드〉·〈오디세이〉, 이규보의〈동명왕편〉, 김동환의〈국경의 밤〉 등.

1018 ☐☐☐

서정 抒情/敍情

펼치다/뜻, 정서

ⓜ 감정이나 정서를 그려 냄.

☐☐☐

서정시 抒情詩

ⓜ 주로 개인의 감정이나 정서를 주관적으로 표현한 시. 서사시·극시와 함께 시의 3대 부문으로 일컬어지며, 그리스 여성 시인 사포가 그 원조로 꼽힌다. ↔ 서사시(敍事詩).

1019 ☐☐☐

서술 敍述

펴다/서술하다

ⓜ 사건이나 생각을 차례대로 적어나감.

1020 ☐☐☐

서식 棲息

깃들다/숨쉬다

ⓜ 자리를 잡고 삶.

1021 ☐☐☐

서얼 庶孽

두루, 첩의 아들 / 첩의 자식

(명) 서자와 얼자.

1022 ☐☐☐

서자 庶子

(명) 양반과 첩(양민 여성) 사이에서 낳은 아들.

1023 ☐☐☐

얼자 孽子

(명) 양반과 천민 여성 사이에서 낳은 아들.

1024 ☐☐☐

서훈 敍勳

차례, 펴다 / 공

(명) 공로에 따라 훈장이나 포장을 줌.

1025 ☐☐☐

석패 惜敗

아쉽다, 아깝다 / 지다

(명) 아쉽게 짐.

1026 ☐☐☐

선견지명 先見之明

먼저 / 보다 / 어조사 / 밝다

(명) 어떤 일이 일어나기 전에 미리 앞을 내다보는 지혜.

1027 ☐☐☐

선경후정 先景後情

먼저 / 경치 / 뒤 / 뜻, 정서

(명) 경치를 먼저 제시하고 뒤에 정서를 제시함. 시상 전개의 한 방식.

1028 ☐☐☐

선공후사 先公後私

먼저 / 공변되다 / 뒤 / 개인

(명) 공적인 일을 먼저 하고 사사로운 일은 뒤로 미룸.
참조 멸사봉공(滅私奉公 사사로움을 버리고 공익을 위하여 힘씀).

157

1029 ☐☐☐

선구자 先驅者

먼저/말몰다/사람

ⓜ 말을 탄 행렬에서 맨 앞에 선 사람. 다른 사람보다 앞서가는 사람.

1030 ☐☐☐

선봉 先鋒

먼저/창

ⓜ 부대의 맨 앞에 나서서 작전을 수행하는 군대. 맨 앞자리에 선 사람.

1031 ☐☐☐

선남선녀 善男善女

착하다, 좋다/사내/착하다, 좋다/여자

ⓜ 성품이 고운 남자와 여자. 곱게 단장을 한 남자와 여자를 이르는 말.

1032 ☐☐☐

선동 煽動

부채질하다, 부추기다/움직이다

ⓜ 남을 부추겨 어떤 일이나 행동에 나서게 함.

1033 ☐☐☐

선량 選良

뽑다/어질다

ⓜ 뛰어난 인물을 뽑음. 또는 그렇게 뽑힌 인물. '국회의원'을 달리 이르는 말.

1034 ☐☐☐

선입관 先入觀

먼저/들다/보다, 관점

ⓜ 이미 마음속에 가지고 있는 고정적인 관념.

1035 ☐☐☐

선정 煽情

부추기다/뜻, 정서

ⓜ 정욕을 자극하여 일으킴.

☐☐☐

선정적 煽情的

ⓟ · ⓜ 정욕을 자극하여 일으키는.

1036 □□□

선제 先制

먼저/마름질하다, 제압하다

[명] 먼저 상대편을 제압함.

[예시] 선제공격.

1037 □□□

선즉제인 先則制人

먼저/곧/제압하다/사람

[명] 남보다 앞서면 남을 제압할 수 있다.

1038 □□□

선풍적 旋風的

돌다/바람/과녁

[관]·[명] 회오리바람처럼 돌발적으로 일어나 사회에 큰 영향을 미치는.

[예시] 선풍적 인기를 끌다.

1039 □□□

선험 先驗

먼저/경험하다

[명] 경험에 앞서 선천적으로 가능한 인식 능력.

□□□

선험적 先驗的

[관]·[명] 철학에서, 경험에 앞서서 인식의 주관적 형식이 인간에게 있다고 주장하는 것. 대상에 대한 인식이 선천적으로 가능함을 밝히려는 인식론적 태도.

1040 □□□

설득 說得

말씀하다/얻다

[명] 말로 상대방이 이쪽 편을 따르도록 깨우침.

1041 □□□

설명문 說明文

[명] 읽는 이들이 어떠한 사항에 대해 이해할 수 있도록 객관적이고 논리적으로 서술한 글.

1042 □□□

설망어검 舌芒於劍

혀/까끄라기/어조사/칼

[명] 혀가 칼보다 날카롭다. 말의 힘이 무력보다 강하다는 뜻.

1043 □□□

설부화용 雪膚花容

눈/피부/꽃/얼굴

ⓜ 눈처럼 흰 살갗과 꽃처럼 고운 얼굴, 즉 미인의 모습.

참조 '단순호치(丹脣皓齒)'.

1044 □□□

설상가상 雪上加霜

눈/위/더하다/서리

ⓜ 눈 위에 서리가 덮인다. 불행한 일이 생긴 후에 또 다시 불행한 일이 거듭되는 것. 엎친 데 덮친다. 화불단행(禍不單行). ↔ 금상첨화(錦上添花).

1045 □□□

설왕설래 說往說來

말씀/가다/말씀/오다

ⓜ 서로 말을 주고받음.

1046 □□□

설전 舌戰

혀/싸움

ⓜ 말로 옳고 그름을 가리는 다툼. = 언쟁(言爭), 말싸움, 말다툼, 입씨름.

1047 □□□

설정 設定

설치하다/정하다

ⓜ 새로 정함.

1048 □□□

설화 說話

말씀/이야기

ⓜ 이야기. 있지 아니한 일에 대하여 사실처럼 재미있게 말함. 각 민족 사이에 전승되어 오는 신화, 전설, 민담 등을 통틀어 이르는 말.

1049 □□□

섬섬옥수 纖纖玉手

가늘다, 부드럽다 / 가늘다, 부드럽다 / 구슬 / 손

ⓜ 가냘프고 고운 여자의 손.

1050 □□□

섭렵 涉獵

건너다, 겪다 / 사냥(하다), 찾다

ⓜ 경험을 두루 함.

물을 건너 찾아다닌다는 뜻으로, 여기저기 찾아다니며 많은 경험을 하는 것을 이름.

1051 □□□

섭리 攝理

끌어잡다, 대신하다 / 이치

㈜ 자연계를 지배하고 있는 원리와 법칙.
기독교에서, 세상과 우주 만물을 다스리는 하나님
의 뜻. 예시 신(神)의 섭리.

1052 □□□

섭정 攝政

끌어잡다, 대신하다 / 정사

㈜ 군주를 대신하여 나라를 다스림. 또는 그런 사람.

1053 □□□

성대모사 聲帶模寫

소리 / 띠 / 본 / 베끼다

㈜ 다른 사람의 목소리나 새, 짐승 따위의 소리를 흉
내 내는 일.

1054 □□□

성례 成禮

이루다 / 예의, 혼례

㈜ 혼인의 예식을 치름.

1055 □□□

성상 星霜

별 / 서리

㈜ 한 해. 별은 일 년에 한 바퀴를 돌고 서리는 매해
추우면 내리는 데서 온 말.
예시 사십여 성상.

1056 □□□

성장 成長

이루다 / 길다, 어른

㈜ 자라서 점점 커짐.

□□□

성장소설 成長小說

㈜ 주인공이 어린 시절부터 어른이 되기까지 인격을
완성해 가는 성장 과정을 그린 소설. = 교양소설(敎養
小說). 헤세〈데미안〉, 셀린저〈호밀밭의 파수꾼〉.

1057 □□□

성찬 盛饌

채우다, 성하다 / 반찬, 음식

㈜ 풍성하게 잘 차린 음식.

□ □ □

진수성찬 珍羞盛饌

보배/차리다/성하다/음식

명 푸짐하게 잘 차린 맛있는 음식.

1058 □ □ □

성찰 省察

반성하다, 살피다/살피다

명 반성하고 살핌. 늑 반성(反省).

1059 □ □ □

세간 世間

세상/사이

명 세상 일반.

1060 □ □ □

세계관 世界觀

세상/경계/보다, 관점

명 자신이 사는 세계를 바라보고 이해하는 방식. 인생의 의의나 가치에 관한 통일적인 견해.

1061 □ □ □

세대 世代

인간, 세상, 세대/대신하다, 세대

명 약 30년 정도의 기간. 같은 시대에 살면서 공통의 의식을 가지는 비슷한 연령층의 사람들. 예시 세대 차이.

1062 □ □ □

세밀하다 細密--

가늘다/빽빽하다

형 자세하고 꼼꼼하다.

1063 □ □ □

세속오계 世俗五戒

세상, 인간/풍속/다섯/경계하다

명 신라시대 화랑(花郞)이 지켜야 할 다섯 가지 계율. 진평왕 때에 원광(圓光)법사가 정한 것으로, 사군이 충(事君以忠)·사친이효(事親以孝)·교우이신(交友以信)·임전무퇴(臨戰無退)·살생유택(殺生有擇)을 이른 다.

1064 □ □ □

세습 世襲

세대, 세상, 시대/
엄습하다, 잇다, 받다

명 대대로 물려줌.

1065 □□□

세요 細腰

가늘다, 잗달다 / 허리

명 가는 허리. 허리가 가늘고 날씬한 여자.

참조 규중칠우쟁론기(閨中七友爭論記)에서 세요각시는 바늘임.

1066 □□□

세정 洗淨

씻다 / 깨끗하다

명 씻어서 깨끗이 함.

불교에서, 몸과 마음을 깨끗이 함.

1067 □□□

세정력 洗淨力

명 때나 찌꺼기를 깨끗이 씻어 내는 힘.

1068 □□□

세태 世態

세상 / 모양

명 세상의 상태나 형편.

1069 □□□

세한 歲寒

해, 나이 / 춥다

명 설 전후의 추위. 매우 심한 한겨울의 추위.

참조 추사(秋史) 김정희(金正喜)의 '세한도(歲寒圖). 세한연후 지송백지후조(歲寒然後 知松柏之後凋 날이 차진 연후에야 소나무와 잣나무가 늦게 시듦을 알게 된다.)

1070 □□□

소강 小康

작다 / 편안하다

명 병이 조금 나아진 기색이 있음. 소란이 그치고 조금 잠잠함.

예시 소강상태(小康狀態).

1071 □□□

소급 遡及

거슬러 올라가다 / 미치다

명 과거로 거슬러 올라감.

예시 법률불소급의 원칙.

1072 □□□

소망 所望

바, 곳 / 바라다

명 어떤 일을 바람.

1073 ☐☐☐

소멸 消滅

쓰다 / 사라지다, 없어지다

㈐ 사라져 없어짐. ↔ 생성(生成).

1074 ☐☐☐

소모 消耗

쓰다 / 사라지다

㈐ 써서 없앰.

1075 ☐☐☐

소비 消費

쓰다 / 비용, 쓰다

㈐ 써서 없앰.

1076 ☐☐☐

소외 疏外

성글다 / 바깥

㈐ 어떤 무리에서 따돌리거나 멀리함.
어떤 개인이 그가 속한 사회에 속하지 못하고 거리
가 있는 상태.

☐☐☐

소외되다 疏外--

㈐ 어떤 무리에서 기피되어 따돌림을 당하다.

1077 ☐☐☐

소요 逍遙

거닐다 / 멀다, 노닐다

㈐ 자유롭게 이리저리 노닐다.

☐☐☐

소요학파 逍遙學派

㈐ 고대 그리스 철학파의 하나. 아리스토텔레스가
학원 안의 나무 사이를 산책하며 제자들을 가르쳤
다는 데서 붙은 이름이다. ≒ 아리스토텔레스학파,

1078 ☐☐☐

소원하다 疏遠--

성글다 / 멀다

㈒ 거리가 멀고 서먹서먹하다.

1079 ☐ ☐ ☐

소재 素材

바탕/재료

圆 바탕이 되는 재료.

1080 ☐ ☐ ☐

소진 消盡

쓰다/다하다

圆 다 써서 없앰.

1081 ☐ ☐ ☐

소질 素質

희다, 바탕/바탕

圆 본디부터 가지고 있는 성질. 타고난 능력이나 기질.

1082 ☐ ☐ ☐

소치 所致

바, 곳/이르다

圆 어떤 까닭으로 생긴 일.

예시 부덕의 소치

1083 ☐ ☐ ☐

소탐대실 小貪大失

작다/탐하다, 탐내다, 탐욕/
크다/잃다

圆 작은 것을 탐하다가 큰 것을 잃음.

1084 ☐ ☐ ☐

소통 疏通

성글다/통하다

圆 서로 잘 통함.

1085 ☐ ☐ ☐

소홀 疏忽

성기다/문득, 소홀히 하다

圆 대수롭지 아니하고 예사로움. 생각 없이 아무렇게나 함.

예시 소홀히 하다 : 등한시하다(等閑視--).

1086 ☐ ☐ ☐

속단 速斷

빠르다/자르다, 판단

圆 서둘러 판단함.

165

1087 □□□

속담 俗談

풍속/이야기하다

[명] 예로부터 민간에 전하여 오는 격언이나 잠언.

1088 □□□

속물 俗物

풍속, 속되다/물건

[명] 속된 물건. 품위나 교양 없이 속된 사람.

[예시] 속물근성(俗物根性).

ㅅ

1089 □□□

속박 束縛

묶다/오랏줄

[명] 얽어매거나 제한함.

1090 □□□

속설 俗說

풍속/이야기하다

[명] 세간에 전하여 내려오는 이야기.

[참조] 가담항설(街談巷說).

1091 □□□

속수 束手

묶다/손

[명] 두 손을 묶음. 팔짱을 끼고 가만히 있음.

□□□

속수무책 束手無策

묶다/손/없다/계책, 대책

[명] 두 손을 묶은 것처럼 계책이 없어 꼼짝 못함.

1092 □□□

속현 續絃

잇다/줄

[명] 거문고와 비파의 끊어진 줄을 다시 이음. 아내를 여읜 뒤에 새 아내를 맞는 일을 비유.

1093 □□□

손색 遜色

흠집 나다/빛

[명] 다른 것과 견주어 보아 못한 점.

[예시] 손색이 없다.

1094 ☐ ☐ ☐

손자 孫子

손자 / 아들

㈜ 아들의 아들. 또는 딸의 아들.

[참조] 손주는 손자와 손녀를 아울러 이르는 말.

1095 ☐ ☐ ☐

송무백열 松茂栢悅

솔 / 무성하다 / 잣나무 / 기뻐하다

㈜ 소나무가 무성하면 잣나무가 기뻐한다. 벗이 잘 되는 것을 기뻐함을 비유.

1096 ☐ ☐ ☐

송백지조 松柏之操

소나무 / 잣나무 / 어조사 / 잡다, 지조

㈜ 소나무와 잣나무의 사철 푸름. 변하지 않는 굳은 절개를 비유.

1097 ☐ ☐ ☐

송연하다 悚然—/竦然--

두려워하다 / 그러하다

㈜ 두려워 몸을 옹송그릴 정도로 오싹 소름이 끼치다.

[예시] 모골(毛骨)이 송연하다.

1098 ☐ ☐ ☐

쇄도 殺到

빠르다 / 이르다

㈜ 한꺼번에 세차게 몰려듦.

[예시] 주문이 쇄도하다.

1099 ☐ ☐ ☐

쇄신 刷新

인쇄하다, 솔질하다 / 새롭다

㈜ 묵은 것을 버리고 새롭게 함.

[예시] 국정(國政) 쇄신.

1100 ☐ ☐ ☐

쇄신 碎身

부수다 / 몸

㈜ 뼈를 가루로 만들고 몸을 부숨. = 분골쇄신(粉骨碎身).

☐ ☐ ☐

분골쇄신 粉骨碎身

㈜ 뼈를 가루로 만들고 몸을 부술 정도의 지극한 정성과 노력.

1101 □□□

수구초심 首丘初心

머리/언덕/처음/마음

[명] 고향을 그리워하는 마음.
여우가 죽을 때에 머리를 자기가 살던 언덕 쪽으로 둔다는 데서 온 말.

□□□

초심 初心

[명] 처음에 먹은 마음.

ㅅ

1102 □□□

수기 手記

손, 직접/적다

[명] 자기의 체험을 직접 기록한 글.

1103 □□□

수렴 收斂

거두다/거두다

[명] 하나로 모으다. 거두어들이다.

1104 □□□

수렴 垂簾

드리우다, 늘이다/발, 주렴

[명] 발을 드리움.

□□□

수렴청정 垂簾聽政

드리우다/발, 주렴/듣다/정사

[명] 임금이 어린 나이로 즉위하였을 때, 왕대비나 대왕대비가 어린 왕을 도와 정사를 돌보던 일. 왕대비가 신하를 접견할 때 발을 늘여놓은 데서 유래함.

1105 □□□

수미상관 首尾相關

머리/꼬리/서로/관계하다, 빗장

[명] 머리와 꼬리가 서로 맞물림. 양쪽 끝이 서로 통함. 시의 첫 부분과 끝 부분이 같은 내용으로 반복됨. ≒ 수미쌍관(首尾雙關).

1106 □□□

수미일관 首尾一貫

머리/꼬리/하나/꿰다

[명] 일을 처음부터 끝까지 한결같게 함. = 시종일관(始終一貫), 시종여일(始終如一), 초지일관(初志一貫).

1107 ☐☐☐

수반 首班

머리 / 나누다, 반, 반열

명 우두머리. 여럿 가운데 으뜸가는 자리.

예시 행정부의 수반은 대통령이다.

1108 ☐☐☐

수반 隨伴

따르다 / 붙좇다, 함께 가다

명 뒤따름. 어떤 일과 더불어 생김.

1109 ☐☐☐

수복강녕 壽福康寧

목숨, 오래 살다 / 복 /
편안하다, 건강하다 / 편안하다

명 오래 살고, 복을 누리며, 건강하고, 평안함.

1110 ☐☐☐

수불석권 手不釋卷

손 / 아니다 / 풀다 / 책, 말다

명 손에서 책을 놓지 않고 늘 글을 읽음.
쉬지 않고 학문에 힘쓰는 모양.

1111 ☐☐☐

수사 修辭

닦다, 꾸미다 / 말씀

명 말을 아름답게 꾸미고 다듬는 것 .

☐☐☐

수사법 修辭法

효과적 · 미적 표현을 위하여 문장과 언어를 꾸미는
방법. 크게 나누어 강조법(强調法), 변화법(變化法),
비유법(比喩法)이 있다.

1112 ☐☐☐

수수 授受

주다 / 받다

명 주고받음.

1113 ☐☐☐

수수방관 袖手傍觀

소매(에 넣다) / 손 /
곁, 옆, 가까이 / 보다

명 내버려 둠. 팔짱을 긴 채 간섭하지 않고 보고만
있음.

참조 강 건너 불구경하듯 한다.

1114 □□□

수시 隨時

따르다/때

명 아무 때나 늘.

1115 □□□

수식 修飾

닦다/꾸미다

명 겉모양을 꾸밈.

문장의 표현을 화려하게, 기교 있게 꾸밈.

□□□

수식어 修飾語

명 문장의 표현을 아름답고 명확하게 하기 위하여 꾸미는 말.

1116 □□□

수신제가 修身齊家

닦다/몸/가지런하다/집

명 먼저 자신의 몸과 마음을 닦아 수양하고 난 후에 집안을 다스림.

참조 수신제가 치국평천하(修身齊家治國平天下).

1117 □□□

수어지교 水魚之交

물/물고기/어조사/사귀다

명 물이 없으면 살 수 없는 물고기와 물의 관계처럼 아주 친밀하여 떨어질 수 없는 사이.

1118 □□□

수완 手腕

손, 방법/팔뚝

명 일을 꾸미는 재간.

1119 □□□

수용 收容

거두다/얼굴, 용납하다

명 모아 넣음.

예시 수용소.

1120 □□□

수용 受容

받다/얼굴, 용납하다

명 받아들임.

1121 ☐☐☐

수작 酬酌

잔 돌리다, 갚다 / 잔, 따르다

㊱ 술잔을 서로 주고받음. 서로 말을 주고받음.
수작이란 술잔을 권하고 술잔을 받은 이가 답례로
다시 술잔을 돌려주는 옛 음주 예법이다.
[예시] 수작을 걸다. 엉뚱한 수작을 부리다.

1122 ☐☐☐

수전노 守錢奴

지키다 / 돈 / 종, 노예

㊱ 돈을 모을 줄만 알고 쓸 줄 모르는 사람을 낮잡
아 이르는 말.

1123 ☐☐☐

수정 修正

닦다 / 바르다

㊱ 바로잡아 고침.

1124 ☐☐☐

수주대토 守株待兎

지키다 / 그루터기, 기둥 /
기다리다 / 토끼

㊱ 한 가지 일에만 얽매어 발전을 모르는 어리석은
사람을 비유. 중국 송나라의 한 농부가 우연히 나무
그루터기에 토끼가 부딪쳐 죽은 것을 잡은 후, 또
그와 같은 일이 있을까 하여 일도 하지 않고 그루터
기만 지키고 있었다는 고사.

1125 ☐☐☐

수척하다 瘦瘠--

마르다 / 파리하다, 야위다

㊽ 몸이 몹시 야위고 마르다.

1126 ☐☐☐

수청 守廳

지키다 / 대청, 관청

㊱ 높은 벼슬아치 밑에서 심부름을 하던 일.
아녀자나 기생이 높은 벼슬아치에게 몸을 바쳐 시
중을 들던 일.

1127 ☐☐☐

수학 修學

닦다 / 배우다, 학문

㊱ 학문을 닦음.

1128 ☐☐☐

숙맥 菽麥

콩 / 보리

㊱ 콩과 보리. 사리 분별을 못하고 세상 물정을 잘
모르는 사람. 콩과 보리를 구별 못하는 '숙맥불변(菽
麥不辨)'에서 나옴.

1129 □□□

숙성하다 夙成--

무릇/이루다

[형] 나이에 비하여 발육이 빠르다.

1130 □□□

숙성 熟成

익다/이루다

[명] 충분히 잘 익음. 충분히 이루어짐.

ㅅ

1131 □□□

숙어 熟語

익다/말

[명] 사람들 사이에서 익숙하게 굳어진 말.

1132 □□□

순례 巡禮

돌다/예절

[명] 여러 곳을 찾아다니며 방문함.

□□□

성지聖地 **순례**

[명] 종교적인 의미가 있는 곳을 찾아다니며 방문하여 참배함.

1133 □□□

순망치한 脣亡齒寒

입술/없다/이/차다

[명] 입술이 없으면 이가 시리다. 서로 이해관계가 밀접하게 얽혀있어 어느 한쪽이 망하면 다른 쪽도 망함. [참조] 입술이 없으면 이가 시리다.

1134 □□□

순수 純粹

순수하다/순수하다

[명] 전혀 다른 것의 섞임이 없음.
사사로운 욕심이나 못된 생각이 없음.

□□□

순수문학 純粹文學

[명] 예술적 가치를 추구하는 문학. 사상이나 이념에 치중하지 않으며, 흥미 위주의 대중 통속 문학과도 구별된다. ≒ 본격 문학, 순문학.

순수시 純粹詩

명 시에서 사상이나 의미를 전달하는 산문적 요소를 자제하고, 순수하게 감동을 일으키는 정서적 요소만으로 쓴 시.

1135 □□□

순수 巡狩

돌다/살피다

명 임금이 나라 안을 두루 살피며 돌아다니던 일.
참조 신라 진흥왕 순수비(巡狩碑).

1136 □□□

순절 殉節

따라죽다/마디, 절개

명 충절(忠節)이나 정절(貞節)을 지키기 위하여 죽음.

1137 □□□

순차 順次

순하다/차례, 버금

명 돌아오는 차례.

1138 □□□

순행 順行

순하다/가다, 행하다

명 거스르지 아니하고 행함.

1139 □□□

순화 純化

순수하다. 섞임이 없다/
변하다.

명 불순한 것이 제거되어 순수해짐.

1140 □□□

순화 醇化

진한술, 순수하다/변하다, 화하다

명 정성 어린 가르침으로 감화(感化)함.
잡스러운 것을 걸러서 순수하게 함.

1141 □□□

순화 馴化

길들이다/되다

명 길들이기. 적응함.

1142 ☐☐☐

술이부작 述而不作

저술하다, 구술하다/어조사,
말 잇다/아니다/짓다, 만들다

🅟 옛것을 전했을 뿐 새로운 것을 창작한 것은 아니다. 공자가 자신의 업적을 일러, 새로운 창작이 아니며 '술이부작' 했다고 함. 〈논어〉

1143 ☐☐☐

술회 述懷

글로 표현하다/품다

🅟 마음속에 품고 있는 생각.

1144 ☐☐☐

슬하 膝下

무릎/아래

🅟 무릎의 아래라는 뜻으로, 어버이의 보살핌 아래.

1145 ☐☐☐

습득 習得

익히다/얻다

🅟 학문이나 기술 따위를 배워서 자기 것으로 함.

1146 ☐☐☐

승강이 昇降-

오르다/내리다

🅟 서로 자기주장을 고집하며 옥신각신 함.
참조 '싱갱이'는 강원도 사투리.

1147 ☐☐☐

승려 僧侶

중/짝

🅟 스님. 불교의 출가 수행자.

1148 ☐☐☐

승전고 勝戰鼓

이기다/싸움, 전쟁/북

🅟 싸움에 이겼을 때 울리는 북.
참조 예전 전장에서 북소리는 진군(進軍), 징소리는 퇴각(退却)을 알리는 것임.

1149 ☐☐☐

승화 昇華

오르다/꽃, 빛나다

🅟 어떤 현상이 더 높은 상태로 발전하는 일.

1150 ☐ ☐ ☐

시각 視角

보다/뿔, 각도

🅜 사물을 관찰하는 각도.

1151 ☐ ☐ ☐

시각 時刻

때, 시간/파다, 시각

🅜 시간의 어느 한 시점. 짧은 시간.

참조 1각(刻) = 15분(分).

1152 ☐ ☐ ☐

시류 時流

때, 시대/흐르다

🅜 시대의 풍조나 경향.

예시 시류에 따르다.

1153 ☐ ☐ ☐

시비 是非

옳다/아니다, 그르다

🅜 옳음과 그름. 옳고 그름을 따짐.

☐ ☐ ☐

시비곡직 是非曲直

🅜 옳고 그르고 굽고 곧음. 옳고 그름을 따짐.

☐ ☐ ☐

시시비비 是是非非

🅜 여러 가지의 잘잘못을 가림. 옳고 그름을 따짐.

1154 ☐ ☐ ☐

시사 示唆

보이다/넌지시 알리다

🅜 넌지시 일러 줌. 어떤 것을 미리 간접적으로 표현해 줌.

1155 ☐ ☐ ☐

시상 詩想

시/생각

🅜 시를 짓기 위해 떠오르는 생각.

1156 ☐☐☐

시선 視線

보다 / 줄

명 눈길. 눈의 방향.

1157 ☐☐☐

시점 視點

보다 / 점

명 어떤 대상을 볼 때에 시선이 가 닿는 지점.

소설에서, 이야기를 서술하여 나가는 방식이나 관점. 작중 화자에 따라, 1인칭 주인공, 1인칭 관찰자, 작가 관찰자, 전지적 작가 시점 등이 있다.

1158 ☐☐☐

시제 時制

때 / 마름질하다

명 어떤 일이 일어난 시간. ≒ 때매김, 텐스(tense).

1159 ☐☐☐

시종일관 始終一貫

처음 / 나중, 끝 / 하나 / 꿰다

명 일을 처음부터 끝까지 한결같이 함.

1160 ☐☐☐

시종여일 始終如一

명 처음부터 끝까지 변함없이 한결같음.

1161 ☐☐☐

시청 視聽

보다 / 듣다

명 눈으로 보고 귀로 들음.

1162 ☐☐☐

시험 試驗

시험하다 / 경험하다

명 재능이나 실력을 평가함.

사람의 됨됨이를 알기 위하여 떠보는 일.

1163 ☐☐☐

실험 實驗

열매, 실제 / 경험하다

명 실제로 해 봄. 새로운 방법이나 형식을 사용해 봄.

과학에서, 이론이나 현상을 관찰하고 측정함.

1164 ☐☐☐

식언 食言

먹다, 현혹케하다 / 말(하다)

쮕 지키지 않은 말. 한번 내뱉은 말을 도로 입 속에 집어넣는다는 뜻으로, 약속한 말을 제대로 지키지 아니함.

1165 ☐☐☐

식자우환 識字憂患

알다 / 글자 / 근심 / 근심

쮕 글자를 아는 것이 도리어 근심을 사게 됨. 오히려 모르는 게 나았음을 이름.

참조 아는 게 병이다. 모르는 게 약이다.

1166 ☐☐☐

신랄하다 辛辣--

맵다 / 쓰다

쮕 맛이 아주 쓰고 맵다. 매우 날카롭고 예리하다.

예시 신랄한 비판.

1167 ☐☐☐

신문 訊問

캐묻다 / 묻다

쮕 캐어물음.

☐☐☐

반대신문 反對訊問

쮕 증인 신문에서, 주신문이 끝난 뒤에 반대 측 당사자가 증인을 상대로 행하는 신문.

1168 ☐☐☐

심문 審問

살피다 / 묻다

쮕 자세히 따져서 물음.

1169 ☐☐☐

신변 身邊

몸 / 가, 주변

쮕 몸의 주위.

예시 신변이 위태롭다. 신변에 위험을 느끼다.

1170 ☐☐☐

신병 身柄

몸 / 자루

쮕 몸. 보호나 구금의 대상이 되는 본인의 몸.

예시 용의자(容疑者)의 신병을 확보하다.

1171 ☐☐☐

신분 身分

몸 / 나누다, 구분하다

명 개인의 사회적인 위치나 계급.

1172 ☐☐☐

신비 神秘

귀신, 정신 / 묘하다, 숨다

명 신기하고 묘함.
보통의 이론이나 상식으로는 도저히 이해할 수 없을 만큼 신기하여 인식을 초월한 일.

1173 ☐☐☐

신비주의 神秘主義

명 우주를 움직이는 신이나 절대자 등 궁극적인 실재와의 내면적인 합일을 추구하는 사상. 초월적인 존재와의 합일을 위해서는 이성이나 교리의 실천보다는 명상이나 비의(祕儀)같은 것을 통해서만 가능하다고 본다. ≒ 미스티시즘.

1174 ☐☐☐

신빙성 信憑性

믿다 / 의지하다, 증빙하다 / 성품

명 믿어서 근거나 증거로 삼을 수 있는 성질.

1175 ☐☐☐

신상필벌 信賞必罰

믿다 / 상주다 /
반드시 / 벌하다

명 공이 있는 자에게는 반드시 상을 주고, 죄가 있는 사람에게는 반드시 벌을 준다. 상과 벌을 공정하고 엄중하게 하는 일.

1176 ☐☐☐

신소설 新小說

새롭다 / 작다 / 말씀

명 1894년 갑오개혁 이후부터 현대 소설이 창작되기 전까지 이루어진 소설. 봉건 질서의 타파, 개화, 계몽, 자주 독립 사상 고취 따위를 주제로 다루었으며, 이인직의 〈혈의 누〉, 이해조의 〈자유종〉, 최찬식의 〈추월색〉 등.

1177 ☐☐☐

신체시 新體詩

새롭다 / 몸 / 시

명 우리나라 신문학 운동 초창기에 나타난 새로운 시 형식. 현대시의 출발점이 되며, 최남선이 1908년에 발표한 〈해에게서 소년에게〉가 최초의 작품이다.

1178 ☐☐☐

신파 新派

새롭다 / 갈래

명 원줄기에서 새로 생긴 갈래. = 신파극.

□□□

신파극 新派劇

명 1910년대부터 1940년대까지 우리나라에서 유행하였던 연극 형태. 우리 정서에 맞지 않는 일본의 신파극을 모방하기도 하였으나, 점차 우리 고유의 대중적 정서를 위주로 하였다.

1179 □□□

신언서판 身言書判

몸/말씀/글/판단하다

명 예전에 인물을 선택하는 데 기준으로 삼던 네 가지 조건. 즉 몸가짐, 말씨, 문필, 판단력.

1180 □□□

신용 信用

믿다/쓰다, 사용하다

명 사람이나 사물이 틀림없다고 믿어 의심하지 아니함. 거래한 재화의 대가를 앞으로 치를 수 있음을 보이는 능력. 예시 신용사회.

1181 □□□

신원설치 伸寃雪恥

펴다 / 억울하다, 원한 / 눈, 깨끗하게 하다 / 부끄럽다

명 가슴에 맺힌 원한을 풀어 버리고 창피스러운 일을 씻어 버림.

1182 □□□

신이하다 神異--

귀신/다르다

형 신기하고 이상하다.

1183 □□□

신화 神話

귀신/이야기하다

명 고대인의 사유가 반영된 신성한 이야기. 우주의 기원, 신이나 영웅, 민족의 기원이나 역사가 주요 내용이다. 예시 단군 신화. 그리스 로마 신화.

1184 □□□

실각 失脚

잃다/다리

명 발을 헛디딤. 세력을 잃고 지위에서 물러남.

1185 □□□

실록 實錄

열매, 실제/기록하다, 문서

명 사실을 있는 그대로 적은 기록.
한 임금이 재위한 동안의 일들을 적은 기록.
참조 조선왕조실록.

1186 □□□

실리 實利

열매, 실제/이익, 이롭다

[명] 실제로 얻는 이익. ↔ 명분(名分).

1187 □□□

실명제 實名制

[명] 실제 이름을 밝히는 제도.

[예시] 인터넷 실명제, 금융 실명제.

ㅅ

1188 □□□

실사구시 實事求是

실제/일/구하다/옳다

[명] 실제의 일에서 참됨을 구한다. 형식적인 공리공론을 피하고, 사실에 토대를 두어 진리를 탐구하는 일. [참조] 조선 시대 실학파(實學派).

1189 □□□

실업가 實業家

열매/일/집, 전문가

[명] 사업을 경영하는 사람.

1190 □□□

실업자 失業者

[명] 직업이 없는 사람.

1191 □□□

실용 實用

열매, 실제/쓰다

[명] 실제로 씀. 실질적인 쓸모.

□□□

실용문 實用文

[명] 실제 생활의 필요에 따라 쓰는 글. 공문, 통신문, 서간문 따위가 있다.

1192 □□□

실재 實在

열매, 실제/있다

[명] 실제로 존재함. ↔ 가상(假像).

1193 □□□

실제 實際

열매, 실제 / 있다, 존재

[명] 사실의 경우나 형편. ↔ 가공(架空).

1194 □□□

실존 實存

열매, 실체 / 있다, 존재

[명] 실제로 존재함.

□□□

실존주의 實存主義

[명] 19세기의 합리주의적 관념론이나 실증주의에 반대하여, 개인으로서의 인간의 주체적 존재성을 강조하는 철학. 키르케고르, 니체, 하이데거, 사르트르 등.

1195 □□□

실증 實證

열매, 실제 / 증명하다

[명] 확실한 증거. 실제로 증명함.

1196 □□□

실질 實質

열매, 실제 / 바탕

[명] 실제로 있는 본바탕. ↔ 명목(名目).

[예시] 실질 소득.

1197 □□□

실천궁행 實踐躬行

열매, 실제 / 밟다 / 몸 / 가다, 행하다

[명] 실제로 몸소 이행함.

1198 □□□

실추 失墜

잃다 / 떨어지다

[명] 떨어뜨리거나 잃음.

[예시] 실추된 명예.

1199 □□□

실토정하다 實吐情--

열매, 실제 / 토하다 / 뜻

[동] 사정이나 심정을 솔직하게 말하다.

1200 ☐☐☐

실효 實效

열매, 실제 / 본받다, 효과

☞ 실제로 나타나는 효과.

☐☐☐

실효적 지배 實效的支配

☞ 국가가 토지를 유효하게 점유하고 통치하여 지배권을 실제적으로 확립하는 일.

참조 독도의 실효적 지배.

1201 ☐☐☐

심금 心琴

마음 / 거문고

☞ 거문고처럼 외부의 자극에 따라 미묘하게 움직이는 마음. 불교에서, 부처가 깨달은 마음을 거문고에 비유하여 설명한 데서 온 말.

예시 심금을 울리다.

1202 ☐☐☐

심리 心理

마음 / 이치

☞ 마음의 작용과 의식 상태.

☐☐☐

심리소설 心理小說

☞ 작중 인물의 심리 상태와 심리적 추이를 분석하고 묘사하는 소설. 이상의 〈날개〉.

☐☐☐

심리학 心理學

☞ 인간과 동물의 행동과 심리 현상을 연구하는 학문.

1203 ☐☐☐

심모원려 深謀遠慮

깊다 / 꾀하다 / 멀다 / 생각하다, 염려

☞ 깊은 꾀와 먼 장래를 내다보는 생각.

1204 ☐☐☐

심미적 審美的

관 · 명 아름다움을 찾으려는.

□□□

심미주의 審美主義

명 아름다움을 최고의 가치로 여겨 이를 추구하는 문예 사조. 19세기 후반 영국을 비롯한 유럽에서 나타났으며, 페이터, 보들레르, 오스카 와일드 등이 대표적 인물이다. = 유미주의(唯美主義), 탐미주의(眈美主義).

1205 □□□

심복 心腹

마음, 가운데 / 배

명 마음 놓고 일을 맡길 수 있는 사람. ≒ 복심(腹心).

1206 □□□

심복지환 心腹之患

명 쉽게 고치기 어려운 병.

1207 □□□

심사숙고 深思熟考

깊다 / 생각하다 / 익다 / 생각하다

명 깊이 잘 생각함.

1208 □□□

심상 心象/心像

마음 / 모양, 형상

참조 마음에 그리는 이미지. 심상에는 시각적, 청각적, 후각적, 미각적, 촉각적 심상이 있으며, 둘 이상의 심상을 함께 느끼는 공감각적(共感覺的) 심상이 있다.

1209 □□□

십시일반 十匙一飯

열 / 술, 숟가락 / 하나 / 밥

명 밥 열 숟가락을 모아서 한 그릇이 된다. 여러 사람이 조금씩 힘을 합하면 한 사람을 돕기 쉬움.

1210 □□□

심인 尋人

찾다 / 사람

명 사람을 찾음.

1211 □□□

심정 心情

마음 / 뜻, 정서

명 마음속에 품고 있는 생각이나 감정. = 마음씨.

1212 ☐☐☐

십중팔구 十中八九

열/가운데/여덟/아홉

명 거의 대부분. 열 가운데 여덟이나 아홉 정도로 거의 대부분.

1213 ☐☐☐

십분 十分

열/나누다

부 아주 충분히.
예시 십분 발휘하다.

1214 ☐☐☐

십벌지목 十伐之木

열/치다, 베다/어조사/나무

명 열 번 찍어 베는 나무라는 뜻으로, 어떤 어려운 일이라도 노력을 많이 하면 이룰 수 있다는 말.
참조 열 번 찍어 안 넘어가는 나무가 없다.

1215 ☐☐☐

심화 深化

깊다/되다, 화하다

명 깊어짐. 점점 깊어짐.

1216 ☐☐☐

심회 心懷

마음/품다

명 마음속에 품고 있는 생각이나 느낌.

1217 ☐☐☐

쌍방향 雙方向

둘, 짝/모나다/향하다

명 서로를 바라보는 방향. ≒ 양방향(兩方向) ↔ 일방향(一方向)

1218 ☐☐☐

아량 雅量

우아하다 / 헤아리다

(명) 너그럽고 속이 깊은 마음씨.

1219 ☐☐☐

아류 亞流

버금, 다음 / 갈래, 유파

(명) 둘째가는 것. 독창성이 없이 남을 모방하는 것.

1220 ☐☐☐

아성 牙城

어금니 / 성채

(명) 아기(牙旗)를 세운 성. 지휘하는 장군이 거처하는 성. 아주 중요한 근거지를 비유. 참조 대장이 있는 곳에 '수(帥)'자 기를 달았는데, 깃봉에 코끼리 상아 장식이 붙어 있었다는 데서 유래.

1221 ☐☐☐

아성 亞聖

버금 / 성스럽다, 성인

(명) 맹자(孟子). 유학에서 공자 다음가는 성인(聖人) 이라고 하여, 공자를 '성인', 맹자를 '아성'이라고 불렀다.

1222 ☐☐☐

아연실색 啞然失色

놀라다 / 그러하다 / 잃다 / 빛

(명) 크게 놀람. 뜻밖의 일에 얼굴빛이 변할 정도로 놀람.
참조 '아연질색'은 틀린 표현.

1223 ☐☐☐

아전인수 我田引水

나 / 밭 / 끌다 / 물

(명) 자기 논에 물 대기, 자기에게만 이롭게 되도록 생각하거나 행동함. ≒ 견강부회(牽强附會).

1224 ☐☐☐

아집 我執

나 / 잡다, 집착하다

(명) 자기 자신에게만 집착함. 자기중심의 좁은 생각에 집착하여 다른 사람의 뜻이나 입장을 고려하지 아니하고 자기만을 내세우는 것.

1225 ☐☐☐

아첨 阿諂

언덕, 아부하다 /
알랑대다, 비위를 맞추다

명 남의 환심을 사려고 알랑거림.

1226 ☐☐☐

악마주의 惡魔主義

명 19세기 유럽에서 일어난 사상의 한 경향. 추악·퇴폐·괴기·전율·공포 따위가 가득한 분위기 속에서 미를 찾아내려는 것으로, 보들레르와 오스카 와일드가 대표적인 인물이다.

1227 ☐☐☐

안목 眼目

눈 / 눈

명 사물을 분별하는 견식.

예시 물건을 고르는 안목이 있다.

1228 ☐☐☐

안분지족 安分知足

편안하다 / 분수 / 알다 /
만족(하다), 충분하다

명 편안한 마음으로 분수를 지키며 만족할 줄을 앎.

1229 ☐☐☐

안빈낙도 安貧樂道

편안하다 / 가난하다 /
즐기다 / 도, 길

명 가난한 생활을 하면서도 편안한 마음으로 도를 즐겨 지킴.

1230 ☐☐☐

안서 雁書

기러기 / 글, 책

명 편지. 먼 곳에서 소식을 전하는 편지. 한무제 때 한나라의 사신 소무가 흉노에게 붙잡혀 있을 당시 기러기의 다리에 편지를 매어 날려 보냈다는 고사. ≒ 안신(雁信), 안찰(雁札).

1231 ☐☐☐

안이하다 安易--

편안하다 / 쉽다

형 쉽게 여기다.

1232 ☐☐☐

안중지정 眼中之釘

눈 / 가운데 / 어조사 / 못

명 눈 안의 못. 몹시 싫거나 미워서 눈에 거슬리는 사람.

참조 눈엣가시.

1233 □ □ □

안하무인 眼下無人

눈/아래/없다/사람

㉮ 눈 아래에 사람이 없다. 방자하고 교만하여 다른 사람을 업신여김. ≒ 방약무인(傍若無人).

1234 □ □ □

알력 軋轢

수레삐걱거리다/치이다

㉮ 수레바퀴가 삐걱거린다. 서로 의견이 맞지 아니하여 충돌하는 것.

예시 서로 알력이 심하다.

1235 □ □ □

알선 斡旋

돌다/돌다

㉮ 일이 잘되도록 주선하는 일.

1236 □ □ □

암묵 暗黙

어둡다/침묵하다

㉮ 자기 뜻을 밖으로 나타내지 않음.

□ □ □

암묵적 暗黙的

㉮·㉮ 자기의 의사를 밖으로 나타내지 아니한.

예시 암묵적 동의.

1237 □ □ □

암시 暗示

어둡다, 넌지시/보이다

㉮ 넌지시 알림. 뜻하는 바를 간접적으로 나타내는 표현법.

1238 □ □ □

암약 暗躍

어둡다, 몰래/뛰다

㉮ 어둠 속에서 활약함. 남들이 모르게 맹렬히 활동함.

1239 □ □ □

암중모색 暗中摸索

어둡다/가운데/
더듬다/찾다

㉮ 어둠 속에서 더듬어 찾음.
은밀한 가운데 일의 실마리나 해결책을 찾아내려함.

1240 ☐☐☐

압권 壓卷

누르다 / 책

명 여럿 가운데 가장 뛰어난 것. 제일 잘된 책이나 작품. 고대 중국의 관리 등용 시험에서 가장 뛰어난 답안지를 다른 답안지 위에 얹어 놓았다는 데서 유래. **예시** 이 장면이 영화에서의 압권이다.

1241 ☐☐☐

앙화 殃禍

재앙 / 재앙

명 재난. 지은 죄의 앙갚음으로 받는 재앙.

1242 ☐☐☐

애걸복걸 哀乞伏乞

슬프다 / 빌다 / 엎드리다 / 빌다

명 애처롭게 사정하며 간절히 빎.

1243 ☐☐☐

애로 隘路

좁다 / 길

명 좁고 험한 길. 장애물.

1244 ☐☐☐

애매하다 曖昧--

희미하다 / 흐리다

형 희미하여 분명하지 아니하다. **참조** 우리말 '애매하다'는 '아무 잘못 없이 꾸중을 듣거나 벌을 받아 억울하다.'는 뜻.

☐☐☐

애매모호하다 曖昧模糊--

명 · **형** 말이나 태도가 희미하고 흐려 분명하지 아니하다.

☐☐☐

애매성 曖昧性

명 희미하여 분명하지 아니한 성질. 시에서 단어나 문장이 복합적이고 다의적인 뜻을 가짐.

1245 ☐☐☐

애상 哀傷

슬프다 / 다치다

명 슬퍼서 마음이 상함.

애상적 哀傷的

⬜⬜⬜

㉍·㉇ 슬퍼하거나 가슴이 아픈.

1246 ⬜⬜⬜

애이불비 哀而不悲

슬프다/말잇다/아니다/슬프다

㉇ 슬프지만 지나치게 비통해하지 않음.
슬프지만 겉으로는 슬픔을 나타내지 아니함.

1247 ⬜⬜⬜

애증 愛憎

사랑하다/미워하다

㉇ 사랑과 미움.

예시 애증이 엇갈린다.

1248 ⬜⬜⬜

애지중지 愛之重之

사랑하다/어조사/
중히 여기다/어조사

㉒ 매우 사랑하고 소중히 여김.

1249 ⬜⬜⬜

애환 哀歡

슬프다/기쁘다

㉇ 슬픔과 기쁨.

예시 삶의 애환이 교차하다.

1250 ⬜⬜⬜

액자소설 額子小說

㉇ 소설에서, 이야기 속에 또 하나의 이야기가 들어 있는 소설. 그 구조가 액자 모양과 같다고 하여 붙은 이름이다. ≒ 격자소설(格子小說).

1251 ⬜⬜⬜

야기 惹起

끌다, 어지럽다/
일어나다, 일으키다

㉇ 일으킴. 끌어 일으킴.

1252 ⬜⬜⬜

야료 惹鬧

끌다, 어지럽다/시끄럽다[뇨]

㉇ 까닭 없는 트집과 행패.

1253 ☐☐☐

야단법석 野壇法席

들/단/법/자리

명 크게 시끌벅적한 것.
불교에서, 야외에서 단을 쌓고 크게 베푸는 설법의
자리가 시끌벅적하여 이르는 말.

1254 ☐☐☐

야반도주 夜半逃走

밤/절반/도망하다/달리다

명 남의 눈을 피하여 한밤중에 몰래 도망함.
참조 '야밤도주'는 틀린 표현.

1255 ☐☐☐

야수 野獸

들/들짐승

명 사람에게 길들지 않은 야생의 사나운 짐승. 몹시
거칠고 사나운 사람을 비유. ↔ 가축(家畜).
예시 영화 '미녀와 야수'.

1256 ☐☐☐

야인 野人

들/사람

명 벼슬 없이 시골에 묻혀 사는 사람. 아무 곳에도 소
속되지 않은 채 지내는 사람. 교양이 없고 예절을 모
르는 사람. 예시 관직을 버리고 야인으로 돌아가다.

1257 ☐☐☐

야학 夜學

밤/배우다

명 밤에 공부함. 낮에는 일하고 밤에 공부함.

1258 ☐☐☐

약관 弱冠

약하다/갓, 모자

명 스무 살. 젊은 나이.
예전에 스무 살에 관례를 한다고 한 데서 나온 말.
예시 약관의 나이.

1259 ☐☐☐

약관 約款

약/방

명 법률에서, 계약자가 상대편과 계약을 체결하기
위하여 마련한 계약의 내용.

1260 ☐☐☐

약방 藥房

약/방

명 약을 파는 곳.

약방에 감초 藥房-甘草

약/방/달다/풀

ⓜ 어떤 일에나 빠짐없이 끼어드는 사람.
한약을 조제할 때 감초를 넣는 경우가 많은 데서,
꼭 있어야 할 물건을 비유.

1261 □ □ □

약방 藥方

약하다 / 모, 방법, 처방

ⓜ 약을 처방하는 방법. 또는 약을 조제하는 방법.

□ □ □

약방문 藥房文

ⓜ 약을 짓기 위하여 약 이름과 분량을 적은 종이.
참조 사후약방문(死後藥方文 죽은 다음에 약방문).

1262 □ □ □

약육강식 弱肉强食

약하다 / 고기 / 힘세다 / 먹다

ⓜ 약한 자가 강한 자에게 먹힌다. 강한 자가 약한
자를 희생시켜서 번영함. 생존경쟁의 치열함을 비
유.

1263 □ □ □

양극화 兩極化

두[량] / 끝 / 되다

ⓜ 양 극단으로 서로 멀어짐. 서로 반대 방향으로
치달음.

1264 □ □ □

양두구육 羊頭狗肉

양 / 머리 / 개 / 고기

ⓜ 겉과 속이 다름. 양의 머리를 걸어 놓고 개고기
를 판다. 겉보기만 훌륭해 보이고 속은 그렇지 아니
함. ≒ 표리부동(表裏不同).

1265 □ □ □

양병 養兵

기르다 / 병사, 졸병

ⓜ 군사를 기름.
참조 율곡(栗谷) 이이(李珥)의 십만양병설.

1266 □ □ □

양산 量産

부피, 헤아리다 / 낳다, 산업

ⓜ 많이 만들어 냄.

1267 □□□

양상 樣相

모양 / 서로, 상태

圏 모양이나 상태.

1268 □□□

양상군자 梁上君子

들보[량] / 위 / 스승 / 임

圏 도둑. 들보 위의 군자로 도둑을 미화한 말.

1269 □□□

양심 良心

어질다, 좋다[량] / 마음

圏사람으로서 마땅히 가져야 할 바르고 착한 마음. 자기의 행위에 대하여 옳고 그름, 선악을 판단하고 명령하는 도덕의식.

1270 □□□

양약고구 良藥苦口

어질다, 좋다[량] / 약 / 쓰다 / 입

圏 좋은 약은 입에 쓰다. 충언(忠言)은 귀에는 거슬리나 이로움을 준다는 말. 늑 충언역이(忠言逆耳).

1271 □□□

양요 洋擾

큰바다, 서양 / 어지럽다

圏 구한말에, 서양 세력이 천주교 탄압이나 통상 문제를 빌미로 쳐들어와 일으킨 난리.
조선 고종 3년(1866)에 대원군이 천주교를 탄압하자 프랑스 함대가 강화도를 침범하여 일으킨 병인양요와 고종 8년(1871)에 미국 군함이 통상을 강요하기 위하여 강화도를 침범하여 일으킨 신미양요가 있다.

1272 □□□

양자택일 兩者擇一

두[량] / 놈, 사람 / 가리다, 고르다 / 하나

圏 둘 중에서 하나를 고름.

1273 □□□

양해 諒解

헤아리다[량] / 풀다

圏 남의 사정을 헤아려 너그러이 받아들임.

1274 ☐☐☐

어눌하다 語訥--

말씀/말더듬다

窷 말을 유창하게 하지 못하고 떠듬거리다.

1275 ☐☐☐

어부지리 漁父之利

고기잡다/사내/
어조사/이롭다

똉 어부의 이익. 도요새와 무명조개가 서로를 먹으려고 꽉 물고 붙들고 있자, 마침 곁에 지나가던 어부가 둘 다 잡아 이익을 얻었다는 고사에서 유래. 두 사람이 이해관계로 서로 싸우는 사이에 제3자가 별로 애쓰지 않고 이익을 가로챔을 비유.

1276 ☐☐☐

방휼지쟁 蚌鷸之爭

조개/도요새/
어조사/다투다

똉 도요새가 조개와 서로 다투다가 모두 어부에게 잡히고 말았다는 것으로, 서로 다투다가 결국은 곁에서 구경하는 다른 사람에게 이득을 주는 것을 비유함. ≒ 휼방지쟁. 어부지리(漁父之利).

1277 ☐☐☐

어용 御用

수레 몰다, 임금에 관한 경칭/쓰다

똉 임금이 씀. 정부에서 씀.
자신의 이익을 위하여 권력에 영합하여 행동하는 것을 비꼬아 이름. 참조 어용 교수.

1278 ☐☐☐

어이아이 於異阿異

어조사/다르다/
언덕/다르다

똉 '어' 다르고 '아' 다르다.
같은 말을 하더라도 어떻게 표현하느냐에 따라 상대방에게 받아들여지는 정도가 차이가 남.
참조 '아' 다르고 '어' 다르다.

1279 ☐☐☐

어순 語順

말씀/순하다, 순서

똉 문장 성분의 배열에 나타나는 일정한 순서.

1280 ☐☐☐

어조 語調

말씀/고르다

똉 말의 가락. 억양(抑揚).
예시 비판적 어조. 친근한 어조.

1281 ☐☐☐

외래어 外來語

바깥 / 오다 / 말씀, 언어

圈 외국에서 들어와 국어처럼 쓰이는 말. 버스, 컴퓨터, 피아노 따위가 있다.

1282 ☐☐☐

외국어 外國語

圈 외국에서 쓰는 말.

1283 ☐☐☐

전문어 專門語

오로지 / 문 / 말씀, 단어

圈 학술이나 기타 전문 분야에서 특별한 의미로 쓰는 말. 늑 전용어(專用語).

1284 ☐☐☐

한자어 漢字語

나라, 한수 / 글자 / 말씀, 언어

圈 한자에 기초하여 만들어진 말. 우리말의 절반 이상을 차지하고 있으며 국어에 해당한다.

1285 ☐☐☐

억압 抑壓

누르다 / 누르다, 진압하다

圈 억누름.

1286 ☐☐☐

억양 抑揚

누르다 / 드날리다

圈 혹은 억누르고 혹은 찬양함.
음(音)의 상대적인 높이를 변하게 함.

1287 ☐☐☐

언어 言語

말씀 / 말씀

圈 말과 글.
생각, 느낌을 나타내거나 전달하는 데에 쓰는 음성이나 문자로 된 수단.

☐☐☐

언어도단 言語道斷

말씀 / 말씀 / 길 / 끊다

圈 말이 안 됨. 어이가 없어서 말할 수 없음.

언어유희 言語遊戱

말씀/말씀/놀다/희롱하다

명 말이나 글자를 소재로 하는 놀이.

참조 말놀이, 말장난.

1288

언중유골 言中有骨

말씀/가운데/있다/뼈

명 말 속에 뼈가 있다. 예사로운 말 속에 단단한 속뜻이 들어 있음.

1289

언질 言質

말씀/바탕

명 꼬투리가 될 말.

1290

엄습 掩襲

가리다/들이닥치다

명 뜻하지 않는 사이에 덮침.

1291

엄연하다 儼然--

의젓하다/그러하다

형 어떤 사실이 뚜렷하다.

사람의 겉모양이나 언행이 의젓하고 점잖다.

예시 국법이 엄연하게 있음에도.

1292

여론 輿論/與論

더불어, 주다/의논하다

명 여러 사람의 공통된 의견. 늑 공론(公論), 세론(世論).

1293

여리박빙 如履薄氷

같다/밟다/얇다, 엷다/
얼음

명 얇은 얼음을 밟듯 위태로워 아주 조심해야함을 이름.

1294

여민 黎民

검다, 많다[려]/백성, 평민

명 검은 맨머리. 일반 백성을 비유.

참조 예전에 중국에서 서민들은 머리에 관을 쓰지 않고 검은 맨머리로 지낸 데서 비롯함.

1295 ☐ ☐ ☐

여민동락 與民同樂

더불어/백성/한가지/즐겁다

몡 통치자가 백성과 더불어 즐거움을 함께한다.

1296 ☐ ☐ ☐

여반장 如反掌

같다, 만일/뒤집다, 되돌리다/손
바닥

몡 손바닥을 뒤집는 것 같다는 뜻으로, 일이 매우 쉬움.

참조 땅 짚고 헤엄치기.

1297 ☐ ☐ ☐

여부 與否

주다, 그러하다/아니다

몡 그러함과 그러하지 아니함.

예시 생사 여부를 아직 모른다.

1298 ☐ ☐ ☐

여염 閭閻

마을 [려]/마을, 염라대왕

몡 백성의 살림집이 많이 모여 있는 곳. 늑 여항(閭巷).

☐ ☐ ☐

여염집 閭閻-

몡 일반 백성의 살림집.

1299 ☐ ☐ ☐

여의하다 如意--

같다/뜻

혱 일이 마음먹은 대로 되다.

참조 여의주(如意珠). 여의봉(如意棒).

☐ ☐ ☐

여의주 如意珠

몡 용의 턱 아래에 있는 영묘한 구슬. 이것을 얻으면 무엇이든 뜻하는 대로 만들어 낼 수 있다고 한다. 늑 보주(寶珠).

1300 ☐ ☐ ☐

여지 餘地

남다/땅

몡 남은 땅.

어떤 일이 일어날 가능성이나 희망.

1301 ☐☐☐

역동적 力動的

힘[력]/움직이다/과녁

(관)·(명) 힘차고 활발하게 움직이는.

1302 ☐☐☐

역린 逆鱗

거스르다/비늘

(명) 임금의 노여움을 이르는 말. 용의 턱 아래에 거꾸로 난 비늘을 건드리면 용이 크게 노하여 건드린 사람을 죽인다고 한다. (예시) 역린을 건드리다.

1303 ☐☐☐

역사 歷史

지나다[력]/역사

(명) 인류 사회의 변천과 흥망의 과정이나 그 기록.

1304 ☐☐☐

역설 力說

힘[력]/말씀

(명) 힘주어 말함.

1305 ☐☐☐

역설 逆說

거스르다/말씀

(명) 어떤 주장에 반대되는 이론이나 말.
논리적 모순을 일으키기도 하지만, 그 속에 중요한 진리가 함축되어 있을 수 있다. ≒ 패러독스.

☐☐☐

역설법 逆說法

(명) 역설을 표현 수단으로 하는 수사법.
(예시) 찬란한 슬픔의 봄. 소리 없는 아우성.

1306 ☐☐☐

반어법 反語法

(명) 실제 상황이나 심리와 반대로 표현하는 수사법.
(예시) 얄밉다.(실제로는 '예쁘다.' '귀엽다'의 의미)

1307 ☐☐☐

역지사지 易地思之

바꾸다/땅/생각하다/
어조사

(명) 처지를 바꾸어서 생각하여 봄.

1308 □□□

연결 連結

잇다 / 맺다

[명] 서로 이어지거나 관계를 맺음.

1309 □□□

연고 緣故

가선, 인연 / 연고, 옛, 죽다

[명] 사람 사이에 맺어진 관계. 인연(因緣). 일의 까닭.

1310 □□□

연년생 年年生

해[년] / 해 / 나다

[명] 한 살 터울로 아이를 낳음.

1311 □□□

연대기 年代記

해[년] / 대신하다, 시대 / 적다, 기록

[명] 역사적으로 중요한 사건을 연대순으로 적은 기록. ≒ 기년체 사기, 편년사(編年史).

1312 □□□

연루 連累

잇다 / 여러, 연루되다

[명] 관련을 맺음.

1313 □□□

연목구어 緣木求魚

인연, 말미암다 / 나무 / 구하다 / 물고기

[명] 나무에 올라가서 물고기를 구한다. 불가능한 일을 굳이 하려 함을 비유.

1314 □□□

연상 聯想

잇달다 / 생각

[명] 하나의 생각이 다른 생각을 불러일으킴.

1315 □□□

연쇄 連鎖

잇다 / 잠그다, 사슬

[명] 이어진 사슬.

□ □ □

연쇄법 連鎖法

㈅ 앞 구절의 끝말을 다음 구절의 첫말에 이어받아 심상을 강조하는 수사법.

1316 □ □ □

연역법 演繹法

연역하다, 넓히다 / 풀다, 찾다

㈅ 연역에 따른 추리의 방법. 일반적 사실이나 원리를 전제로 하여 개별적인 특수한 사실이나 원리를 결론으로 이끌어 내는 추리 방법. 삼단논법. ↔ 귀납법(歸納法).

1317 □ □ □

연작 聯作 / 連作

잇다[련] / 짓다

㈅ 한 작품을 여러 작가가 나누어 맡아서 짓는 작품.

1318 □ □ □

연하고질 煙霞痼疾

연기 / 안개 / 깊은 병 / 병

㈅ 자연의 아름다운 경치(안개와 노을)를 몹시 사랑하고 즐기는 성질. ≒ 천석고황(泉石膏肓).

1319 □ □ □

연혁 沿革

꾸짖다 / 책망하다

㈅ 내력, 발자취,

1320 □ □ □

열거 列擧

줄 / 들다

㈅ 늘어놓음.

1321 □ □ □

염두 念頭

생각[념] / 머리

㈅ 마음속. 가슴속.
[예시] 염두에 두다.

1322 □ □ □

염량세태 炎涼世態

뜨겁다 / 서늘하다 /
세상 / 모양

㈅ 변덕이 심한 세상인심.
세력이 있을 때는 아첨하여 따르고 세력이 없어지면 푸대접하는 세상인심을 비유.

199

1323 □□□

염세 厭世

싫어하다/세상

㈅ 세상을 고통스럽게 여기며 비관함. ↔ 낙천(樂
天).

□□□

염세적 厭世的

㈘·㈅ 세상을 싫어하고, 모든 일을 어둡고 부정적
인 것으로 보는.

1324 □□□

염치 廉恥

청렴하다[렴]/부끄럽다

㈅ 체면을 차려 부끄러움을 아는 마음.

1325 □□□

염화미소 拈華微笑

집다, 들다[념, 점]/꽃/
적다/웃다

㈅ 마음에서 마음으로 전하는 것.
불교에서, 석가모니가 영산회(靈山會)에서 연꽃 한
송이를 대중에게 보이자 마하가섭만이 그 뜻을 깨
닫고 미소 지으므로 그에게 불교의 진리를 주었다
고 하는 고사. 교외별전(教外別傳), 불립문자(不立文
字), 이심전심(以心傳心), 심심상인(心心相印).

1326 □□□

교외별전 教外別傳

가르치다/바깥/다르다/전하다

㈅ 진리를 말이나 글이 아니라 마음에서 마음으로
바로 전달하여 깨닫게 함. 불교에서 진리를 전달할
때 마음으로 전달했다고 한다.

1327 □□□

불립문자 不立文字

아니다/서다/글월/글자, 문자

㈅ 불교에서, 불도의 깨달음은 문자가 아니라 마음
에서 마음으로 전한다는 뜻.
진리는 언어로 전달할 수 없음을 이름.

1328 ☐ ☐ ☐

이심전심 以心傳心

써/마음/전하다/마음

㈜ 마음과 마음이 서로 통함. 진리를 말이 아니라 마음에서 마음으로 전달함. ≒ 염화미소(拈華微笑), 심심상인(心心相印), 교외별전(敎外別傳), 불립문자(不立文字).

1329 ☐ ☐ ☐

심심상인 心心相印

마음/마음/서로/도장, 새기다

㈜ 마음에서 마음으로 통함. 말없이 마음에서 마음으로 뜻을 전함.

참조 이심전심(以心傳心).

1330 ☐ ☐ ☐

엽기적 獵奇的

사냥하다/기이하다/과녁

㈜ · ㈜ 괴기하고 비정상적.

1331 ☐ ☐ ☐

영고성쇠 榮枯盛衰

영화롭다/마르다/
번성하다/쇠하다

㈜ 번성함과 쇠락함이 서로 뒤바뀜.

1332 ☐ ☐ ☐

영락 永樂

길다/즐겁다

㈜ 길이 즐거움.

고구려 광개토왕의 연호(391~412).

중국 명나라 성조의 연호(1403~1424).

1333 ☐ ☐ ☐

영롱하다 玲瓏--

옥 소리[령]/환하다, 옥 소리

㈜ 광채가 찬란하다. 소리가 옥처럼 맑고 아름답다.

1334 ☐ ☐ ☐

영속적 永續的

길다/잇다/과녁

㈜ · ㈜ 영원히 계속되는.

1335 ☐ ☐ ☐

영수 領袖

옷깃 거느리다[령]/소매

㈜ 여러 사람 가운데 우두머리.

예시 영수회담.

1336 □□□

영양 營養

경영하다, 다스리다/기르다, 봉양하다

[명] 생물이 살아가는 데 필요한 에너지 성분.

□□□

부영양화 富營養化

[명] 수질이 호수나 하천수의 식물 영양 염류 농도가 높아짐에 따라 변하게 되는 일.
인이나 질소를 함유하는 더러운 물이 호수나 강, 연안에 흘러들어, 플랑크톤이 비정상적으로 번식하여 수질이 오염되는 일.

1337 □□□

영어 囹圄

옥, 감옥 [령]/옥, 감옥

[명] 감옥(監獄).

[예시] 영어의 몸이 되다.

1338 □□□

영역 領域

옷깃, 거느리다/지경, 국토

[명] 세력이 미치는 일정한 범위.

1339 □□□

영탄 詠歎/詠嘆

읊다/탄식하다, 감탄하다

[명] 감탄. 목소리를 길게 뽑아 읊음.

□□□

영탄법 嘆法

[명] 감탄사나 감탄형 어미를 이용하여 기쁨 · 슬픔 · 놀라움과 같은 감정을 강하게 나타내는 수사법.
'아아!', '오!', '조국이여!' 등.

1340 □□□

영향 影響

그림자/소리

[명] 어떤 사물의 효과나 작용이 다른 것에 미치는 힘.

1341 □□□

예물 穢物

더럽다/물건

[명] 더러운 물건.

[참조] 박지원의 한문소설 〈예덕선생전(穢德先生傳)〉에서 똥의 덕을 미화.

1342 ☐☐☐

예민하다 銳敏--

뾰족하다, 예리하다 / 민감하다

㉠ 민감하고 섬세하다. ↔ 둔감하다(鈍感--).

1343 ☐☐☐

예술 藝術

예술, 기예 / 기술, 학술

㈇ 기예와 학술을 아울러 이르는 말.
어떤 재료와 기교를 사용하여 아름다움을 표현하려는 인간의 활동 및 그 작품. 공간 예술, 시간 예술, 종합 예술로 나눌 수 있다.

☐☐☐

예술지상주의 藝術至上主義

㈇ 예술 자체를 최고의 목적으로 여기는 사상이나 태도. 19세기 유럽 문학에서 나타난 사상으로, 정치·종교·과학에서 예술을 분리하고 오직 예술의 미적 창조만을 최고의 목적으로 한다.

1344 ☐☐☐

예시 例示

예 / 보이다

㈇ 예를 들어 보임.

1345 ☐☐☐

예외 例外

예 / 바깥

㈇ 일반적 규칙에서 벗어남.

1346 ☐☐☐

예제 例題

예 / 제목, 문제

㈇ 예로 든 문제.

1347 ☐☐☐

예찬 禮讚

예절, 예도 / 찬양하다

㈇ 존경하고 찬양함.
참조 청춘(靑春) 예찬. 신록(新綠) 예찬.

1348 ☐☐☐

오감 五感

다섯 / 느끼다

㈇ 시각(視覺), 청각(聽覺), 후각(嗅覺), 미각(味覺), 촉각(觸覺)의 다섯 가지 감각.

1349 □□□

오뇌 懊惱

뉘우치다 / 괴로워하다

명 뉘우치고 괴로워 함.

[예시] 오뇌의 무도(舞蹈).

1350 □□□

오례 五禮

다섯 / 예도, 예의

명 나라에서 지내는 다섯 가지 의례.

길례(吉禮), 흉례(凶禮), 군례(軍禮), 빈례(賓禮), 가례

(嘉禮)가 있다.

1351 □□□

오류 誤謬

틀리다 / 그릇되다

명 그릇되어 이치에 맞지 않는 일.

1352 □□□

오륜 五倫

다섯 / 인륜

명 유학에서, 사람이 지켜야 할 다섯 가지 도리. 부

자유친(父子有親), 군신유의(君臣有義), 부부유별(夫

婦有別), 장유유서(長幼有序), 붕우유신(朋友有信).

1353 □□□

오륜 五輪

다섯 / 바퀴

명 다섯 개의 둥근 바퀴 모양. 세계 올림픽 경기에서

쓰는 오륜기(五輪旗)는 청색, 황색, 흑색, 녹색, 적색의

고리모양이며 색상과 상관없이 아시아. 아메리카. 아

프리카. 유럽. 호주로 오대주를 상징한다.

1354 □□□

오리무중 五里霧中

다섯 / 거리, 마을 /
안개 / 속, 가운데

명 오 리나 되는 짙은 안개 속에 있다. 무슨 일에 대

하여 방향이나 갈피를 잡을 수 없음.

1355 □□□

오만 傲慢

건방지다 / 거만하다

명 건방지거나 거만함. ↔ 겸양(謙讓).

1356 □□□

오만불손 傲慢不遜

명 태도나 행동이 거만하고 공손하지 못함.

1357 □□□

오매불망 寤寐不忘
잠깨다/잠자다/아니다/잊다

명 자나 깨나 잊지 못함.

1358 □□□

오복 五福
다섯/복락

명 유교에서 이르는 다섯 가지의 복. 수(壽), 부(富), 강녕(康寧), 유호덕(攸好德), 고종명(考終命)을 이름. 때로 유호덕과 고종명 대신 귀(貴)함과 자손이 중다(衆多)함을 꼽기도 함.

1359 □□□

오복 五服
다섯/옷, 복제

명 전통적인 장례절차에서 다섯 가지의 상례 복제.

1360 □□□

오불관언 吾不關焉
나/아니다/
빗장, 관계하다/어조사

명 나는 그 일에 상관하지 아니함.

1361 □□□

오비삼척 吾鼻三尺
나/코/셋/자

명 내 코가 석자. 자기 사정이 급하여 남을 돌볼 겨를이 없음.

1362 □□□

오비이락 烏飛梨落
까마귀/날다/배/떨어지다

명 까마귀 날자 배 떨어진다. 아무 관계도 없이 한 일이 공교롭게도 때가 같아 억울하게 의심을 받아 난처해짐.

1363 □□□

오상고절 傲霜孤節
거만하다/서리/
외롭다/절개

명 서릿발이 심한 속에서도 굴하지 않고 외로이 지키는 절개. '국화(菊花)'를 이르는 말.

1364 □□□

오십보백보 五十步百步
다섯/열/걸음/일백/걸음

명 거의 비슷함. 조금 낫고 못한 정도의 차이는 있으나 본질적으로는 차이가 없음.
중국 양(梁)나라 혜왕(惠王)이 맹자에게, 전쟁에 패하여 어떤 자는 오십 보를, 또 어떤 자는 백 보를 도망한 데 대하여 묻자, 맹자가 오십 보나 백 보나 도망친 것에는 차이가 없다고 대답한 고사.

1365 ☐☐☐

오열 嗚咽

탄식하다 / 목메다

명 목메어 울음.

1366 ☐☐☐

오용 誤用

틀리다 / 쓰다

명 잘못 사용함. 예시 약물 오용.

1367 ☐☐☐

오월동주 吳越同舟

오나라 / 월나라 / 같다 / 배

명 서로 적의를 품은 사람들이 한자리에 모임. 중국 춘추 전국 시대에, 서로 적대 관계인 오나라의 왕 부차(夫差)와 월나라의 왕 구천(句踐)이 같은 배를 탔으나 풍랑을 만나자 서로 단합해야 했다는 고사.

1368 ☐☐☐

오장육부 五臟六腑

다섯 / 장기 / 여섯 / 기관, 창자

명 간장, 심장, 비장, 폐장, 신장의 다섯 가지 내장. 위, 큰 창자, 작은 창자, 쓸개, 방광, 삼초의 여섯 가지 기관.

☐☐☐

오장 五臟

명 간장(肝臟, 간), 심장(心臟, 염통), 비장(脾臟, 지라), 폐장(肺臟, 허파), 신장(腎臟, 콩팥)의 다섯 가지 내장.

☐☐☐

육부 六腑

명 위, 큰창자, 작은창자, 쓸개, 방광, 삼초의 여섯 가지 기관.

1369 ☐☐☐

오합지졸 烏合之卒

까마귀 / 더하다 / 어조사 / 군사

명 까마귀가 모인 것처럼 질서가 없이 모인 병졸. 임시로 모여들어서 규율이 없고 무질서한 병졸.

1370 ☐☐☐

옥석 玉石

구슬 / 돌

명 옥과 돌. 좋은 것과 나쁜 것을 구분함. 예시 옥석을 구분(區分)하다.

옥석구분 玉石俱焚

구슬/돌/모두/태우다

🅟 옥이나 돌이 모두 다 불에 탄다.
옳은 사람이나 그른 사람이 구별 없이 모두 재앙을 받음.

1371 □□□

옥절 玉節

구슬/마디, 부신

🅟 옥으로 만든 부신(符信). 예전에 관직을 받을 때에 증서로서 받았다.
옥처럼 변하지 아니하는 굳은 절개.

1372 □□□

옥토 沃土

기름지다 / 흙, 땅

🅟 기름진 땅.

1373 □□□

온건 穩健

평온하다 / 튼튼하다, 건강하다

🅟 사리에 맞고 건실함.

1374 □□□

온고지신 溫故知新

익히다 / 옛것 / 알다 / 새롭다

🅟 옛것을 익히고, 그것을 미루어서 새것을 앎.
출전 〈논어(論語)〉의 위정편(爲政篇).

1375 □□□

온유돈후 溫柔敦厚

따뜻하다 / 부드럽다 /
도탑다, 돈독하다 / 두텁다

🅟 온화하고 부드러우며 인정이 두터움.
기교를 부리거나 노골적인 표현이 없는 것을 이르며, 중국에서는 이를 시의 본분으로 여겼다.

1376 □□□

옹색하다 壅塞--

좁다 / 막히다

🅗 비좁고 막히다. 부족하며 답답하다.

1377 □□□

와각지쟁 蝸角之爭

달팽이 / 뿔 / 어조사 / 다투다

🅟 달팽이의 더듬이 위에서 싸운다.
작은 나라끼리 하찮은 일로 싸움을 비유.

1378 ☐☐☐

와룡 臥龍

눕다, 쉬다 / 용

㈱ 누워 있는 용. 초야(草野)에 묻혀 있는 큰 인물을 비유.

1379 ☐☐☐

잠룡 潛龍

잠기다 / 용

㈱ 하늘에 오르지 않고 물속에 숨어 있는 용.
아직 지위에 오르지 못한 인물이나 영웅을 비유.

1380 ☐☐☐

와신상담 臥薪嘗膽

눕다 / 땔나무, 섶 / 맛보다 / 쓸개

㈱ 섶에 몸을 눕히고 쓸개를 맛본다. 원수를 갚기 위하여 온갖 어려움을 참고 견딤을 비유.
중국 춘추 시대 오나라의 왕 부차(夫差)가 아버지의 원수를 갚기 위하여 장작더미 위에서 잠을 자며 구천(句踐)에게 복수할 것을 맹세하였고, 그에게 패배한 월나라의 왕 구천이 쓸개를 핥으면서 복수를 다짐한 고사.

1381 ☐☐☐

와전 訛傳

다르다 / 전하다

㈱ 사실과 다르게 전함.

1382 ☐☐☐

와중 渦中

소용돌이 / 가운데

㈱ 소용돌이치는 가운데. 일이나 사건이 시끄럽고 복잡하게 벌어지는 가운데.

1383 ☐☐☐

완곡하다 婉曲--

순하다 / 굽다

㈱·㈑ 모나지 않고 부드럽게 굽히다.

☐☐☐

완곡어 婉曲語

㈱ 완곡한 말. 부드럽게 표현한 말.

1384 ☐☐☐

완벽 完璧

완전하다/둥근 옥

🅜 흠이 없는 구슬. 결함이 없이 완전함.

1385 ☐☐☐

완성 完成

온전하다/이루다

🅜 완전히 다 이룸.

1386 ☐☐☐

완연하다 宛然--

뚜렷하다/그러하다

🅗 아주 뚜렷하다.

1387 ☐☐☐

완판본 完板本

온전하다, 완주(지명)/
판(책)/근본, 책

🅜 조선 후기에, 전라북도 전주(완주完州)에서 간행된 목판본의 고대 소설을 통틀어 이르는 말. 전라도 사투리가 많이 들어 있어 향토색이 짙다.

1388 ☐☐☐

왈가왈부 曰可曰否

말하다/가하다, 옳다/
말하다/아니다, 그르다

🅜 어떤 일에 대하여 옳거니 옳지 않거니 하고 말함. 가타부타. 시시비비.

1389 ☐☐☐

왕년 往年

가다/해

🅜 지나간 해.

1390 ☐☐☐

왕도 王道

임금/길

🅜 임금으로서 마땅히 지켜야 할 도리.
천하를 힘이나 무력으로 다스리는 패도(霸道)가 아니라, 인덕(仁德)으로 다스리는 왕도(王道)는 유학에서 이상으로 삼는 정치사상이다.

1391 ☐☐☐

왜곡 歪曲

비뚤다/굽다, 노래

🅜 사실과 다르게 해석하거나 그릇되게 함.

1392 ☐ ☐ ☐

왜구 倭寇

키 작다, 일본 / 도적, 해적

명 13세기부터 16세기까지 중국과 우리나라 연안을 무대로 약탈을 일삼던 일본 해적.

1393 ☐ ☐ ☐

외람하다 猥濫--

외람하다, 추잡하다 / 넘치다

형 행동이나 생각이 분수에 지나치다.

☐ ☐ ☐

외람되다 猥濫--

형 분에 넘치다. 분수에 지나치다.

1394 ☐ ☐ ☐

외설 猥褻

버릇없다, 추잡하다 / 속옷, 더럽다

명 성욕을 함부로 자극하여 난잡함.

1395 ☐ ☐ ☐

외연 外延

바깥 / 끌다

명 일정한 개념이 적용되는 사물의 전 범위. 이를테면 금속이라고 하는 개념에 대해서는 금, 은, 구리, 쇠 따위이고 동물이라고 하는 개념에 대해서는 원숭이, 호랑이, 개, 고양이 따위이다. ↔ 내포(內包).

1396 ☐ ☐ ☐

외유내강 外柔內剛

바깥 / 부드럽다 / 안 / 굳세다

명 겉으로는 부드럽고 순하게 보이나 속은 굳셈.

1397 ☐ ☐ ☐

외형률 外形律

바깥 / 모양 / 법

명 정형시에서, 음의 고저(高低)·장단(長短)·음수(音數)·음보(音步) 따위의 규칙적 반복에 의하여 생기는 운율. 늑 외재율(外在律). ↔ 내재율(內在律).

1398 ☐ ☐ ☐

요람 要覽

긴요하다, 요점 / 보다

명 중요한 내용만 뽑아 간추려 놓은 책.

1399 ☐☐☐

요람 搖籃

흔들다 / 대바구니, 아기 침대

ⓜ 젖먹이를 태우고 흔들어 놀게 하거나 잠재우는
것. 사물의 발생지나 근원지를 비유.

예시 요람에서 무덤까지.

1400 ☐☐☐

요령 要領

긴요하다 / 옷깃 으뜸 되다

ⓜ 일을 하는 데 꼭 필요한 묘한 이치.
적당히 해서 넘기는 잔꾀.

1401 ☐☐☐

요산요수 樂山樂水

좋아하다 / 뫼 / 좋아하다 / 물

ⓜ 산수(山水)의 자연을 즐기고 좋아함.

참조 인자요산 지자요수(仁者樂山 知者樂水 어진 이는
산을 좋아하고 지혜로운 이는 물을 좋아한다).

1402 ☐☐☐

요약 要約

긴요하다, 요점 / 묶다

ⓜ 요점을 간략하게 추림.

1403 ☐☐☐

요조하다 窈窕--

그윽하다, 얌전하다 /
조용하다, 아늑하다

ⓗ 여자의 행동이 얌전하고 정숙하다.

1404 ☐☐☐

요조숙녀 窈窕淑女

ⓜ 말과 행동이 품위가 있으며 얌전하고
정숙한 여자.

1405 ☐☐☐

요지부동 搖之不動

흔들다 / 어조사 /
아니다 / 움직이다

ⓜ 꿋꿋함. 흔들어도 움직이지 않음.

1406 ☐☐☐

욕속부달 欲速不達

하고자 하다 / 빠르다 /
아니다 / 통달하다

ⓜ 빠르고자 하나 도달하지 못함. 일을 빨리하려고
하면 도리어 이루지 못함.

1407 ☐☐☐

용두사미 龍頭蛇尾

용/머리/뱀/꼬리

㊟ 용의 머리와 뱀의 꼬리. 처음 시작은 좋았으나 갈수록 나빠짐을 비유.

1408 ☐☐☐

용병 傭兵

품 팔다, 고용하다/병사

㊟ 봉급을 주고 고용한 병사.

1409 ☐☐☐

용의주도하다 用意周到--

쓰다/뜻/두루/이르다

㊟ 꼼꼼히 마음을 써서 일에 빈틈이 없다. ≒ 주도면밀하다(周到綿密--).

1410 ☐☐☐

우경화 右傾化

오른/기울다/되다

㊟ 우익적인 사상으로 기울어짐. 보수적인 경향을 띰. ↔ 좌경화(左傾化).

☐☐☐

우익적 右翼的

㊟ · ㊟ 보수적(保守的)이거나 국수적인 성격을 띤.

1411 ☐☐☐

좌경화 左傾化

왼/기울다/되다

㊟ 좌익적인 사상으로 기울어지게 됨. 진보적. 급진적인 성향을 띤.

☐☐☐

좌익적 左翼的

㊟ · ㊟ 급진적이거나 사회주의적 · 공산주의적인 성질을 띤.

1412 ☐☐☐

우공이산 愚公移山

어리석다/어른/옮기다/산

㊟ 우공이 산을 옮긴다. 어떤 일이든 끊임없이 노력하면 반드시 이루어짐.

우공(愚公)이라는 노인이 집을 가로막은 산을 옮기려고 하며, 내가 못하면 대를 이어서 산의 흙을 파서 나르게 하겠다고 하자, 이에 감동한 하느님이 산을 옮겨 주었다는 고사에서 유래.

1413 ☐☐☐

우도할계 牛刀割鷄

소/칼/베다/닭

명 소 잡는 칼로 닭을 잡는다. 작은 일에 어울리지 아니하게 큰 도구를 씀. 지나치게 과장된 표현이나 몸짓 따위를 비유.

참조 견문발검(見蚊拔劍 모기 보고 칼 뺀다.).

1414 ☐☐☐

우문현답 愚問賢答

어리석다/묻다/
어질다, 현명하다/대답하다

명 어리석은 질문에 대한 현명한 대답.

1415 ☐☐☐

우민화 愚民化

어리석다/묻다/어질다, 현명하
다/대답하다

명 어리석은 백성이 됨. 어리석은 백성이 되게 만듦.

1416 ☐☐☐

우상 偶像

짝, 인연, 우연히/형상, 닮다

명 나무, 돌, 쇠붙이, 흙 따위로 만든 신이나 사람의 형상.
신처럼 숭배의 대상이 되는 물건이나 사람.

☐☐☐

우상숭배 偶像崇拜

명 신이 아니라 신의 형상을 본뜬 것을 숭배함.

1417 ☐☐☐

우아하다 優雅--

넉넉하다, 뛰어나다/
단아하다, 우아하다

명·형 고상하고 기품이 있다.

1418 ☐☐☐

우여곡절 迂餘曲折

돌다/남다/굽다/굽히다

명 이리저리 뒤얽혀 복잡하여진 사정. 파란곡절.

1419 ☐☐☐

우연 偶然

짝, 인연, 우연히/그러하다

명 아무런 인과 관계가 없이 뜻하지 않게 일어난 일.
↔ 필연(必然).

□ □ □

우연성 偶然性

圀 인과율에 근거하지 않고 뜻밖에 일어난 것.

1420 □ □ □

우이독경 牛耳讀經

소 / 귀 / 읽다 / 경서(책)

圀 쇠귀에 경 읽기. 아무리 좋은 말을 가르치고 일러 주어도 알아듣지 못함. ≒ 우이송경(牛耳誦經), 마이 동풍(馬耳東風).

1421 □ □ □

우화 寓話

빗대다, 부치다 / 말, 이야기

圀 동식물이나 사물을 인격화하여 풍자와 교훈의 뜻을 나타내는 이야기. 〈이솝 이야기〉.

1422 □ □ □

우화 羽化

날개, 깃 / 되다

圀 번데기가 날개 있는 성충이 됨.

□ □ □

우화등선 羽化登仙

날개, 깃 / 화하다 / 오르다 / 신선

圀 사람의 몸에 날개가 돋아 하늘로 올라가 신선이 됨. ≒ 우화(羽化).

1423 □ □ □

우회 迂廻 / 迂回

멀다 / 에두르다 / 돌다, 피하다

圀 멀리 돌아서 감.

□ □ □

우회적 迂廻的 / 迂回的

圀 · 圀 곧바로 가지 않고 멀리 돌아서 가는.
예시 우회적 표현.

1424 □ □ □

운문 韻文

소리, 운자 / 글월

圀 언어의 배열에 일정한 운율이 있는 글. 시의 형식. ↔ 산문(散文).

1425 ☐☐☐

운율 韻律

소리, 문자 / 법칙, 박자

(명) 시문(詩文)의 음성적 형식. 음의 강약, 장단, 고저 또는 동음이나 유음의 반복으로 이루어지며, 시에 음악적 효과를 준다. 운율의 종류에는 음성률(音聲律), 음수율(音數律), 음위율(音位律)이 있다.

1426 ☐☐☐

원단 元旦

으뜸 / 아침

(명) 설날 아침. ≒ 정조(正朝).

1427 ☐☐☐

원리 原理

근원, 바탕 / 이치

(명) 사물의 근본이 되는 이치. 행위의 규범.

1428 ☐☐☐

원만하다 圓滿--

둥글다 / 차다

(형) 성격이 모난 데가 없이 부드럽고 너그럽다. 일의 진행이 순조롭다.

1429 ☐☐☐

원색적 原色的

근원, 바탕 / 빛 / 과녁

(관)·(명) 강렬한 색의. 예시 원색적 비난(非難).

1430 ☐☐☐

원시 原始

바탕 / 처음, 시작하다

(명) 시작하는 처음.

☐☐☐

원시림 原始林

(명) 사람의 손이 가지 아니한 자연 그대로의 삼림.

☐☐☐

원시사회 原始社會

(명) 원시시대의 사회.
문명 세계에서 떨어져서 원시적인 생활을 그대로 유지하는 원시 부족의 사회.

1431 ☐ ☐ ☐

원인 原因

근원, 바탕 / 원인

명 어떤 것에 변화를 일으키게 하는 근본이 된 일이나 사건.

1432 ☐ ☐ ☐

원전 原典

바탕, 근원 / 책, 법

명 기준이 되는 본디의 고전.

1433 ☐ ☐ ☐

원형 原形

근원, 바탕 / 형상

명 어떤 사물이 지닌 본디의 모습.

☐ ☐ ☐

원형적 原形的
상징   象徵

명 개인이나 민족을 초월하여 인류에게 공통적으로 동일한 의미를 지니는 상징. 예를 들어 태양은 창조자, 밝음을 상징하고, 사막은 삭막함이나 죽음이란 원형적 이미지를 지니고 있다.

1434 ☐ ☐ ☐

월령 月令

달 / 하여금, 명령

명 농가나 국가의 정례적인 연간 행사를 월별로 구별하여 기록한 표.

☐ ☐ ☐

월령가 月令歌

명 달의 순서에 따라 한 해 동안의 기후 변화나 의식(儀式) 및 행사를 읊은 노래. 고려 가요인 〈동동〉, 정학유(丁學游)의 〈농가월령가〉. ≒ 월령체가.

1435 ☐ ☐ ☐

월하노인 月下老人

달 / 아래 / 늙다[로] / 사람

명 결혼중매인. 부부의 인연을 맺어준다는 전설상의 늙은이. 중국 당나라의 위고(韋固)가 달밤에 어떤 노인을 만나 장래의 아내에 대한 예언을 들었다는 고사.

1436 ☐ ☐ ☐

위계 位階

자리, 위치 / 계단

명 벼슬의 품계. 지위나 계층의 등급.

1437 ☐☐☐

위기일발 危機一髮

위태롭다/틀,기회/하나/터럭

㈜ 여유가 조금도 없이 몹시 절박한 순간.

1438 ☐☐☐

위상 位相

자리,위치/서로,상태

㈜ 위치나 상태.

1439 ☐☐☐

위선 僞善

거짓/착하다

㈜ 겉으로만 착한 체함. ↔ 위악(僞惡).

1440 ☐☐☐

위악 僞惡

거짓/악하다,나쁘다

㈜ 악한 체함. ↔ 위선(僞善).

1441 ☐☐☐

위정척사 衛正斥邪

지키다 / 바르다 / 내치다, 배척하
다/간사하다

㈜ 정학(正學)과 정도(正道)를 지키고 사학(邪學)과 이
단(異端)을 물리치자는 주장. 구한말에, 유교 주자학
을 지키고 가톨릭을 물리치기 위하여 내세운 주장.

1442 ☐☐☐

위탁 委託

맡다,맡기다/부탁하다

㈜ 맡기다. 맡겨 부탁하다.
예시 위탁 판매.

1443 ☐☐☐

위편삼절 韋編三絶

가죽/엮다/셋/끊다

㈜ 책을 열심히 읽음.
공자가 주역을 즐겨 읽어 '책의 가죽 끈이 세 번이
나 끊어졌다.' 는 뜻. 당시 책은 종이가 아니라 죽간
에 써서 가죽끈으로 묶음.

1444 ☐☐☐

유감 遺憾

남기다,끼치다/섭섭하다

㈜ 마음에 차지 아니하여 섭섭하거나 불만이 남음.

1445 ☐☐☐

유기적 有機的

관·명 생물체처럼 전체를 구성하고 있는 각 부분이 서로 밀접하게 관련을 가지고 있어서 따로 떼어 낼 수 없는 것. ↔ 무기적(無機的).

1446 ☐☐☐

유동 流動

흐르다/움직이다

명 흘러 움직임. 이리저리 자주 다님.

☐☐☐

유동성 流動性

명 액체와 같이 흘러 움직이는 성질.
기업의 자산이나 채권을 현금화할 수 있는 정도.
예시 자금(資金) 유동성.

1447 ☐☐☐

유려하다 流麗--

흐르다/곱다

명·형 미끈하고 아름답다. 예시 유려한 필치.

1448 ☐☐☐

유린 蹂躪

밟다/짓밟다

명 남의 권리나 인격을 짓밟음. 예시 인권 유린.

1449 ☐☐☐

유림 儒林

선비, 유학/수풀, 무리

명 유학을 신봉하는 무리. ≒ 사림(士林).

1450 ☐☐☐

유명 幽明

그윽하다/밝다

명 어둠과 밝음. 저승과 이승.
참조 유명을 달리하다.

1451 ☐☐☐

유발 誘發

꾀다/피다

명 어떤 것이 다른 일을 일어나게 함.

1452 □ □ □

유배 流配

흐르다, 흩어지다 [류]/
짝짓다, 귀양 보내다

[명] 죄인을 귀양 보냄.

1453 □ □ □

유비무환 有備無患

있다/갖추다/없다/근심

[명] 미리 준비가 되어 있으면 걱정할 것이 없음.
항상 어떤 일이 일어날 것에 미리 대비함.

1454 □ □ □

유사 類似

무리/비슷하다

[명] 서로 비슷함.

1455 □ □ □

유신 維新

오직, 바/새롭다

[명] 낡은 제도를 고쳐 새롭게 함.

[참조] 〈시경〉에 주문왕의 덕을 칭송하는 '기명유신(其命維新 그 명을 새롭게 했네)'

1456 □ □ □

유연하다 柔軟--

부드럽다/연하다

[형] 부드럽고 연하다. ↔ 완강하다, 경직되다, 완고하다.

1457 □ □ □

유유상종 類類相從

무리 [류]/무리 [류]/
서로/따르다, 좇다

[명] 같은 무리끼리 서로 사귐.

[참조] 가재는 게 편. 초록은 동색(同色).

1458 □ □ □

유유자적 悠悠自適

한가하다/한가하다/
스스로/가다, 즐기다

[명] 속세를 떠나 아무 속박 없이 자유롭고 편안하게 즐김.

1459 □ □ □

유의어 類義語

무리/옳다, 뜻/말씀, 단어

[명] 뜻이 서로 비슷한 말.

1460 ☐☐☐

동의어 同義語/同意語

한가지, 같다 / 옳다, 뜻 / 말씀, 단어

몡 뜻이 같은 말. ↔ 반의어(反意語).

1461 ☐☐☐

반의어 反義語

反意語 → 되짚다, 반대 / 옳다, 뜻 / 말씀, 단어

몡 뜻이 서로 정반대되는 말. '남자'와 '여자', '위'와 '아래', '작다'와 '크다', 따위이다. ≒ 반대말, 상대어(相對語).

1462 ☐☐☐

유착 癒着

낫다, 않다 / 붙다, 신다, 입다

몡 엉겨 붙기. 서로 깊은 관계를 가지고 결합됨.

예시 정경(政經) 유착.

1463 ☐☐☐

유창하다 流暢--

흐르다 / 화창하다

혱 말을 하거나 글을 읽는 것이 물 흐르듯이 거침이 없다.

예시 유창한 언변에 끌리다.

1464 ☐☐☐

유추 類推

무리 / 밀다, 미루어 헤아리다

몡 같은 종류의 것 또는 비슷한 것에 기초하여 다른 사물을 미루어 추측하는 일. 두 개의 사물이 여러 면에서 비슷하다는 것을 근거로 다른 속성도 유사할 것이라고 추론하는 일. ≒ 아날로지, 유비(類比).

1465 ☐☐☐

유형 類型

무리 / 틀

몡 성질이 같은 것끼리 하나로 묶은 틀.

1466 ☐☐☐

유희 遊戱

놀다 / 희롱하다

몡 즐겁게 놀며 장난함.

예시 언어유희(言語遊戱).

1467 ☐☐☐

육하원칙 六何原則

여섯 / 어찌 / 근본 / 법

몡 기사문을 쓸 때에 지켜야 하는 여섯 가지 기본 원칙. '누가, 언제, 어디서, 무엇을, 어떻게, 왜'의 여섯 가지를 이른다.

1468 □□□

윤리 倫理

인륜, 사람의 도리 / 이치

㊅ 사람으로서 마땅히 행하거나 지켜야 할 도리.

□□□

윤리학 倫理學

㊅ 인간 행위의 규범에 관하여 연구하는 학문. 도덕의 본질과 발달, 선악의 기준 및 인간 생활과의 관계 등을 다룬다.

□□□

탈윤리화 脫倫理化

㊅ 윤리적인 틀이나 제재에서 벗어남.
형법에서, 다원적 민주사회에서 국가가 형벌을 가지고, 특정한 종교적 가치관이나 도덕적 가치관을 강제하는 것은 공동체의 유지에 필요불가결의 것이 아닌 한 허용될 수 없다.

1469 □□□

융기 隆起

높다, 성하다 [륭] / 일어나다

㊅ 높게 일어나 들림.

1470 □□□

융통 融通

녹다, 통하다, 화합하다 /
통하다

㊅ 그때그때의 사정과 형편에 따라 일을 처리함.
금전, 물품 따위를 돌려씀. 변통.

1471 □□□

융합 融合

녹다, 통하다, 화합하다 /
더하다, 합하다

㊅ 녹음. 녹아서 하나로 합쳐짐.

1472 □□□

은닉 隱匿

숨다, 가엾어 하다 / 숨다, 숨기다

㊅ 숨김. 감춤.

1473 □□□

은어 隱語

숨다 / 말씀, 단어

㊅ 어떤 특정한 사람들이 다른 사람들이 알아듣지 못하도록 자기네 구성원들끼리만 사용하는 말. 상인 · 학생 · 군인 · 노름꾼 · 부랑배의 은어.

1474 □□□

은인자중 隱忍自重

숨다 / 참다 / 스스로 / 무겁다

圐 마음속에 감추어 참고 견디면서 신중하게 행동함.

1475 □□□

음양오행 陰陽五行

그늘, 음 / 볕, 양 / 다섯 / 가다, 행동

圐 음양과 오행을 아울러 이르는 말.

1476 □□□

음양 陰陽

음과 양.

우주 만물의 서로 반대되는 두 가지 기운으로서 이원적 대립 관계를 나타냄. 달과 해, 겨울과 여름, 북과 남, 여자와 남자 등.

1477 □□□

오행 五行

圐 우주 만물을 이루는 다섯 가지 원소. 금(金), 수(水), 목(木), 화(火), 토(土).

1478 □□□

음유 吟遊

읊다, 맛보다 / 놀다

圐 시를 지어 읊으며 여기저기 떠돌아다님.
예시 음유시인.

1479 □□□

음풍농월 吟風弄月

읊다 / 바람 / 희롱하다 / 달

圐 맑은 바람과 밝은 달을 대상으로 시를 짓고 흥취를 자아내어 즐겁게 놂. ≒ 풍월(風月).

1480 □□□

음향 音響

소리 / 메아리, 울림

圐 물체에서 나는 소리와 그 울림.

1481 □□□

응집 凝集

엉기다 / 모으다

圐 엉겨 뭉침.

1482 ☐☐☐

의구하다 依舊--

의지하다, 같다 / 옛

㉠ 옛날 그대로 변함이 없다.

참조 산천은 의구하되 인걸(人傑)은 간 데 없다.

1483 ☐☐☐

의궤 儀軌

거동 / 바퀴자국

㉠ 의례(儀禮)의 본보기. 예전에, 나라에서 큰일을 치를 때 후세에 참고를 위하여 그 일의 처음부터 끝까지의 경과를 자세하게 적은 책.

참조 경복궁(景福宮) 중건(重建) 의궤.

1484 ☐☐☐

의기 意氣

뜻 / 기운, 기개

㉠ 기세가 좋음. 장한 마음.

☐☐☐

의기양양 意氣揚揚

뜻 / 기운 / 날리다 / 날리다

㉠ 뜻한 바를 이루어 만족한 표정.

1485 ☐☐☐

의역 意譯

뜻 / 번역하다, 뒤집다

㉠ 원문의 단어나 구절에 얽매이지 않고, 전체의 뜻을 살리어 번역함.

1486 ☐☐☐

의성어 擬聲語

비기다, 헤아리다 /
소리 / 말씀

㉠ 사람이나 사물의 소리를 흉내 낸 말. '쌕쌕', '멍멍', '땡땡', '우당탕', '퍼덕퍼덕' 등.

1487 ☐☐☐

의태어 擬態語

비기다, 헤아리다 /
모양 / 말씀

㉠ 사람이나 사물의 모양이나 움직임을 흉내 낸 말. '아장아장', '엉금엉금', '번쩍번쩍' 따위가 있다.

1488 ☐☐☐

의식 意識

뜻 / 알다, 인식

㉠ 인식 작용.

1489 □□□

의심암귀 疑心暗鬼

의심하다 / 마음 /
어둡다 / 귀신

명 의심하는 마음에 없던 귀신이 생겨난다.
선입관으로 인해 사람을 잘못 판단하는 것.

1490 □□□

의연하다 毅然--

굳세다 / 그러하다

형 의지가 굳세어서 끄떡없다.

1491 □□□

의인화 擬人化

명 사람이 아닌 것을 사람에 빗대 표현함.

1492 □□□

의의 意義

뜻 / 옳다, 뜻

명 뜻.
예시 역사적 의의.

1493 □□□

의지 意志

뜻 / 뜻

명 어떠한 일을 이루고자 하는 마음.
선택이나 행위의 결정에 대한 내적이고 개인적인
역량. 예시 선수의 의지.

1494 □□□

이구동성 異口同聲

다르다 / 입 /
같다, 한가지 / 소리

명 입은 다르나 목소리는 같다. 여러 사람이 같은 말
을 함.

1495 □□□

이기 利己

이롭다, 날카롭다 / 자기, 몸

명 자기 자신의 이익. ↔ 이타(利他).

□□□

이기적 利己的

관 · 명 자기 자신의 이익만을 꾀하는. ↔ 이타적(利
他的).

이기주의 利己主義

圐 자기 자신의 이익을 중심에 두고, 다른 사람이나 사회의 이익은 고려하지 않는 태도. ≒ 에고(ego), 에고이즘.

1496 □□□

이단 異端

다르다/끝

圐 자기가 믿는 도(道)나 종교가 아닌 다른 사상이나 이론.

전통이나 권위에 벗어나는 주장이나 이론.

1497 □□□

이란투석 以卵投石

써/알, 계란/던지다/돌

圐 달걀로 돌을 친다. 아주 약한 것으로 강한 것에 대항하려는 어리석음을 비유. = 계란으로 바위 치기. 이란격석(以卵擊石).

1498 □□□

이론 理論

이치/논하다

圐 사물에 관한 지식을 논리적으로 정연하게 하나의 체계로 만들어 놓은 것. ↔ 실천(實踐).

예시 그는 이론과 실천을 겸비한 사람이다.

1499 □□□

이면 裏面

속/얼굴, 겉

圐 뒷면. 겉으로 드러나지 않는 속 부분. ↔ 표면(表面).

예시 이면 계약.

1500 □□□

이반 離叛/離反

떨어지다/등지다

圐 등지고 떠남.

예시 민심 이반.

1501 □□□

이분 二分

둘/나누다

圐 둘로 나눔. 춘분과 추분.

□□□

이분법 二分法

圐 서로 상대되는 두 가지로 명확하게 나누는 방법이며, 둘 사이의 중간 지대가 없다. 예를 들어 만물을 생물과 무생물로 나눈다.

1502 □□□

이상 理想

이치/생각

명 인간이 생각할 수 있는 가장 완전한 상태. 절대적인 지성이나 감정의 최고 형태로, 실현 가능한 상대적 이상과 도달 불가능한 절대적 이상으로 구별할 수 있다. ↔ 현실(現實).

□□□

이상향 理想鄉

명 인간이 그리는 동경의 세계. 인간이 생각할 수 있는 최선의 상태를 갖춘 완전한 곳. 늑 도원경(桃源境), 유토피아, 이상세계(理想世界).

1503 □□□

이성 理性

이치/성품

명 사물을 옳게 판단하고 참과 거짓, 선악, 아름다움과 추함을 구분하는 능력. 이성은 인간을 인간답게 하고, 다른 동물과 구별시켜 주는 특성이다. ↔ 감정(感情).

1504 □□□

이열치열 以熱治熱

써/덥다/다스리다/덥다

명 열을 열로써 다스림. 어떤 작용에 대하여 같은 수단으로 대응한다는 뜻.

참조 눈에는 눈, 이에는 이.

1505 □□□

이완 弛緩

늦추다/느리다

명 늦춤. 느슨하게 풀어짐. ↔ 긴장(緊張), 수축(收縮).

1506 □□□

이왕지사 已往之事

이미/가다/어조사/일

명 이미 지나간 일.

1507 □□□

이용후생 利用厚生

이롭다/쓰다/도탑다/살다

명 일상생활에 이롭게 쓰이고 삶을 풍요롭게 함. 유학의 실학적 측면.

1508 □□□

이율배반 二律背反

둘/법/등, 배신하다/
되돌리다

명 서로 양립할 수 없는 모순된 두 명제 사이의 관계. 늑 자가당착(自家撞着). 안티노미.

1509 ☐☐☐

이의 異議

다르다 / 의논하다

㈎ 다른 의견. 민법에서, 타인의 행위에 대하여 반대 또는 불복의 의사를 표시하는 일. ↔ 찬성(贊成).

예시 이의를 제기하다.

1510 ☐☐☐

이전투구 泥田鬪狗

진흙[니] / 밭 / 싸우다, 다투다 / 개

㈎ 진흙탕에서 싸우는 개. 자기의 이익을 위하여 악착스럽게 다툼을 비유.

1511 ☐☐☐

이중성 二重星

㈎ 하나의 사물에 겹쳐 있는 서로 다른 두 가지의 성질.

1512 ☐☐☐

이질 異質

다르다 / 바탕

㈎ 서로 다름. ↔ 동질(同質).

1513 ☐☐☐

이해 利害

이롭다[리] / 해롭다

㈎ 이익과 손해.

☐☐☐

이해관계 利害關係

㈎ 서로 이익과 손해가 걸려 있는 관계.

☐☐☐

이해타산 利害打算

㈎ 이익과 손해를 따져 봄.

1514 ☐☐☐

이현령비현령 耳懸鈴鼻懸鈴

㈎ 귀에 걸면 귀걸이 코에 걸면 코걸이. 어떤 사실이 말하는 사람의 뜻에 따라 이렇게도 저렇게도 해석됨. 참조 자의적(恣意的) 해석.

1515 ☐☐☐

익명성 匿名性

숨다, 감추다[닉] /
이름 / 성품

❸ 이름이 드러나지 않음.
어떤 행위를 한 사람이 누구인지 드러나지 않음.

1516 ☐☐☐

인간관계 人間關係

사람 / 사이 / 빗장 / 잇다

❸ 사람과 사람 사이의 관계.

1517 ☐☐☐

인간소외 人間疎外

사람 / 사이 / 트이다 / 밖

❸ 인간이 인간들의 삶을 풍요롭게 하기 위해 만들어낸 물질로 인하여, 도리어 인간이 주체성을 잃고 본질로부터 멀어지거나 물질적인 것에 지배를 받고 인간성을 박탈당하는 것.

1518 ☐☐☐

인과 因果

원인 / 과실, 결과

❸ 원인과 결과.
불교에서, 지은 업에 따라 그에 해당하는 과보(果報)를 받는 일.

☐☐☐

인과응보 因果應報

말미암다 / 결과 /
응하다 / 갚다

❸ 원인이 있으면 그에 따라 결과가 생긴다.
불교에서, 자신이 지은 업에 따라 과보(果報)가 생긴다는 것. ≒ 자업자득(自業自得). 뿌린 대로 거둔다.

1519 ☐☐☐

인권 人權

사람 / 권리

❸ 인간의 권리. 인간이라면 마땅히 갖는 기본적 권리.

1520 ☐☐☐

인내 忍耐

참다, 참아내다 / 견디다, 견뎌내다

❸ 참고 견딤. ≒ 견디다. 버티다.

1521 ☐☐☐

인내천 人乃天

사람 / 곧 / 하늘

❸ 사람이 곧 하늘. 사람의 가치가 하늘만큼 크고 으뜸이라는 동학의 교리.
참조 동학(東學), 천도교(天道敎)의 기본 교리.

1522 ☐☐☐

인면수심 人面獸心
사람/얼굴/짐승/마음

彤 사람의 얼굴을 하고 있으나 마음은 짐승과 같다. 마음이나 행동이 몹시 흉악함.

1523 ☐☐☐

인멸 湮滅/堙滅
묻히다/사라지다

彤 자취도 없이 모두 사라짐. 모두 없애버림.
예시 증거 인멸.

1524 ☐☐☐

인문 人文
사람/글월, 문화

彤 인류의 문화. .

☐☐☐

인문과학 人文科學

彤 인간의 역사와 문화에 관한 학문을 통틀어 이르는 말. 자연과학에 상대하여 정치, 경제, 사회, 역사, 문예, 언어 등의 학문을 가리킴.

1525 ☐☐☐

인사 人事
사람/일, 섬기다

彤 마주 대하거나 헤어질 때에 예를 표함. 예시 인사 말씀.
彤 사람의 일. 관리나 직원을 임용하거나 해임할 때 평가하는 일. 예시 인사이동, 인사관리, 인사가 만사(萬事).

1526 ☐☐☐

인색 吝嗇
아끼다/박하다

彤 몹시 아끼고 박함. ↔ 낭비(浪費).

1527 ☐☐☐

인생 人生
사람/살다

彤 사람이 세상을 살아가는 일.

☐☐☐

인생무상 人生無常
사람/살다/없다/항상

彤 삶이 한결같지 않고 늘 변함. 인생이 덧없음. ≒ 일장춘몽(一場春夢), 남가일몽(南柯一夢).

1528 □ □ □

인식 認識

알다 / 알다

아는 것. 사물을 분별하고 판단하여 앎. ≒ 인지(認知).

1529 □ □ □

인연 因緣

말미암다, 원인 / 가선, 인연

명 사람들 사이에 맺어지는 관계.
불교에서, 인(因)과 연(緣)을 아울러 이르는 말. ≒ 연고(緣故). 예시 인연을 맺다.

1530 □ □ □

인용 引用

끌다 / 쓰다

명 끌어다 씀.

1531 □ □ □

인지 認知

알다 / 알다

명 어떤 사실을 인정하여 앎.
외부의 자극을 받아들이고, 저장하고, 꺼내는 일련의 정신 과정. 지각, 기억, 상상, 개념, 판단, 추리 등의 작용을 포함한다. ≒ 인식(認識).

□ □ □

인지도 認知度

명 알아보는 정도.

1532 □ □ □

인지상정 人之常情

사람 / 어조사 /
보통, 떳떳하다 / 뜻

명 사람이라면 누구나 가질 수 있는 마음.

1533 □ □ □

인척 姻戚

시집가다, 인척 / 겨레, 친척

명 혼인에 의해 맺어진 친척. ≒ 혼척(婚戚).

1534 □ □ □

친척 親戚

친하다, 어버이 / 겨레, 친척

명 친족과 외척을 아울러 이르는 말. ≒ 권당(眷黨).

1535 □□□

일가견 一家見

명 어떤 문제에 대하여 독자적인 경지를 이룬 견해.
예시 그는 도자기에 일가견이 있다.

1536 □□□

일각여삼추 一刻如三秋
하나/시각,새기다/
같다/셋/가을

명 아주 짧은 시간이 삼 년처럼 길다. 시간이 더디 흐르는 것처럼 애타게 기다려짐.
참조 학수고대(鶴首苦待).

1537 □□□

일거양득 一擧兩得
하나/들다/두[량]/얻다

명 한 가지 일을 하여 두 가지 이익을 얻음. ≒ 일석 이조(一石二鳥), 일전쌍조(一箭雙鳥).
참조 가재 잡고 도랑 치고. 임도 보고 뽕도 따고.

1538 □□□

일관 一貫
하나/꿰다

명 하나로 꿰뚫음. 처음부터 끝까지 한결같음. ≒ 일 이관지(一以貫之).

□□□

일이관지 一以貫之

명 모든 것을 하나의 원리로 꿰뚫어 이야기함.

1539 □□□

일망타진 一網打盡
하나/그물/치다/다하다

명 한 번 그물을 쳐서 고기를 다 잡는다. 한 번에 모 조리 다 잡음.
예시 밀수꾼을 일망타진하다.

1540 □□□

일면 一面
하나/얼굴,대면하다

명 한 쪽 면. 한 방면. ↔ 다면(多面).

□□□

일면식 一面識
하나/얼굴,대면하다/알다

명 서로 한 번 만나 인사나 나눈 정도로 조금 앎.
예시 일면식도 없는 관계.

1541 ☐☐☐

일반 一般

하나/옮기다, 일반

명 전체적으로 두루 해당되는 것. 보통의 평범한 것.

☐☐☐

일반론 一般論

명 특정한 사물을 대상으로 하는 것이 아니라, 전체에 두루 통용되는 학설이나 논리.

☐☐☐

일반화 一般化

명 개별적인 것이나 특수한 것이 일반적인 것으로 됨.
예시 성급한 일반화의 오류.

1542 ☐☐☐

일벌백계 一罰百戒

하나 / 죄 주다 / 일백, 많다 / 경계하다, 징계하다

명 한 사람을 벌주어 백 사람을 경계한다.
다른 사람들에게 경각심을 불러일으키기 위하여 본보기로 한 사람을 엄하게 처벌함.
예시 일벌백계로 다스리다.

1543 ☐☐☐

일별 一瞥

하나/슬쩍 보다

명 한 번 흘낏 봄.

1544 ☐☐☐

일사천리 一瀉千里

하나/쏟다/일천, 많다 /
마을,거리

명 강물이 빨리 흘러 천 리를 간다. 어떤 일이 거침없이 빨리 진행됨. ≒ 파죽지세(破竹之勢).

1545 ☐☐☐

일자천금 一字千金

하나/글자/일천/금

명 글자 하나의 값이 천금의 가치가 있다. 글씨나 문장이 아주 훌륭함.

1546 ☐☐☐

일장춘몽 一場春夢

하나/마당/봄/꿈

명 한바탕의 봄꿈. 헛된 영화나 덧없는 일을 비유.
≒ 인생무상(人生無常), 남가일몽(南柯一夢).

1547 ☐☐☐

일절 一切

하나/끊다, 모두

㉯ 아주, 전혀, 절대로.
㉠ 연락을 일절 끊었다.

1548 ☐☐☐

일체 一切

하나/끊다, 모두

㉯ 모든 것.
㉠ 잘못에 대한 일체 책임을 졌다.

1549 ☐☐☐

일진일퇴 一進一退

하나/나아가다/
하다/물러나다

㉯ 한 번 앞으로 나아갔다 한 번 뒤로 물러섰다 함.
㉰ 공방전(攻防戰).

1550 ☐☐☐

일촉즉발 一觸卽發

하나/건드리다/
곧, 즉각/피다

㉯ 한 번 건드리기만 해도 폭발할 것같이 몹시 위급한 상태.

1551 ☐☐☐

일취월장 日就月將

날/나아가다/달/
장차, 나아가다

㉯ 해와 달처럼 나날이 자라거나 발전함. 학문의 성장을 비유.

1552 ☐☐☐

일편단심 一片丹心

하나/조각/붉다/마음

㉯ 한 조각의 붉은 마음. 충성심. 절개.
㉰ 정몽주의 '단심가(丹心歌)'

1553 ☐☐☐

일환 一環

하나/고리

㉯ 하나의 고리. 서로 밀접한 관계로 연결되어 있는 것 가운데 한 부분. ㉠ 정책의 일환.

1554 ☐☐☐

일희일비 一喜一悲

하나/기쁘다/하나/슬프다

㉯ 한편으로는 기뻐하고 한편으로는 슬퍼함. 기쁨과 슬픔이 번갈아 일어남.

1555 ☐☐☐

임기응변 臨機應變

임하다, 당하다 / 때, 틀 /
응하다 / 변하다

🅜 때에 따라 적당히 응대함. ≒ 임시처변(臨時處變).
참조 임시 미봉책(彌縫策).

1556 ☐☐☐

입론 立論

세우다 / 논하다

🅜 논의의 취지나 순서, 체계를 세움.

1557 ☐☐☐

입신양명 立身揚名

서다 / 몸 / 날리다 / 이름

🅜 몸을 세워 이름을 날림. 출세하여 이름을 세상에
떨침.

1558 ☐☐☐

입증 立證

서다, 세우다 / 증명하다

🅜 증명해 보임.

1559 ☐☐☐

입지 立志

세우다 / 뜻

🅜 뜻을 세움.

☐☐☐

입지전 立志傳

🅜 어려운 환경을 이기고 뜻을 세워 노력하여 목적
을 달성한 사람의 전기.

☐☐☐

입지전적 立志傳的

🅟 · 🅜 어려운 환경을 이기고 뜻을 세워 노력하여
목적을 달성한 사람의 전기의 성격을 띠는.
예시 입지전적 인물.

1560 ☐☐☐

입체 立體

서다 / 몸

🅜 평면이 아니라, 삼차원의 공간에서 여러 개의 평
면이나 곡면으로 둘러싸인 부분. ↔ 평면(平面).

□ □ □

입체적 立體的

판·명 삼차원의 공간적 부피를 가진 것. 사물을 여러 각도에서 종합적으로 파악하는.

□ □ □

잉여 剩餘

남다/남다

명 나머지. 남은 것.

예시 잉여 농산물.

ㅈ

1562 ☐☐☐

자가당착 自家撞着
스스로 / 집 / 치다, 부딪치다 / 붙다, 입다

🅜 앞뒤가 서로 맞지 아니하고 모순됨. ≒ 모순(矛盾).

1563 ☐☐☐

자각 自覺
스스로 / 깨닫다

🅜 스스로 깨달음.

1564 ☐☐☐

자격지심 自激之心
스스로 / 과격하다, 물결치다 / 어조사 / 마음

🅜 자기가 한 일에 대하여 스스로 부족하게 여기는 마음.

1565 ☐☐☐

자극 刺戟
찌르다 / 갈라진창

🅜 작용을 주어 반응이 일어나게 함.

1566 ☐☐☐

자긍심 自矜心
스스로 / 끄덕이다, 긍지 / 마음

🅜 스스로 자랑스러운 마음을 가짐.

1567 ☐☐☐

자만심 自慢心

🅜 스스로 자랑하며 뽐내는 마음. 부정적 의미가 약간 담겨 있음.

1568 ☐☐☐

자기 自己
스스로 / 몸

🅜 그 사람 자신. = 자아(自我).

자기중심 自己中心 　　　□□□

〔명〕 다른 이보다 자기의 일을 먼저 생각하고 더 중요하게 여김.

자문 諮問

묻다, 의논하다 / 묻다

〔명〕 의견을 물음.

〔예시〕 자문 위원. 자문에 응하다.

〔참조〕 '자문을 구하다'는 틀린 표현.

자발적 自發的

〔관〕·〔명〕 자기 스스로 나아가 행하는.

〔예시〕 자발적 참여.

자본 資本

바탕 / 근본, 자본

〔명〕 돈. 화폐.

재화와 용역의 생산에 사용되는 자산.

자본주의 資本主義 　　　□□□

〔명〕 이윤추구를 목적으로 하는 자본이 지배하는 경제체제. 사유재산을 보장하고 개인의 자유와 경쟁을 보장하며 자유 시장경제 구조를 지닌다.

사회주의 社會主義

〔명〕 사유재산제를 폐지하고 생산수단을 사회화하여 개인보다는 공동체의 이익과 발전을 꾀하는 주의.

공산주의 共産主義

〔명〕 사유재산제를 폐지하고 생산수단과 생산물을 공동으로 소유하고 소비하여 계급 차별이 없는 평등한 사회로 나가자는 주의.

자승자박 自繩自縛

몸, 스스로 / 포승, 먹줄 / 묶다

〔명〕 자기의 줄로 자기 몸을 옭아 묶다. 자기가 한 말과 행동에 자신이 스스로 옭혀 곤란하게 됨을 비유.

1575

자아 自我
스스로/나

명 나. 자기 자신에 대한 의식이나 관념.
철학에서, 행위의 주체. 정신 분석학에서, 자아(ego)
는 이드(id), 초자아(super ego)와 함께 성격을 구성
하는 한 요소. ↔ 타자(他者).

자아성찰 自我省察
스스로/나/살피다, 반성/살피다

명 자신을 반성하여 살핌.

자아도취 自我陶醉
스스로/나/도자기, 즐기다/
취하다, 빠지다

명 스스로에게 황홀하게 빠지는 일.
참조 자기애(自己愛). 나르시시즘.

1576

자업자득 自業自得
스스로/업지을/스스로/얻다

명 스스로 업을 짓고 스스로 얻는다. 자기가 저지른
일의 결과를 자기가 받음.
참조 제 꾀에 제가 넘어간다.

1577

자연 自然
스스로/그러하다

명 인위적으로 어떤 힘이 더해지지 아니하고, 세상
에 스스로 존재하거나 저절로 이루어지는 존재나
상태.

자연주의 自然主義

명 인간의 삶과 사회 문제를 있는 그대로 묘사하는
것에 중점을 둔 문예 사조. 19세기 말 프랑스를 중
심으로 하여 일어났다. 문학에서 졸라. 모파상 등.

1578

자유 自由
스스로/말미암다

명 외부적인 구속이나 무엇에 얽매이지 아니하고
자기 마음대로 할 수 있는 상태.

자유주의 自由主義

명 17~18세기에 주로 유럽의 신흥 시민 계급에 의
하여 주장된 시민적 · 경제적 자유와 민주적인 여러
제도의 도입을 요구하는 사상이나 운동. 로크, 루소,
벤담, 밀 등이 주장하였으며, 미국과 프랑스 혁명의
원동력이 되었다.

1579 ☐☐☐

자율 自律
스스로/법

명 자기 스스로 자신의 원칙에 따름.
남의 지배나 구속을 받지 않고 스스로 자신을 통제하고 행동함. ↔ 타율(他律).

☐☐☐

자율성 自律性

명 자기 스스로의 원칙에 따라 행동하는 성질. ↔ 타율성(他律性).

1580 ☐☐☐

자의 恣意
제멋대로/뜻, 의견

명 제멋대로 하는 생각.

☐☐☐

자의성 恣意性

명 언어에서, 소리와 의미의 관계가 임의적으로 이루어지는 특성.

1581 ☐☐☐

자전적 自傳的
스스로/전하다

관·명 스스로 자신의 이야기를 적은 것.

1582 ☐☐☐

자존 自尊
스스로/높이다

명 자기를 높임. 자기의 품위를 스스로 지킴.

☐☐☐

자존심 自尊心

명 자신의 품위를 스스로 지키는 마음.

1583 ☐☐☐

자포자기 自暴自棄
스스로/사납다/스스로/버리다

자기 몸을 자기가 해치고 스스로 버리다. 자기 자신을 포기하고 돌보지 아니함. 〈맹자(孟子)〉.

1584 □□□

작동하다 作動--

짓다, 만들다 / 움직이다

동 움직이다. 움직이게 하다.

1585 □□□

작용하다 作用--

짓다 / 쓰다

동 어떠한 현상을 일으키거나 영향을 미치다.

1586 □□□

작위 作爲

만들다 / 하다, 되다

명 의식적인 행위. ↔ 무작위(無作爲).

□□□

작위적 作爲的

관·명 의식적으로 하는.

1587 □□□

잠복 潛伏

잠기다 / 엎드리다

명 숨어 있음. 드러나지 않게 엎드려 있음.

□□□

잠복기 潛伏期

명 숨어있는 것이 밖으로 나타나기까지의 시간.
병원체가 몸 안에 들어가서 증상을 나타내기까지의
기간.

1588 □□□

잠재 潛在

자맥질하다, 잠기다 / 있다

명 속에 잠겨 있음.

□□□

잠재적 潛在的

관·명 겉으로 드러나지 않고 숨은 상태로 존재하
는.

1589 □ □ □

장단 長短
길다 / 짧다

명 길고 짧음. 장점과 단점.

1590 □ □ □

장로 長老
길다, 어른 / 늙다

명 나이가 많고 학문과 덕이 높은 사람.

1591 □ □ □

장부 丈夫
지팡이, 어른 / 지아비, 사내

명 다 자란 씩씩한 남자.

□ □ □

대장부 大丈夫

명 건장하고 씩씩한 사내.

□ □ □

헌헌장부 軒軒丈夫
당당하다 / 당당하다 /
어른 / 사내

명 외모가 준수하고 풍채가 당당한 남자. ≒ 헌헌대
장부.

1592 □ □ □

장사진 長蛇陣
길다 / 뱀 / 군진

명 많은 사람이 줄을 지어 길게 늘어선 모양을 이르
는 말.
예시 장사진을 쳤다.

1593 □ □ □

장삼이사 張三李四
성씨 / 셋 / 성씨 / 넷

명 보통 사람들.
장씨(張氏)의 셋째 아들과 이씨(李氏)의 넷째 아들이
란 뜻으로, 이름이나 신분이 특별하지 않은 평범한
사람들. ≒ 갑남을녀(甲男乙女), 필부필부(匹夫匹婦),

1594 □ □ □

장생불사 長生不死
길다, 오래다 / 살다, 인생 /
아니다 / 죽다

명 오래도록 살고 죽지 아니함.

1595 ☐☐☐

불로초 不老草

아니다 / 늙다 / 풀, 약초

㈐ 먹으면 늙지 않는다고 하는 풀. 신선이 사는 곳에 있다고 믿어 왔다.

1596 ☐☐☐

십장생 十長生

열 / 길다, 오래 / 살다

㈐ 오래도록 살고 죽지 않는다는 열 가지. 해, 산, 물, 돌(바위), 구름, 소나무, 불로초, 거북, 학, 사슴이다.

1597 ☐☐☐

장수 將帥

장수 / 우두머리

㈐ 군사를 거느리는 우두머리.

1598 ☐☐☐

장애 障礙/障碍

막히다, 거치적거리다 /
막다, 방해하다

㈐ 가로막아 거치적거리게 함.

예시 통신 장애.

1599 ☐☐☐

장해 障害

막다, 거치적거리다 /
해치다, 방해하다

㈐ 방해함.

예시 도로 위의 장해물.

1600 ☐☐☐

장주지몽 莊周之夢

장중하다, 단정하다 /
두루 / 어조사 / 꿈

㈐ 장자의 꿈. 장주가 꿈에 나비가 되었다가 깨었는데, 자기가 꿈속에서 나비가 되었는지 나비가 꿈속에서 장주가 되었는지 알 수 없게 되었다는 고사. 꿈과 현실, 나와 외물(外物)이 본디 하나라는 장자의 사상.

참조 〈장자(莊子)〉 제물론(齊物論).

1601 ☐☐☐

재승박덕 才勝薄德

재주 / 이기다, 뛰어나다 / 엷다, 얇
다 / 덕

㈐ 재주는 뛰어나지만 덕이 적음.

1602 □□□

재원 才媛

재주/젊은여자

㈎ 재주가 뛰어난 젊은 여자.

1603 □□□

쟁점 爭點

다투다, 싸우다/점

㈎ 다투는 점. ≒ 이슈.

1604 □□□

저돌적 突的

멧돼지/튀어나다/과녁

㈚·㈎ 멧돼지처럼 앞뒤를 재지 않고 내닫거나 덤비는.

1605 □□□

저술 著述

짓다/서술하다

㈎ 글이나 책을 씀.

1606 □□□

저의 底意

밑/뜻, 의사

㈎ 속에 품은 생각.

1607 □□□

저항 抵抗

막다/대항하다

㈎ 굽히지 않고 거역하거나 버팀.

□□□

저항문학 抵抗文學

㈎ 정치적 억압이나 외국의 지배에 저항하는 것을 주제로 하는 문학. 특히 제2차 세계대전 때 독일에 점령된 프랑스에서 저항운동 중에 생긴 문학을 이름. ≒ 레지스탕스. 참조 일제 식민지 시대의 저항문학.

1608 □□□

적나라하다 赤裸裸--

붉다/벌거벗다

㈛ 아무 것도 걸치지 않고 벌거벗다. 있는 그대로 다 드러내다.

1609 ☐ ☐ ☐

적반하장 賊反荷杖

도적 / 도리어 / 메다 /
몽둥이, 지팡이

Ⓜ 도둑이 도리어 매를 든다. 잘못한 사람이 도리어 아무 잘못도 없는 사람을 나무람.

[참조] 도둑이 매를 든다.

1610 ☐ ☐ ☐

적성 適性

가다, 적응하다 / 성품

Ⓜ 어떤 일에 알맞은 성질이나 적응 능력.

[예시] 적성 검사.

1611 ☐ ☐ ☐

적신호 赤信號

붉다 / 믿다 / 기호

Ⓜ 붉은 색 교통 신호. 정지를 표시. 위험한 상태에 있음을 알려 주는 조짐을 비유. ↔ 청신호(靑信號).

[예시] 건강에 적신호가 켜졌다.

1612 ☐ ☐ ☐

적의 敵意

대적하다 / 뜻, 마음

Ⓜ 적대하는 마음. 해치려는 마음. ↔ 호의(好意).

1613 ☐ ☐ ☐

적자 赤字

붉다 / 글자

Ⓜ 결손. 지출이 수입보다 많아서 생기는 결손액. 장부에 기록할 때 붉은 글자로 기입한 데서 유래한다. ↔ 흑자(黑字).

1614 ☐ ☐ ☐

적자생존 適者生存

맞다 / 사람, 놈 / 살다, 낳다 / 있다

Ⓜ 환경에 적응하는 생물만이 살아남고, 그렇지 못한 것은 도태되어 멸망하는 현상. 영국의 철학자 스펜서가 처음으로 제창하고, 다윈이 진화론의 원리로 내세움.

1615 ☐ ☐ ☐

자연도태 自然淘汰

스스로 / 그러하다 /
일다 / 씻다

Ⓜ 자연계에서 그 생활 조건에 적응하는 생물은 살아남고, 그러지 못한 생물은 저절로 사라지는 일. 다윈이 도입한 개념. = 자연선택(自然選擇).

1616 ☐ ☐ ☐

적중 的中

과녁 / 가운데

Ⓜ 화살이 목표물에 꼭 맞음. 예상이나 추측이 꼭 들어맞음.

1617 ☐☐☐

전가 轉嫁

구르다 / 시집가다, 떠넘기다

명 다른 사람에게 넘겨씌움. 다른 대상에까지 미침.
예시 책임 전가.

1618 ☐☐☐

전개 展開

펼치다 / 열다

명 펼침. 열리어 나타남. 내용을 펴 나감.

1619 ☐☐☐

전기 傳奇

전하다 / 기이하다

명 기이한 일을 세상에 전함. 중국 당나라 때 발생한 문어체 소설. 귀신과 인연을 맺거나 용궁에 가 보는 것과 같은 기괴하고 신기한 일을 내용으로 한다. **참조** 구우의 〈전등신화〉, 김시습의 〈금오신화(金鰲新話)〉.

1620 ☐☐☐

전도 轉倒

구르다 / 넘어지다

명 넘어짐. 거꾸로 됨.

1621 ☐☐☐

전대미문 前代未聞

앞 / 세대, 시대 / 아직 / 듣다

명 이제까지 들어본 적이 없음. ≒ 사상초유(史上初有). 전무후무(前無後無).

1622 ☐☐☐

전락 轉落

구르다 / 떨어지다

명 아래로 굴러 떨어짐. 타락한 상태에 빠짐.

1623 ☐☐☐

전말 顚末

정수리 / 끝

명 처음부터 끝까지 일의 진행 경과.

1624 ☐☐☐

전병 煎餅

부침개 / 떡

명 찹쌀가루나 밀가루를 둥글넓적하게 부친 음식. 부침개. 일이나 물건이 제대로 되지 아니하였거나 아주 잘못된 것을 비유. 젬병' 이라고 쓰기도 함.
예시 밤낮 이 모양으로 살다가는 전정(前程)이 전병이고.

1625 ☐☐☐

전설 傳說

전하다/말씀, 이야기

(명) 옛날부터 민간에서 전하여 내려오는 이야기.

1626 ☐☐☐

전언 傳言

전하다/말씀

(명) 말을 전함. 전달하는 말.

1627 ☐☐☐

전위 前衛

앞, 앞서다/막다, 경영(하다)

(명) 무리의 선두에 섬. 행렬의 맨 앞에서 앞으로 나아감.

☐☐☐

전위예술 前衛藝術

(명) 이전의 것을 배격하고 새로운 표현 수법을 시도하는 실험적이고 혁신적인 예술. 다다이즘, 초현실주의, 앙티로망 따위를 이른다. 아방가르드(Avant-garde).

1628 ☐☐☐

전인미답 前人未踏

앞/사람/아직/밟다

(명) 이제까지 그 누구도 가보지 못함. ≒ 전대미문(前代未聞).

1629 ☐☐☐

전쟁 戰爭

싸우다/다투다

(명) 무력을 사용하여 싸움.

☐☐☐

전쟁소설 戰爭小說

(명) 전쟁을 소재로 한 소설. 서양의 레마르크의 〈서부 전선 이상 없다〉, 헤밍웨이의 〈누구를 위하여 종은 울리나〉, 우리나라의 황순원의 〈나무들 비탈에 서다〉, 안정효의 〈하얀 전쟁〉 등.

1630 ☐☐☐

전후문학 戰後文學

(명) 제1·2차 세계 대전 이후에 생겨난, 허무적·퇴폐적인 경향을 띤 문학. = 전후파문학(轉後派文學).

1631 ☐☐☐

전전긍긍 戰戰兢兢

싸우다/싸우다/떨리다/떨리다

ㅁ 몹시 두려워서 벌벌 떨며 조심함.

1632 ☐☐☐

전전반측 輾轉反側

돌아눕다/구르다/돌이키다/곁

ㅁ 누워서 몸을 이리저리 뒤척이며 잠을 이루지 못함. 늑 전전불매(輾轉不寐).

1633 ☐☐☐

전제 前提

앞, 먼저/이끌다

ㅁ 먼저 내세우는 것.
추리를 할 때, 결론의 기초가 되는 판단.

1634 ☐☐☐

전지적 全知的

모두, 온전하다/알다/과녁

관·ㅁ 모든 것을 다 아는.
예시 전지적 작가 시점.

1635 ☐☐☐

전철 前轍

앞/수레바퀴

ㅁ 앞에 지나간 수레바퀴의 자국이라는 뜻으로, 이전 사람의 자취를 이르는 말. 늑 전궤(前軌).

1636 ☐☐☐

전체 全體

모두/몸

ㅁ 대상 모두. ↔ 부분(部分).

☐☐☐

전체주의 全體主義

ㅁ 개인의 모든 활동은 민족·국가와 같은 전체의 존립과 발전을 위하여서만 존재한다는 이념 아래 개인의 자유를 억압하는 사상. 이탈리아의 파시즘과 독일의 나치즘이 대표적이다.

1637 ☐☐☐

전통 傳統

전하다/통솔하다

ㅁ 어떤 집단이나 공동체에서, 지난 시대에 이루어져 계통을 이루며 전하여 내려오는 사상·관습·행동 따위의 양식.

☐☐☐

전통문화 傳統文化

명 그 나라에서 발생하여 전해 내려오는 고유의 문화.

1638 ☐☐☐

전형 典型

책, 법/틀

명 기준이 되는 형. 본보기.

☐☐☐

전형적 典型的

관 · 명 어떤 부류의 특징을 가장 잘 나타내는 것.

예시 전형적 인물.

1639 ☐☐☐

전형 銓衡

헤아리다, 저울질 하다/
저울, 무게

명 가려 뽑음.

예시 입시(入試) 전형.

1640 ☐☐☐

전화위복 轉禍爲福

구르다, 바꾸다/
재앙/되다/복

명 재앙이 바뀌어 오히려 복이 됨.

1641 ☐☐☐

전횡 專橫

오로지, 마음대로/
가로(놓다), 가로지르다

명 독선적 행위. 제 마음대로 함.

예시 전횡을 일삼다.

1642 ☐☐☐

절규 絶叫

자르다, 끊다/부르짖다

명 있는 힘을 다하여 절절하고 애타게 부르짖음.

1643 ☐☐☐

절대 絶對

끊다/마주하다

명 비교하거나 상대할 만한 것이 없이 그 자체만으로 존재함. ↔ 상대(相對).

□□□

절대적 絶對的

관·명 아무런 조건이나 제약이 붙지 아니하는. 비교하거나 상대될 만한 것이 없는. ↔ 상대적(相對的).

□□□

절대주의 絶對主義

명 정치에서, 군주에게 절대적인 권력을 부여하는 정치사상.

1644 □□□

절정 絶頂

끊다/정수리, 꼭대기

명 산의 맨 꼭대기. 발전이 최고의 경지에 달한 상태. ≒ 클라이맥스. 참조 극의 구성에서 발단-전개-위기-절정-결말의 단계.

1645 □□□

절차탁마 切磋琢磨

자르다/갈다/쪼다/갈다

명 자르고, 문지르고, 쪼고, 간다. 옥을 갈고 닦아서 빛을 낸다는 뜻으로, 부지런히 학문과 덕행을 닦음을 이르는 말. 학문(學問)과 인격(人格)을 갈고 닦음.

1646 □□□

절창 絶唱

끊다/부르다, 가창

명 뛰어나게 잘 부른 노래. 뛰어나게 잘 지은 시.

1647 □□□

절충 折衷

꺾다, 깎다/정성

명 서로 다른 것을 조절하여 서로 잘 어울리게 함.

1648 □□□

절충 折衝

꺾다, 깎다/
부딪치다, 쳐부수다

명 적의 전차(戰車)를 후퇴시킨다는 뜻으로, 이해관계가 서로 다른 상대와 교섭하거나 담판함을 이르는 말.

1649 □□□

절치부심 切齒腐心

베다, 갈다/이, 어금니/썩다/상장, 마음

명 몹시 분하여 이를 갈며 속을 썩임. 복수를 다짐하는 모습.

1650 ☐☐☐

점입가경 漸入佳境

점점, 물들다 / 들다 / 아름답다, 좋다 / 경치, 지경

⑱ 들어갈수록 점점 재미가 있음.

갈수록 하는 짓이나 몰골이 더욱 꼴불견임을 비유적으로 이르기도 한다.

1651 ☐☐☐

점진적 漸進的

점점 / 나아가다 / 과녁

㉮·⑱ 조금씩 앞으로 나아가는.

1652 ☐☐☐

정곡 正鵠

바르다 / 고니, 과녁

⑱ 과녁의 한가운데. 가장 중요한 핵심.

예시 질문이 정곡을 찌르다.

1653 ☐☐☐

정교하다 精巧--

바르다 / 마땅하다

㉫ 정밀하고 교묘하다. ↔ 조잡하다(粗雜--).

1654 ☐☐☐

정당하다 正當--

바르다 / 마땅하다

⑱·㉫ 이치에 맞아 올바르고 마땅하다.

예시 정정당당(正正堂堂).

☐☐☐

정당성 正當性

⑱ 사리에 맞아 옳고 정의로움.

1655 ☐☐☐

정립 鼎立

솥 / 서다

⑱ 세 세력이 솥발과 같이 벌여 섬. 솥의 세 발이 균형이 맞아 안 넘어짐에 비유함. ≒ 정족(鼎足).

1656 ☐☐☐

정문일침 頂門一鍼

정수리, 꼭대기 / 문 / 하나 / 침

⑱ 정수리에 침을 놓는다. 급소를 찌르듯 따끔한 충고나 교훈.

참조 촌철살인(寸鐵殺人)

1657 ☐ ☐ ☐

정보화사회 情報化社會

图 정보가 유력한 자원이 되고, 정보의 가공과 처리에 의해 가치가 생산되며 이를 바탕으로 경제가 운영되고 발전되어 가는 사회. ≒ 정보 사회, 지식 사회.

1658 ☐ ☐ ☐

정보격차 情報隔差

图 정보화 사회의 부정적인 측면을 이르는 말. 정보를 접할 수 있는 계층과 접할 수 없는 계층 간에 소득의 격차가 나며 시간이 지날수록 점점 더 격차가 벌어지는 상황이 생긴다.

1659 ☐ ☐ ☐

정서 情緒

뜻/실마리, 분위기

图 사람의 마음에서 일어나는 여러 가지 감정. 또는 감정을 불러일으키는 기분이나 분위기.

1660 ☐ ☐ ☐

정신대 挺身隊

빼어나다, 나아가다 / 몸 / 무리, 군대

图 태평양 전쟁 때 일제가 식민지 여성들을 강제로 동원하여 만든 무리. 정신(挺身)이 '솔선하여 나아감'이라는 뜻이며, 일제의 만행을 미화(美化)한 단어임.

1661 ☐ ☐ ☐

정의 正義

바르다 / 올바르다

图 진리에 맞는 올바른 도리. 공정한 도리.

1662 ☐ ☐ ☐

정의 定義

정하다 / 옳다, 뜻

图 사물의 뜻을 명백히 밝혀 규정함.

1663 ☐ ☐ ☐

정저지와 井底之蛙

샘 / 아래 / 어조사 / 개구리

图 우물 안의 개구리. 견문이 좁아 세상 돌아가는 사정을 잘 모름. ≒ 정중지와(井中之蛙), 좌정관천(坐井觀天 우물 안에 앉아서 하늘 쳐다보기).

1664 ☐ ☐ ☐

정정하다 亭亭--

정자 / 정자

图 굳세고 건강하다. 높이 솟아 우뚝하다.
예시 정정한 모습.

1665 ☐ ☐ ☐

정조 情調

뜻/고르다

명 감각에 따라 일어나는 감정.

예시 시적(詩的) 정조.

1666 ☐ ☐ ☐

정체 正體

바르다/몸

명 본디의 형체.

1667 ☐ ☐ ☐

정체 停滯

머무르다/그치다

명 머물러 그침. ↔ 진척(進陟).

☐ ☐ ☐

정체성 停滯性

명 앞으로 나아가지 못하고 한곳에 머물러 있음.

1668 ☐ ☐ ☐

정치하다 精緻--

정하다, 세밀하다/
배다, 빽빽하다

형 정교하고 치밀하다.

1669 ☐ ☐ ☐

정통 正統

바르다/거느리다, 계통

명 바른 계통. 사물의 중심이 되는 주요 부분.

1670 ☐ ☐ ☐

정통하다 精通--

정밀하다/통하다

동 깊고 자세하게 알다.

예시 정통한 소식통.

1671 ☐ ☐ ☐

정한 情恨

뜻/한스럽다

명 정과 한. 몹시 안타깝고 슬퍼서 마음에 응어리가
맺힘.

1672 ☐☐☐

정합 整合

가지런하다, 정돈 / 더하다, 일치하
다

㈈ 가지런히 꼭 맞음.

☐☐☐

정합성 整合性

㈈ 공리계에서 논리적 모순이 없이 꼭 맞는 것. 또는
모순된 명제를 이끌어 낼 수 없는 상태. = 무모순성
(無矛盾性).

1673 ☐☐☐

정형 定型

정하다 / 틀

㈈ 일정한 틀이나 형식.

1674 ☐☐☐

정화 淨化

깨끗하다 / 되다

㈈ 깨끗하게 함.

1675 ☐☐☐

정화 精華

정밀하다 / 꽃

㈈ 깨끗하고 순수한 알짜배기. 뛰어난 부분.
예시 민족문화의 정화.

1676 ☐☐☐

제사 祭祀

제사 / 제사

㈈ 신령이나 죽은 사람의 넋에게 음식을 바치어 정
성을 나타냄.

1677 ☐☐☐

제시 提示

끌다 / 보이다

㈈ 나타내 보임.

1678 ☐☐☐

제창 齊唱

가지런하다 / 부르다, 외치다

㈈ 여러 사람이 다 같이 큰소리로 외침.
같은 가락을 둘 이상이 동시에 노래함.
예시 애국가 제창.

1679 ☐☐☐

제휴 提携

끌다, 들다 / 들다, 잇다

명 서로 붙들어 매다.

예시 기술 제휴.

1680 ☐☐☐

조감 鳥瞰

새 / 보다

명 새가 높은 하늘에서 아래를 내려다보는 것처럼, 위에서 전체를 한눈으로 관찰함.

예시 조감도(鳥瞰圖).

1681 ☐☐☐

조강지처 糟糠之妻

지게미 / 겨 / 어조사 / 아내

명 지게미와 쌀겨로 끼니를 이을 때의 아내. 몹시 가난한 시절에 고생을 함께 겪어 온 아내.

1682 ☐☐☐

조령모개 朝令暮改

아침 / 명령하다 / 저물다 / 고치다

명 아침에 명령을 내렸다가 저녁에 다시 고친다. 법령을 자꾸 고쳐서 갈피를 잡기가 어려움.

1683 ☐☐☐

조삼모사 朝三暮四

아침 / 셋 / 저물다, 저녁 / 넷

명 아침에 세 개, 저녁에 네 개를 줌. 간사한 꾀로 남을 속여 희롱함.

중국 송나라의 저공(狙公)이, 원숭이들에게 먹이를 아침에 세 개, 저녁에 네 개씩 주겠다고 하니 원숭이들이 화를 내더니, 아침에 네 개, 저녁에 세 개씩 주겠다는 말에는 좋아하였다는 데서 유래.

1684 ☐☐☐

조석 潮汐

밀물 / 썰물

명 밀물과 썰물. ≒ 간만(干滿).

1685 ☐☐☐

조신하다 操身--

조심하다 / 몸

동 몸가짐을 조심하다. 조심스럽고 얌전하다.

1686 ☐ ☐ ☐

조예 造詣

만들다 / 나아가다, 이르다

명 지식이나 경험이 깊은 경지에 이름.

1687 ☐ ☐ ☐

조우 遭遇

만나다 / 만나다

명 우연히 서로 만남.

1688 ☐ ☐ ☐

조장 助長

돕다 / 길다, 자라다

명 벼를 빨리 자라게 하려고 모가지를 뽑아 올렸다는 데서, 바람직하지 않은 일을 부추김.

1689 ☐ ☐ ☐

조정 調整

고르다 / 정돈하다

명 고르고 정돈함.

1690 ☐ ☐ ☐

조족지혈 鳥足之血

새 / 발 / 어조사 / 피

명 새 발의 피. 매우 적은 분량을 비유.

1691 ☐ ☐ ☐

조형 造形

만들다 / 형상

명 형상을 만듦.

예시 조형 예술.

1692 ☐ ☐ ☐

존속 尊屬

존경하다 / 속하다

명 부모나 또는 그 이상의 항렬에 속하는 친족. ↔ 비속(卑屬).

1693 ☐ ☐ ☐

직계비속 直系卑屬

명 자기로부터 직계로 이어져 내려가는 혈족. 아들, 딸, 손자, 증손 등을 이른다.

1694 ☐☐☐

존재 存在

있다 / 있다

ⓜ 현실에 실제로 있음. ≒ 자인(sein). ↔ 부재(不在).

1695 ☐☐☐

졸속 拙速

서두르다, 졸렬하다 / 빠르다

ⓜ 어설프고 빠름.

[예시] 졸속으로.

1696 ☐☐☐

졸필 拙筆

서투르다, 졸렬하다 /
붓, 글씨

ⓜ 솜씨가 서투르고 보잘것없는 글이나 글씨. ↔ 달
필(達筆).

1697 ☐☐☐

종두득두 種豆得豆

심다 / 콩 / 얻다 / 콩

ⓜ 콩을 심으면 반드시 콩이 나온다는 뜻으로, 원인
에 따라 결과가 생김을 이르는 말. ≒ 콩 심은 데 콩
나고 팥 심은 데 팥 난다. 종과득과(種瓜得瓜). 인과
응보(因果應報).

1698 ☐☐☐

종묘사직 宗廟社稷

맏이 / 사당 /
토지신 / 기장, 피

ⓜ 종묘와 사직. 왕실의 위패를 모신 사당과 사직을
제사지내는 단. 예전에는 '사직'이 나라를 가리키는
말이었음.

1699 ☐☐☐

종속적 從屬的

따르다 / 속하다, 붙다 / 과녁

ⓟ · ⓜ 어떤 것에 딸려 있는. ↔ 주체적(主體的).

1700 ☐☐☐

종식 終熄

끝(나다), 마침내 /
꺼지다, 그치다

ⓜ 끝나거나 없어짐.

[예시] 냉전(冷戰) 종식.

1701 ☐☐☐

종용 慫慂

권하다, 종용하다 / 권하다

ⓜ 설득하고 달래어 권함.

1702 □□□

종횡 縱橫

세로, 남북 / 가로(놓다), 동서

[명] 세로와 가로. 거침없이 마구 오가거나 다님

□□□

종횡무진 縱橫無盡

[명] 자유자재로 왔다갔다 행동하며 거침이 없는 상태.

1703 □□□

이합집산 離合集散

떠나다 / 더하다, 합하다 / 모이다 / 흩어지다

[명] 뭉치고 흩어짐. 헤어졌다가 만나고 다시 모였다가 흩어짐.

1704 □□□

좌고우면 左顧右眄

왼쪽 / 돌아보다 / 오른쪽 / 곁눈질하다

[명] 이쪽저쪽을 돌아본다는 뜻으로, 앞뒤를 재고 망설임.

1705 □□□

좌불안석 坐不安席

앉다 / 아니다 / 편안하다 / 자리, 좌석

[명] 앉아도 자리가 편안하지 않다. 마음이 불안해서 한군데에 가만히 앉아 있지 못하고 안절부절못하는 모양.

1706 □□□

좌시 坐視

앉다 / 보다

[명] 그냥 앉아서 보고만 있음.

1707 □□□

좌우명 座右銘

자리 / 오른쪽 / 새기다

[명] 늘 자리 옆에 두고 가르침으로 삼는 말.

1708 □□□

좌정관천 坐井觀天

앉다 / 샘 / 보다 / 하늘

[명] 우물 속에 앉아서 하늘을 본다. 견문(見聞)이 매우 좁음.

[참조] 정저지와(井底之蛙).

1709 □□□

좌충우돌 左衝右突

왼쪽/찌르다/오른쪽/부딪치다

[명] 왼쪽으로 찌르고 오른쪽으로 부딪힘. 아무에게나 마구 부딪힘.

1710 □□□

주객전도 主客顚倒

주인/손/뒤바뀌다/넘어지다

[명] 주인과 손님의 위치가 서로 뒤바뀌다. 입장이나 위치가 서로 뒤바뀜을 이르는 말.

1711 □□□

주경야독 晝耕夜讀

낮/밭 갈다/밤/읽다

[명] 낮에는 농사짓고, 밤에는 글을 읽는다. 어려운 여건 속에서도 꿋꿋이 공부함. ≒ 형설지공(螢雪之功).

1712 □□□

주관 主觀

주인/보다, 관점

[명] 자기의 주체적인 생각이나 관점. ↔ 객관(客觀).

□□□

주관적 主觀的

[관]·[명] 자기의 견해나 관점을 기초로 하는. ↔ 객관적(客觀的).

1713 □□□

주구 走狗

달리다/개

[명] 달음질하는 개. 사냥할 때 부리는 개. 앞잡이.

1714 □□□

주도면밀하다 周到綿密--

두루/미치다/솜/빽빽하다

[형] 주의가 골고루 미쳐 자세하고 빈틈이 없다. ≒ 용의주도하다(用意周到--).

1715 □□□

주도하다 主導--

주인/이끌다

[동] 주동적인 처지가 되어 이끌다.

□□□

주도권 主導權

명 주동적인 위치에서 이끌어 나갈 수 있는 권력.

1716 **□□□**

주마가편 走馬加鞭

달리다/말/더하다/채찍질

명 달리는 말에 채찍질한다. 잘하는 사람을 더욱 장려함.

1717 **□□□**

주마간산 走馬看山

달리다/말/보다/뫼

명 말을 타고 달리며 산천을 흘깃 구경한다. 자세히 살피지 아니하고 대충대충 보고 지나감. 참조 수박 겉핥기.

1718 **□□□**

주목 注目

물 대다/눈

명 관심을 가지고 주의 깊게 살핌.
감 군대에서, 구령자에게 시선을 모으라는 구령.

1719 **□□□**

주선 周旋

두루, 둘레/돌다

명 일이 잘되도록 여러 가지 방법으로 힘씀.

1720 **□□□**

주술 呪術

빌다/꾀, 재주, 방법

명 주문을 외거나 술법을 부림.

□□□

주술적 呪術的

관·명 주술에 관련된.

1721 **□□□**

주의 主意

주인/뜻

명 주된 의미.
이성, 감성, 의지 중에서 의지를 중요하게 여기는 일.

□□□

주의시 主意詩

㉺ 목적이나 의도를 지닌 의지적인 내용을 표현한 시.

□□□

주의주의 主意主義

㉺ 지성이 아닌 의지를 존재의 근본 원리나 실체라고 보는 사상.

1722 □□□

주정 主情

주인/뜻, 정서

㉺ 이성, 감성, 의지 중에서 감성을 중히 여기는 일.

□□□

주정시 主情詩

㉺ 인간의 감정이나 정서를 주된 내용으로 하는 개인적. 주관적 성격의 시. 대개 서정시를 이른다.

□□□

주정주의 主情主義

㉺ 이성이나 지성보다 감정이 우월하다고 여기고, 감정이 가장 근원적인 것이라고 하는 사상.

1723 □□□

주지 主知

주인/알다, 지식

㉺ 이성, 감성, 의지 중에서 이성이나 지성을 중히 여기는 일.

□□□

주지시 主知詩

㉺ 감정보다는 냉정한 이성이나 지성을 중시하는 입장에서 쓴 시.

□□□

주지주의 主知主義

㉺ 감정이나 정서보다는 지성 또는 이지(理智)를 앞세우는 경향이나 태도. 엘리엇, 헉슬리가 대표적인 인물이다.

1724 □□□

주의 主義
주인/옳다, 뜻

명 굳게 지키는 주장이나 방침.
체계화된 이론이나 학설. ≒ 이즘(ism).

1725 □□□

주지 周知
두루/알다

명 두루 앎.

1726 □□□

주체 主體
주인/몸

명 주가 되는 것. → 객체(客體).

1727 □□□

죽마고우 竹馬故友
대나무/말/옛/벗

명 대나무로 만든 장난감 말을 타고 놀던 옛 벗. 어
릴 때부터 같이 놀며 자란 벗.

1728 □□□

준설 浚渫
치다/파내다

명 밑바닥에 멘 것을 파냄.
예시 청계천 준설 공사.

1729 □□□

중견 中堅
가운데/굳다

명 어떤 단체나 사회에서 중심적 역할을 하는 사람.
예시 중견 시인.

1730 □□□

중과부적 衆寡不敵
많다, 무리/적다/
아니/맞서다

명 많은 무리와 적은 사람은 서로 상대가 되기 어렵
다. 적은 수효로 많은 수효를 대적하지 못함.

1731 □□□

중구난방 衆口難防
무리/입/어렵다/막다

명 여럿이 마구 떠들어댐. 뭇사람의 말을 막기가 어
렵다.

1732 ☐☐☐

중립 中立

가운데 / 서다

명 어느 편에도 치우치지 아니하고 중간 입장을 지 킴.

☐☐☐

중립국 中立國

명 중립주의를 외교 방침으로 하는 나라.

☐☐☐

중립적 中立的

관·명 어느 편에도 치우치지 아니하고 중간 입장을 취하는 것.

1733 ☐☐☐

중상 中傷

가운데 / 다치다, 상처

명 근거 없는 말로 남을 헐뜯어 명예나 지위를 손상 시킴.

☐☐☐

중상모략 中傷謀略

가운데 / 다치다, 상처 / 꾀하다 / 간략하다, 작전

명 중상과 모략. 헐뜯거나 속임수를 써서 상대방을 괴롭힘.

1734 ☐☐☐

중생 衆生

무리 / 살다, 생명

명 많은 사람.
불교에서, 모든 살아 있는 무리.

1735 ☐☐☐

중용 中庸

가운데 / 떳떳하다

명 어느 한쪽으로 치우치지 아니하고, 떳떳하며 변 함이 없는 상태.
동양 경전의 〈중용(中庸)〉에서 이르기를, 지나치거나 모자람이 없이 도리에 맞는 것이 '중(中)'이며, 평상적 이고 불변적인 것이 '용(庸)'이라 한다고 했다.

1736 ☐☐☐

중의법 重義法

거듭, 무겁다 / 옳다, 뜻 법

명 한 단어에 두 가지 이상의 뜻이 들어 있는 것.

1737 ☐☐☐

중재 仲裁

가운데, 버금 /
옷 마름질하다, 결재하다

명 분쟁에 끼어들어 쌍방을 화해시킴.

1738 ☐☐☐

중추 中樞

가운데 / 기둥

명 사물의 중심이 되는 중요한 부분.

1739 ☐☐☐

중화 中和

가운데 / 화평하다

명 서로 다른 성질을 가진 것이 섞여 그 중간의 성질을 띠게 함.

1740 ☐☐☐

중화 中華

가운데 / 꽃

명 세계 문명의 중심이라는 뜻으로, 중국 사람들이 자기 나라를 이르는 말.

1741 ☐☐☐

즉물적 卽物的

곧, 나아가다 / 물건 / 과녁

관 · 명 관념이나 추상적인 사고가 아니라 실제의 사물에 비추어 생각하고 행동하는 것.

1742 ☐☐☐

즉흥적 卽興的

곧, 나아가다 /
일어나다 / 과녁

관 · 명 즉각적으로 일어나는 감흥이나 기분에 따르는 것.

1743 ☐☐☐

즐비하다 櫛比--

빗 긁다 / 늘어서다, 나란하다

형 빗살처럼 줄지어 늘어서 있다.

1744 ☐ ☐ ☐

지급하다 支給--

지탱하다, 헤아리다 / 내어주다

(통) 내주다.

1745 ☐ ☐ ☐

지불하다 支拂--

지탱하다, 헤아리다 / 내어주다

(통) 돈을 내어 주다. 값을 치르다.

1746 ☐ ☐ ☐

지기지우 知己之友

알다 / 몸 / 어조사 / 벗

(명) 자기를 참되게 알아주는 친구. ≒ 지기(知己).

1747 ☐ ☐ ☐

지란 芝蘭

지초 / 난초

(명) 지초(芝草)와 난초(蘭草). 맑은 향을 내뿜는 지초와 난초처럼 높고 맑은 재질을 비유적으로 이르는 말.

☐ ☐ ☐

지란지교 芝蘭之交

지초 / 난초 / 어조사 / 사귀다

(명) 지초(芝草)와 난초(蘭草)의 교제. 벗 사이의 맑고도 고귀한 사귐.

1748 ☐ ☐ ☐

지록위마 指鹿爲馬

가리키다 / 사슴 / 말하다 / 말

(명) 윗사람을 농락하여 권세를 마음대로 함.
중국 진(秦)나라의 조고(趙高)가 자신의 권세를 시험하여 보고자 황제 호해(胡亥)에게 사슴을 가리키며 말이라고 한 고사.

1749 ☐ ☐ ☐

지론 持論

가지다 / 논의하다, 이론

(명) 늘 가지고 있던 생각이나 이론.
예시 평소의 지론.

1750 ☐ ☐ ☐

지배 支配

가지, 헤아리다 / 짝

(명) 복종하게 하여 다스림.

☐☐☐

지배적 支配的 　　　　　　 ❨관❩ · ❨명❩ 매우 우세하거나 주도적인.

1751 ☐☐☐

지사 志士 　　　　　　 ❨명❩ 뜻을 가진 선비.
뜻, 의지 / 선비 　　　　　 ❨예시❩ 애국지사.

1752 ☐☐☐

의사 義士 　　　　　　 ❨명❩ 의로운 지사.
의롭다 / 선비 　　　　　　 ❨예시❩ 안중근(安重根) 의사.

1753 ☐☐☐

열사 烈士 　　　　　　 ❨명❩ 나라를 위하여 충성을 다하여 싸운 사람.
맵다 / 선비 　　　　　　　 ❨참조❩ 열사-맨몸으로 저항하여 자신의 지조를 나타
　　　　　　　　　　　　 내는 사람. 의사-무력으로써 항거하여 의롭게 죽은
1754 ☐☐☐　　　　　　　　사람.

지상명령 至上命令 　　 ❨명❩ 정언(定言) 명령. 카트철학에서, 행위의 결과에
이르다 / 위 / 목숨 / 명령하다　상관없이 행위 자체가 선이기 때문에 무조건 수행
　　　　　　　　　　　　 이 요구되는 도덕적 명령.

1755 ☐☐☐

정언적 定言的 　　　　 ❨관❩ · ❨명❩ 어떤 명제, 주장, 판단을 아무 제약이나 조건
　　　　　　　　　　　　 없이 내세우는. ≒ 단언적(斷言的).

1756 ☐☐☐

지식 知識 　　　　　　 ❨명❩ 알고 있는 내용이나 사물.
알다 / 알다

☐☐☐

지식재산권 知識財産權 　❨명❩ 지적 활동으로 인하여 발생하는 모든 재산권. ≒
알다 / 알다 / 재물 / 재산 / 권리　지적재산권(知的財産權).

1757 ☐☐☐

저작권 著作權

짓다/만들다/권리

ⓜ 문학, 예술, 학술에 속하는 창작물에 대하여 저작자나 그 권리 승계인이 행사하는 배타적·독점적 권리. 저작자의 생존 기간 및 사후 70년간 유지된다.

1758 ☐☐☐

선지식 善知識

ⓜ 불교에서, 바른 도리를 가르치는 사람.
지혜와 덕망이 있고 사람들을 교화할 만한 능력이 있는 승려.

1759 ☐☐☐

지양하다 止揚--

그치다/드날리다

ⓜ 피하다. 하지 않다.
변증법의 개념으로, 어떤 것을 부정하면서 한층 더 높은 단계에서 이것을 긍정하다. 모순 대립하는 일을 고차적으로 통일하여 해결하여 나간다.

1760 ☐☐☐

지향하다 志向--

뜻/향하다

ⓢ 어떤 대상으로 향하다.

1761 ☐☐☐

지엽 枝葉

가지/잎

ⓜ 식물의 가지와 잎. 근본적인 것이 아니라 부차적인 부분. ↔ 근간(根幹).
참조 지엽말단(枝葉末端).

1762 ☐☐☐

지음 知音

알다/소리, 음악

ⓜ 음악의 곡조를 잘 알아들음. 마음이 서로 통하는 친한 벗을 비유. 거문고의 명인 백아가 자기의 소리를 잘 이해해준 벗 종자기가 죽자 거문고 줄을 끊었다는 고사. ≒ 백아절현(伯牙絶絃).

1763 ☐☐☐

지지 支持

지탱하다, 갈리다/
가지다, 잡다

ⓜ 어떤 주장에 찬동하여 힘을 보탬. 붙들어서 버티게 함.
예시 국민의 지지와 성원.

1764 ☐☐☐

지척 咫尺

가깝다/자

ⓜ 아주 가까운 거리.

1765 □□□

지탄 指彈
손(발)가락, 가리키다/
탄압, 타다

명 잘못을 지적하여 비난함.
예시 지탄받을 행동.

1766 □□□

지피지기 知彼知己
알다/저, 그쪽/알다/몸, 나

명 상대를 알고 나를 알다. 적의 사정과 나의 사정을
자세히 앎. 참조 〈손자(孫子)〉 지피지기 백전불태(知
彼知己 百戰不殆 적을 알고 나를 알면 백번 싸워도 위태롭
지 않다.).

1767 □□□

지혜 智慧/知慧
지혜/지혜

명 사물의 이치를 깨닫고 앎.

1768 □□□

직관 直觀
곧다/보다

명 판단이나 추리의 사유 작용을 거치지 아니하고
대상을 직접적으로 파악하는 작용.

1769 □□□

직설적 直說的
곧다/말씀하다/과녁

관 · 명 바른대로 곧바로 말하는.

1770 □□□

직접적 直接的

관 · 명 중간에 매개물이 없이 바로 연결되는.
↔ 간접적(間接的).

1771 □□□

진로 進路
나아가다/길

명 앞으로 나아갈 길. ↔ 퇴로(退路).

1772 □□□

진면목 眞面目
참되다/얼굴/눈

명 본디부터 지니고 있는 그대로의 모습.

1773 ☐☐☐

진보 進步

나아가다/걷다

ⓜ 앞으로 나아가다. ↔ 퇴보(退步).

역사 발전의 합법칙성에 따라 사회의 변화나 발전을 추구함. ↔ 보수(保守).

1774 ☐☐☐

진부하다 陳腐--

펼쳐 놓다/섞다

ⓗ 낡다.

1775 ☐☐☐

진상 進上

나아가다, 올리다/위, 오르다

ⓜ 진귀한 물품이나 지방의 토산물 등을 임금이나 고관에게 바침. 겉보기에 허름하고 질이 나쁜 물건을 속되게 이르는 말.

1776 ☐☐☐

진상 陳狀

늘어놓다/모양

ⓜ 일의 사정이나 상황.

1777 ☐☐☐

진솔하다 眞率--

참되다/솔직하다

ⓜ · ⓗ 진실하고 솔직하다.

1778 ☐☐☐

진술 陳述

펼쳐 놓다/이야기하다

ⓜ 자세하게 이야기함.

1779 ☐☐☐

진실 眞實

참되다/열매, 실제

ⓜ 거짓이 없는 사실. 순수하고 바름. ↔ 허위(虛僞), 가식(假飾).

1780 ☐☐☐

진취 進取

나아가다/취하다

ⓜ 적극적으로 나아가서 일을 이룩함. ↔ 퇴영(退嬰).

□ □ □

진취적 進取的

[관] · [명] 적극적으로 나아가 일을 이룩하는.

1781 □ □ □

진통 鎭痛

누르다 / 아프다

[명] 아픈 것을 가라앉혀 멈추게 함.

[예시] 진통제(鎭痛劑).

1782 □ □ □

진통 陣痛

진(치다), 싸움, 한바탕 / 아프다

[명] 아기를 해산할 때에, 일어나는 배의 통증. 일이 다 되어 가는 무렵에 겪는 어려움을 비유.

1783 □ □ □

진퇴양난 進退兩難

나아가다 / 물러나다 / 두 [량] / 어렵다

[명] 앞으로 나아가지도 뒤로 물러서지도 못하는 곤란한 지경. 이러지도 저러지도 못하는 어려운 처지. ≒ 진퇴유곡(進退維谷).

1784 □ □ □

진풍경 珍風景

보배 / 바람 / 볕, 경치

[명] 구경거리가 될 만한 보기 드문 광경.

1785 □ □ □

진화 進化

나아가다 / 되다

[명] 일이나 사물 따위가 점점 발달하여 감. ↔ 퇴화(退化).

[참조] 진화론(進化論).

1786 □ □ □

진화 鎭火

누르다 / 불

[명] 불이 난 것을 끔.
말썽, 소동, 소문 따위를 해결함.

1787 □ □ □

진휼 賑恤

기민을 먹이다 / 동정하다

[명] 흉년을 당하여 굶주린 백성을 도와줌.

[참조] 진휼미(賑恤米).

ㅈ

1788 ☐☐☐

질박하다 質樸--/質朴--

바탕/소박하다

ㆍ형 꾸민 데가 없이 수수하다.

1789 ☐☐☐

질시 疾視

병/보다

ㆍ명 밉게 봄.

예시 질시의 대상이 되다.

1790 ☐☐☐

질시 嫉視

시기하다/보다

ㆍ명 시기하여 봄. ≒ 투시(妬視).

1791 ☐☐☐

질정 叱正

꾸짖다/바르다

ㆍ명 꾸짖어 바로잡음.

1792 ☐☐☐

질타 叱咤

꾸짖다/꾸짖다

ㆍ명 꾸지람. 큰 소리로 꾸짖음.

1793 ☐☐☐

질탕 跌宕/佚蕩

넘어지다/방탕하다

ㆍ명 신이 나서 정도가 지나치도록 흥겨움.

예시 밤을 새워 질탕 놀았다.

1794 ☐☐☐

질투 嫉妬/嫉妒

시기하다/시샘하다

ㆍ명 자기보다 우월한 사람을 시기하고 미워하는 감정. ≒ 강샘, 투기(妬忌).

1795 ☐☐☐

집요하다 執拗--

잡다/끈질기다

ㆍ형 고집스럽고 끈질기다.

예시 집요한 추궁.

1796 ☐ ☐ ☐

징발 徵發

요구하다 / 피다, 발하다

圐 강제로 거둠.

국가에서 특별한 일에 필요한 사람이나 물자를 강제로 거둠. 예시 전쟁 비품 징발.

1797 ☐ ☐ ☐

징병 徵兵

요구하다 / 병사

圐 국가가 법령으로 병역 의무자를 강제로 징집하여 병역에 복무시키는 일.

예시 징병검사.

1798 ☐ ☐ ☐

징용 徵用

요구하다 / 쓰다

圐 사람을 강제로 동원하여 일을 부림.

전시 · 사변이나 이에 준하는 비상사태에, 국가의 권력으로 국민을 강제적으로 일정한 업무에 종사시키는 일.

예시 일제 강제 징용.

1799 ☐☐☐

차안 此岸

이/언덕, 둑

명 현재의 세상. 이승.

불교에서, 나고 죽고 하는 고통이 있는 이 세상. ↔ 피안(彼岸).

1800 ☐☐☐

차용 借用

빌리다/쓰다

명 빌려서 씀.

예시 현금 차용 증서.

1801 ☐☐☐

차원 次元

버금, 차례/으뜸

명 생각의 수준. 사물을 보거나 생각하는 처지. 기하학의 공간에서 한 점의 위치를 말하는 데에 필요한 실수의 최소 개수. 선은 1차원, 가로 세로가 있는 평면은 2차원, 가로 세로 높이가 있는 입체는 3차원이다.

1802 ☐☐☐

차자 借字

빌리다/글자

명 자기 나라 말을 적는 데 남의 나라 글자를 빌려 씀.

참조 이두(吏讀), 향찰(鄕札).

1803 ☐☐☐

차질 蹉跌

넘어지다, 헛디디다/
넘어지다, 그르치다

명 헛디디어 넘어짐. 계획에서 벗어나 틀어짐.

예시 차질을 빚다.

1804 ☐☐☐

차치 且置

또/두다, 놓다

명 내버려 두고 문제 삼지 않음.

1805 ☐☐☐

착안 着眼

입다, 닿다/눈

명 눈여겨봄. 어떤 문제를 해결하기 위한 실마리를 잡음.

예시 착안점(着眼點).

1806 ☐☐☐

착잡하다 錯雜--

섞이다, 어지러워지다 / 섞이다

형 갈피를 잡을 수 없이 어수선하다.

예시 마음이 착잡하다.

1807 ☐☐☐

착취 搾取

짜다, 뚫다 / 갖다

명 쥐어짜서 가짐.

예시 아동 노동 착취.

1808 ☐☐☐

찬동 贊同

찬성하다, 기리다, 돕다 /
한가지, 같다

명 뜻을 같이함.

1809 ☐☐☐

참담하다 慘澹--/慘憺--

슬프다 / 괴롭다

형 끔찍하고 절망적이다. 몹시 슬프고 괴롭다.

예시 참담한 광경.

1810 ☐☐☐

참여 參與

참가하다 / 더불어

명 어떤 일에 끼어듦.

☐☐☐

참여문학 參與文學

명 정치적·이데올로기적 성격을 띠며, 사회적 개혁
에 기여한다는 목적의식을 가지고 있다.

1811 ☐☐☐

참여시 參與詩

명 정치·사회의 문제에 관심을 가지고 비판적인
의식으로 그 변혁을 촉구하는 내용을 담은 시.

1812 ☐☐☐

참요 讖謠

예언하다 / 노래

명 시대적 상황이나 정치적 징후를 미리 암시하는
민요. 신라의 멸망과 고려의 건국을 암시한 〈계림
요〉, 조선의 건국을 암시한 〈목자요(木子謠)〉, 따위
가 여기에 속한다.

1813 ☐☐☐

참작 參酌

참여하다, 참고하다 / 술 따르다

圐 헤아림. 고려함.

1814 ☐☐☐

참회 懺悔

뉘우치다 / 후회하다

圐 뉘우침. 후회하며 용서를 빎.

예시 참회록(懺悔錄).

1815 ☐☐☐

창가 唱歌

부르다 / 노래

圐 갑오개혁 이후에 발생한 근대 음악 형식의 하나. 서양 악곡의 형식을 빌려 지은 간단한 노래이다.

1816 ☐☐☐

창궐 猖獗

미처 날뛰다 / 미처 날뛰다

圐 거세게 일어나 퍼짐.

예시 전염병 창궐.

1817 ☐☐☐

창극 唱劇

부르다 / 연극

圐 전통적인 판소리나 그 형식을 빌려 만든 가극(歌劇). 여러 사람들이 배역을 맡아 창(唱)을 중심으로 극을 전개하는 것.

1818 ☐☐☐

창의성 創意性

圐 새로운 것을 생각해 내는 특성.

1819 ☐☐☐

창작 創作

새로 만들다 / 짓다

圐 처음으로 만들어냄.

예시 문학 창작.

1820 ☐☐☐

창제 創製 / 創制

새로 만들다 / 만들다

圐 전에 없던 것을 처음으로 만들어 냄.

예시 한글 창제.

1821 ☐☐☐

창조 創造
비롯하다, 만들다 / 짓다, 만들다

명 전에 없던 것을 처음으로 만듦. ↔ 모방(模倣).

1822 ☐☐☐

창졸간 倉卒間
당황하다 / 마치다 / 사이

명 매우 급작스러운 사이.

1823 ☐☐☐

창해 滄海
푸르다 / 바다

명 넓고 큰 바다.

☐☐☐

창해일속 滄海一粟
푸르다 / 바다 / 하나 / 조, 좁쌀

명 넓고 큰 바닷속의 좁쌀 한 알. 아주 많거나 넓은 것 가운데 있는 매우 하찮고 작은 것.

참조 소식(蘇軾)의 〈전적벽부(前赤壁賦)〉

1824 ☐☐☐

채권 債權
빚, 빚돈 / 권리

명 빌려준 돈을 돌려받을 권리. 재산권의 하나.

1825 ☐☐☐

채근하다 採根--
캐다 / 뿌리

동 식물의 뿌리를 캐내다.
어떤 일의 근원을 캐어 알아내다.
남에게 받을 것을 달라고 독촉하다.

1826 ☐☐☐

채마 菜麻
채소, 푸성귀 / 삼

명 채소와 마. 먹을거리나 입을 거리로 심어서 가꾸는 식물.

1827 ☐☐☐

채소 菜蔬
채소, 푸성귀 / 채소, 나물

명 밭에서 기르는 농작물. ≒ 남새.

ㅊ

275

1828 ☐ ☐ ☐

처량하다 凄涼--

슬프다 / 서늘하다

> 형 외롭거나 쓸쓸하다. 초라하고 가엾다.
>
> 예시 처량한 처지.

1829 ☐ ☐ ☐

처연하다 悽然--

슬프다 / 그러하다

> 형 애달프고 구슬프다.
>
> 예시 처연한 분위기.

1830 ☐ ☐ ☐

처세술 處世術

곳, 대처하다 / 세상 / 기술

> 명 사람들과 사귀며 세상을 살아가는 방법이나 수
> 단.

1831 ☐ ☐ ☐

척결 剔抉

뼈 바르다. 베다 / 긁다, 후비다

> 명 살을 도려내고 뼈를 발라냄. 나쁜 부분들을 깨끗
> 이 없애 버림.
>
> 예시 부정부패 척결.

1832 ☐ ☐ ☐

척박하다 瘠薄--

파리하다, 메마르다 / 엷다

> 형 땅이 기름지지 못하고 몹시 메마르다.

1833 ☐ ☐ ☐

척촉 躑躅

철쭉 / 머뭇거리다

> 명 철쭉나무

1834 ☐ ☐ ☐

천금지구 千金之軀

천, 많다 / 쇠, 금 / 어조사 / 몸

> 명 천금같이 귀중한 몸.

1835 ☐ ☐ ☐

천기 天氣

하늘 / 기운

> 명 하늘에 나타난 조짐(兆朕). 날씨.

1836 □□□

천기 天機

하늘/틀, 기밀

[명] 하늘의 기밀 또는 조화(造化)의 신비.

□□□

천기누설 天機漏洩

하늘/틀, 기밀/새다/새다

[명] 중대한 기밀이 새어 나감을 이르는 말.

1837 □□□

천려일실 千慮一失

일천, 많다/염려하다/하나/잃다

[명] 천 번 생각에 한 번 실수. 슬기로운 사람이라도 여러 가지 생각 가운데에는 잘못되는 것이 있을 수 있음. [참조] 지자천려 필유일실 우자천려 필유일득(知者千慮 必唯一失 愚者千慮, 必有一得)

1838 □□□

천려일득 千慮一得

일천, 많다/염려하다/하나/얻다

[명] 천 번을 생각하여 하나를 얻는다. 어리석은 사람이라도 생각을 많이 하면 한 가지쯤은 좋은 것이 나올 수 있음.

[참조] 우자천려 필유일득(愚者千慮, 必有一得).

1839 □□□

천륜 天倫

하늘/인륜

[명] 부모 형제 사이에서 마땅히 지켜야 할 도리.

부모와 자식 간에 하늘의 인연으로 정하여져 있는 혈연관계.

[참조] 부부는 혈연으로 맺어진 천륜이 아니라 인륜의 관계. 혼인을 인륜지대사(人倫之大事. 인륜 중에서 큰 일)라고 한다.

1840 □□□

인륜 人倫

사람/인륜

[명] 사람과 사람 사이에서 지켜야 할 도리.

1841 □□□

천리마 千里馬

천/마을, 거리 단위/말

[명] 단숨에 쉬지 않고 천릿길을 갈 수 있는 뛰어난 말.

1842 ☐☐☐

천명 天命

하늘/목숨

명 타고난 수명.
하늘로부터 부여받은 사명.

1843 ☐☐☐

천명 闡明

드러내다/밝다

명 명백히 드러내어 밝힘.

1844 ☐☐☐

천생 天生

명 하늘로부터 타고남.

☐☐☐

천생연분 天生緣分

하늘/나다 /인연/나누다, 연분

명 하늘이 정하여 준 연분. 잘 어울리는 한 쌍.

1845 ☐☐☐

천석고황 泉石膏肓

샘/돌/기름/병

명 자연의 아름다운 경치를 몹시 사랑하고 즐기는 성벽. = 연하고질(煙霞痼疾). **참조** 고황(膏肓)이나 고질(痼疾)은 병이 깊어 고치기 어려움.

1846 ☐☐☐

천신만고 千辛萬苦

일천, 많다/맵다/
일만, 많다/쓰다

명 천 가지 매운 것과 만 가지 쓴 것. 온갖 어려운 고비를 다 겪으며 심하게 고생함.

1847 ☐☐☐

천양지차 天壤之差

하늘/땅/어조사/차이

명 하늘과 땅 사이와 같이 엄청난 차이.

1848 ☐☐☐

천연덕스럽다 天然----

하늘/그러하다

형 거짓이나 꾸밈이 없이 자연스럽다.
시치미를 뚝 떼어 아무렇지 않은 체하다. ≒ 천연스럽다.

1849 ☐☐☐

천우신조 天佑神助

하늘/돕다/귀신/돕다

ⓜ 하늘이 돕고 신령이 도움.

1850 ☐☐☐

천원지방 天圓地方

하늘/둥글다/땅/모나다

ⓜ 하늘은 둥글고 땅은 네모남.
참조 옛사람들의 우주관(宇宙觀).

1851 ☐☐☐

천의무봉 天衣無縫

하늘/옷, 입다/없다/
꿰매다, 솔기

ⓜ 천사의 옷은 꿰맨 흔적이 없다. 자연스럽고 아름
다우면서 완벽한 솜씨.

1852 ☐☐☐

천이 遷移

옮기다/옮기다

ⓜ 옮기어 바뀜.
일정한 지역의 식물 군락이 시간이 감에 따라 다른
종류의 식물로 바뀌어 가는 생태계의 현상.

1853 ☐☐☐

천재 天災

하늘, 자연/재앙, 재난

ⓜ 풍수해, 지진, 가뭄 따위와 같이 자연의 변화로
일어나는 재앙. ≒ 천재지변(天災地變), ↔ 인재(人
災).

1854 ☐☐☐

인재 人災

사람/재앙, 재난

ⓜ 사람에 의하여서 벌어지는 재난. ↔ 천재(天災).

1855 ☐☐☐

천재일우 千載一遇

일천, 많다/해/
하나/만나다

ⓜ 천 년 동안 단 한 번 만난다. 좀처럼 만나기 어려
운 좋은 기회.

1856 ☐☐☐

천정부지 天井不知

하늘/샘/아니다/알다

ⓜ 하늘 높은 줄 모름. 천장을 알지 못하고 오름.

1857 ☐☐☐

천지 天地

하늘/땅

명 하늘과 땅. ≒ 건곤(乾坤).

☐☐☐

천지신명 天地神明

명 천지의 조화를 주재하는 온갖 신령.

1858 ☐☐☐

천착 穿鑿

뚫다/파다

명 구멍을 뚫음. 깊이 따지고 파고듦.

1859 ☐☐☐

천편일률 千篇一律

일천, 많다/책/하나/가락, 법칙

명 천 편의 글이 하나의 가락으로 이루어져 있어 개성 없이 서로 비슷함. 개별적 특성이 없이 모두 엇비슷함.

1860 ☐☐☐

천학비재 淺學菲才

얕다/배우다/엷다/재주

명 학문이 얕고 재주가 변변치 않다는 뜻으로, 자기 학문을 겸손하게 이르는 말.

1861 ☐☐☐

철두철미 徹頭徹尾

뚫다/머리/뚫다/꼬리

부 처음부터 끝까지 철저하게.

1862 ☐☐☐

철면피 鐵面皮

쇠/얼굴/가죽

명 쇠로 만든 낯가죽. 염치가 없고 뻔뻔스러움. ≒ 후안무치(厚顔無恥 얼굴이 두꺼워 부끄러움을 모름).

1863 ☐☐☐

철벽 鐵壁

쇠/벽

명 쇠로 된 것처럼 견고한 벽. 잘 무너지거나 깨뜨려지지 않음을 비유.
참조 철벽 수비진(守備陣).

1864 ☐☐☐

철석같다 鐵石--

쇠/돌

ⓗ 매우 굳고 단단하다.

1865 ☐☐☐

철저 徹底

뚫다/바닥

ⓜ 밑바닥까지 꿰뚫음. 매우 철저함.

1866 ☐☐☐

첨가 添加

더하다/더하다

ⓜ 덧붙임. 보탬. ↔ 삭감(削減).

1867 ☐☐☐

첨단 尖端

뾰족하다/끝

ⓜ 물체의 뾰족한 끝.
시대사조, 학문, 유행 따위의 맨 앞장.

☐☐☐

첨단산업 尖端産業

ⓜ 과학기술발전의 선두에 있는 첨단기술을 바탕으로 하는 산업. 기술 집약도가 높고, 관련 산업에 미치는 효과가 크다. 반도체, 정보통신, 생명공학, 항공기, 신소재, 원자력 등.

1868 ☐☐☐

첨삭 添削

더하다/지우다

ⓜ 더하거나 지움. 글을 더하거나 지워서 고침.

1869 ☐☐☐

첨예하다 尖銳--

뾰족하다/
날카롭다, 예리하다

ⓗ 날카롭고 뾰족하다.
예시 첨예한 대립.

1870 ☐☐☐

첩경 捷徑

빠르다/길

ⓜ 지름길.

1871 □□□

청렴 淸廉

맑다, 깨끗하다 /
검소하다, 곧다

명 맑고 탐욕이 없음.

□□□

청렴결백 淸廉潔白

맑다 / 검소하다 / 깨끗하다 / 희다

명 마음이 맑고 깨끗하며 탐욕이 없음.

1872 □□□

청맹과니 靑盲--

푸르다 / 눈멀다

명 겉보기에는 눈이 멀쩡하나 앞을 보지 못함. 사리에 밝지 못하여 눈을 뜨고도 사물을 제대로 분간하지 못하는 사람을 비유. ≒ 당달봉사.

1873 □□□

청사 靑史

푸르다, 대의 겉껍질 /
역사, 사관

명 역사의 기록. 예전에 종이가 없을 때, 푸른 대의 껍질을 불에 구워서 문자를 기록하던 데서 유래.

예시 청사에 길이 빛나다.

1874 □□□

청천벽력 靑天霹靂

푸르다 / 하늘 / 벼락 / 벼락

명 맑게 갠 하늘에서 치는 날벼락. 뜻밖의 변고나 사건을 비유.

참조 마른하늘에 날벼락.

1875 □□□

청초하다 淸楚--

맑다 / 곱다

형 맑고 깨끗한 아름다움을 지니고 있다.

1876 □□□

청춘 靑春

푸르다 / 봄

명 새싹이 파랗게 돋아나는 봄철.
십 대 후반에서 이십 대에 걸치는 인생의 젊은 시절을 이름.

1877 □□□

청출어람 靑出於藍

푸르다 / 나다 /
어조사 / 쪽풀

명 푸른색은 쪽에서 나오지만 쪽빛보다 더 푸르다. 제자나 후배가 스승이나 선배보다 나음을 비유. ≒ 출람(出藍), 청출어람이청어람(靑出於藍而靑於藍).

1878 ☐☐☐

청탁 淸濁

청하다/부탁하다

명 부탁. 청하여 남에게 부탁함.

1879 ☐☐☐

체계 體系

몸/잇다, 계통

명 일정한 원리에 따라서 부분이 짜임새 있게 조직된 통일된 전체.

1880 ☐☐☐

체득 體得

몸, 손수/얻다

명 몸소 체험하여 알게 됨.

1881 ☐☐☐

체제 體制

몸/마름질하다

명 형식. 생기거나 이루어진 틀.
예시 사회 체제.

1882 ☐☐☐

초고 草稿

풀/원고

명 처음으로 쓴 원고.

1883 ☐☐☐

초래 招來

부르다/오다

명 어떤 결과를 가져오게 함.

1884 ☐☐☐

초로 草露

풀/이슬, 드러나다

명 풀잎에 맺힌 이슬. 인생의 덧없음을 비유.

1885 ☐☐☐

초록동색 草綠同色

풀/초록빛/같다/빛

명 풀빛과 초록색은 같은 색깔. 서로 같은 처지의 사람들끼리 함께 함. ≒ 유유상종(類類相從).
참조 가재는 게 편.

1886 ☐☐☐

초미지급 焦眉之急

타다 / 눈썹 / 어조사 /
빠르다, 급하다

🅜 눈썹에 불이 붙었다는 뜻으로, 매우 급함.

1887 ☐☐☐

초생 初生

처음 / 나다

🅜 갓 생겨남.

1888 ☐☐☐

초승 初生

🅜 음력으로 초하루부터 처음 며칠 동안.

1889 ☐☐☐

초심 初心

처음 / 마음

🅜 처음에 먹은 마음.
🈂 초심으로 돌아가라.

1890 ☐☐☐

초연하다 超然--

넘다 / 그러하다

🅗 현실에서 벗어나 의연하다.
🈂 위기 상황에도 초연한 모습.

1891 ☐☐☐

초월 超越

넘다 / 넘다

🅜 뛰어넘음.
🈂 초월적 세계를 지향.

1892 ☐☐☐

초인 超人

넘다 / 사람

🅜 보통 사람으로는 생각할 수 없을 만큼 뛰어난 능력을 가진 사람. 니체의 철학에서, 신이 죽은 사회에서 초인은 기성도덕을 부정하고 자기의 가능성을 극한까지 실현한 이상적인 인간.

1893 ☐☐☐

초점 焦點

그을리다, 애타다, 지치다 /
점, 세다, 개수

🅜 한곳으로 모이는 점. 사물의 중심 부분.
🈂 '촛점'은 틀린 표기.

1894 □ □ □

초췌하다 憔悴--

파리하다, 여위다/파리하다, 근심하다

[형] 여위고 파리하다.

1895 □ □ □

초현실주의 超現實主義

넘다/나타나다/열매, 실제/주인/옳다, 뜻

[명] 20세기에 나타난 예술 사조로서, 프로이트의 영향을 받아 무의식과 꿈의 세계를 지향한다. 인간을 이성의 굴레에서 해방하고, 공상. 환상을 중시하는 경향을 띤다. ≒ 쉬르레알리슴.

1896 □ □ □

촉진 促進

재촉하다, 다가오다/나아가다

[명] 나아가게 재촉하다. ↔ 억제(抑制).

1897 □ □ □

촌음 寸陰

마디/그늘

[명] 매우 짧은 시간. ≒ 일촌광음(一寸光陰), 촌각(寸刻).

[예시] 촌음을 아껴 쓰다.

1898 □ □ □

총론 總論

거느리다. 모아 묶다/토론하다, 이론

[명] 일반적 이론을 총괄하여 서술한 해설.
글의 첫머리에 싣는 큰 줄거리. ↔ 각론(各論).

1899 □ □ □

총애 寵愛

사랑하다/사랑하다

[명] 귀여워하고 사랑함.

[예시] 선생님의 총애를 받다.

1900 □ □ □

최루 催淚

재촉하다/눈물

[명] 눈물을 흘리게 함.

[예시] 최루소설, 최루탄.

1901 □ □ □

추론 推論

밀다, 미루어 헤아리다/논하다

[명] 미루어 생각하여 논함. ≒ 추리(推理),

[참조] 추론에는 연역법(演繹法)과 귀납법(歸納法9)이 있다.

ㅊ

□□□

추론적 推論的

㉃·㉊ 직관이 아닌 판단, 추리 따위를 하여 대상을 이해하는.

1902 □□□

추리 推理

밀다, 미루어 헤아리다 / 이치

㉊ 알고 있는 것을 바탕으로 미루어서 생각함.
= 추론(推論).

□□□

추리소설 推理小說

㉊ 범죄 사건에 대하여 사건을 추리하여 해결하는 과정에 중점을 두는 소설. ≒ 미스터리.

1903 □□□

추상 抽象

뽑다 / 코끼리, 모양

㉊ 여러 가지 사물에서 공통되는 속성을 뽑아내어 종합한 상태.

□□□

추상적 抽象的

㉃·㉊ 어떤 사물이 직접 경험하거나 지각할 수 있는 성질을 갖추고 있지 않은. 구체성이 없이 사실이나 현실에서 멀어져 막연한. ↔ 구체적(具體的).

1904 □□□

비구상 非具象

아니다 / 드러나다 / 코끼리, 모양

㉊ 대상을 작가의 순수한 시각 형상에 의하여 추상적으로 표현함.

□□□

비구상예술 非具象藝術

미술에서, 대상의 객관적인 재현을 거부하고 작가의 순수한 구성을 독특한 형태나 색채로 표현하는 미술.

□□□

구상예술 具象藝術

갖추다 / 코끼리, 모양 / 기예 / 기술

㉊ 눈에 보이는 대상을 사실대로 표현하는 예술. 그림, 조각, 건축과 같이 형체가 있는 예술.

1905 ☐☐☐

추정 推定

밀다/정하다

명 미루어 생각하여 판정함.

1906 ☐☐☐

추호 秋毫

가을/터럭

명 매우 적거나 작음. 가을철에 짐승의 털이 가늘어 지는 데서 온 말.

예시 추호도 의심하지 않았다.

1907 ☐☐☐

축록 逐鹿

쫓다/사슴

명 사슴을 뒤쫓는다. 지위나 정권을 얻으려고 다투는 일.

1908 ☐☐☐

축조 築造

쌓다/짓다

명 쌓아서 만듦.

1909 ☐☐☐

춘부장 椿府丈

참죽나무/곳집/어른

명 아버지. 남의 아버지를 높여 이르는 말. ≒ 춘부 대인, 춘장(椿丈).

1910 ☐☐☐

춘추 春秋

봄/가을

명 봄가을. 일 년.

어른의 나이를 높여 이르는 말.

명 공자가 펴 낸 역사책. 편년체.

1911 ☐☐☐

출가 出嫁

나다/시집가다

명 처녀가 시집을 감.

참조 집을 나가면 '가출(家出)', 집에서 나가 절로 들어가면 '출가(出家)'라 부름.

1912 ☐☐☐

출가외인 出嫁外人

명 시집간 딸. 시집간 딸은 친정 사람이 아니고 남이나 마찬가지라는 뜻.

1913 □□□

출고반면 出告反面

나다, 나가다 / 고하다, 알리다 /
돌이키다 / 얼굴

명 나갈 때는 아뢰고, 돌아와서는 얼굴을 뵌다. 부모님께 효도하는 전통 예절. 출필고반필면(出必告反必面).

1914 □□□

출사표 出師表

나가다 / 군대, 스승 / 상소, 겉

명 출병할 때에 그 뜻을 적어서 임금에게 올리는 글. 중국 삼국 시대에, 촉나라의 재상 제갈량이 출병하면서 어린 왕 유선에게 적어 올린 출사표가 유명하다.

□□□

표 表

겉, 문장 형식

명 어떤 내용을 일정한 형식과 순서에 따라 보기 쉽게 나타낸 것. 마음에 품은 생각을 적어서 임금에게 올리는 글. ≒ 표문(表文).

1915 □□□

출중하다 出衆--

나다 / 무리

형 특별히 두드러지다. 여럿 중에서 뛰어나다.
참조 군계일학(群鷄一鶴).

1916 □□□

충언역이 忠言逆耳

정성스럽다, 충성 / 말씀 /
거스르다 / 귀

명 충직한 말은 귀에 거슬림. 이로운 말일수록 듣기 싫어함. ≒ 양약고구(良藥苦口 좋은 약은 입에 쓰다).

1917 □□□

취지 趣旨

달리다, 다르다 / 맛, 뜻

명 어떤 일의 근본이 되는 목적이나 긴요한 뜻.

1918 □□□

취합 聚合

모으다 / 더하다, 합하다

명 모아서 합침.
예시 의견 취합.

1919 □□□

치수 治水

다스리다, 수리하다 / 물

명 물을 잘 다스림. 물을 잘 다스려서 홍수나 가뭄의 피해를 막음.

□□□

치산치수 治山治水

ⓜ 산과 물(강물. 시냇물. 개천)을 잘 관리해서 홍수 등의 재해를 입지 않도록 예방함.

1920 □□□

치욕 恥辱
부끄럽다/욕되다

ⓜ부끄럽고 욕됨. 수치와 모욕. ↔ 영예(榮譽).

1921 □□□

칠전팔기 七顚八起
일곱/넘어지다/여덟/일어나다

ⓜ 일곱 번 넘어지고 여덟 번 일어난다. 여러 번 실패하여도 굴하지 않고 꾸준히 노력함.

1922 □□□

칠전팔도 七顚八倒
일곱/넘어지다/여덟/
거꾸러지다

ⓜ 일곱 번 구르고 여덟 번 거꾸러진다. 실패를 계속해서 매우 심하게 고생함.

1923 □□□

칠종칠금 七縱七擒
일곱/잡다/일곱/놓다

ⓜ 상대방을 마음대로 잡았다 놓아주었다 함.
중국 촉나라의 제갈량이 맹획(孟獲)을 일곱 번이나 사로잡았다가 놓아주었다는 고사.

1924 □□□

칠흑 漆黑
옻칠/검다

ⓜ 옻칠처럼 검고 광택이 있음.
예시 칠흑 같은 어둠. ('칠흙' 은 틀린 표현).

1925 □□□

침소봉대 針小棒大
바늘/작다/막대/크다

ⓜ 바늘처럼 작은 것을 막대처럼 큰 것이라고 말함.
작은 일을 크게 부풀려서 떠벌림.

1926 □□□

침식 侵蝕
침노하다/좀 먹다

ⓜ 빼앗겨서 점점 작아짐.

1927 ☐ ☐ ☐

침탈 侵奪

침노하다 / 빼앗다

🅜 갑자기 함부로 들어와 빼앗음.

[예시] 일제의 국권 침탈.

1928 ☐ ☐ ☐

침해 侵害

침노하다, 먹어들다 /
해치다, 손해

🅜 침범하여 해를 끼침.

[예시] 권리 침해.

1929 ☐ ☐ ☐

칩거 蟄居

개구리 / 살다

🅜 집 안에 틀어박힘.

1930 ☐☐☐

쾌도난마 快刀亂麻

쾌활하다/칼/어지럽다/삼

웹 잘 드는 칼로 마구 헝클어진 삼 가닥을 자른다. 어지럽게 뒤얽힌 것을 강력한 힘으로 명쾌하게 처리함.

1931 ☐☐☐

쾌락 快樂

시원하다. 빠르다/즐겁다

웹 유쾌하고 즐거움.

☐☐☐

쾌락설 快樂說

웹 쾌락을 가장 가치 있는 인생의 목적이라 생각하고 모든 행위의 궁극적인 목적 내지 도덕의 원리로 생각하는 사상. 에피쿠로스.

1932 ☐☐☐

쾌속선 快速船

기쁘하다/빠르다/배

웹 매우 빠른 속도로 달리는 배.

1933 ☐☐☐

쾌유 快癒

시원하다, 빠르다/병이 낫다

웹 깨끗이 나음. ≒ 쾌차(快差).

1934 ☐☐☐

쾌척하다 快擲 ‒‒

기쁘하다/던지다

동 시원스럽게 내주다.

1935 □□□

타계 他界
다르다/지경, 경계

[명] 죽음. 인간계를 떠나서 다른 세계로 간다는 뜻으로, 특히 귀인(貴人)의 죽음을 이르는 말.

1936 □□□

타당하다 妥當--
온당하다/마땅하다

[형] 이치에 맞다. 온당하다.

□□□

타당성 妥當性

[명] 사물의 이치에 맞는 옳은 성질.
어떤 판단이 가치가 있다고 인식되는 일.

1937 □□□

타산적 打算的
치다/헤아리다, 계산/과녁

[관]·[명] 계산적. 손익을 따져서 헤아리는.
[참조] 이해타산(利害打算).

1938 □□□

타산지석 他山之石
다르다, 남/산/어조사/돌

[명] 다른 산의 돌. 다른 산에서 나오는 거칠고 나쁜 돌이라도 자신의 옥을 가는 데에 쓸 수 있다.
좋지 않은 남의 말이나 행동도 자신의 인격을 수양하는 데에 도움이 될 수 있음을 비유. ≒ 반면교사(反面教師).

1939 □□□

타성 惰性
게으르다/성품

[명] 오랫동안 굳어져 새로운 변화를 꾀하지 않는 게으른 습성.

□□□

타성적 惰性的

관 · 명 오래되어 굳어져 새롭지 않은.

1940 □□□

타율 他律

남, 다르다/법

명 외부에서 강제된 규율.

자신의 내적 규율이나 의지와 관계없이 외부의 원칙이나 규율에 따름. ↔ 자율(自律).

□□□

타율성 他律性

명 자신의 의지와 관계없이 외부의 정해진 원칙이나 규율에 따르는 성질. ↔ 자율성(自律性).

1941 □□□

타자 他者

다르다/사람

명 다른 것. 다른 사람. ↔ 자아(自我).

1942 □□□

타파 他破

치다/깨다

명 깨뜨려 부숨. 예시 구습(舊習) 타파.

1943 □□□

탁견 卓見

높다/보다, 견해

명 뛰어난 의견. 두드러진 의견.

1944 □□□

탁본 拓本

밀다, 박다/첩, 책

명 비석이나 기물 등에 새겨진 글자나 무늬를 먹으로 하여 종이에 그대로 떠냄. 석비에 새겨진 글자 위에 종이를 대고 그 위를 먹물로 두드려 글자가 드러나게 한다.

1945 □□□

탄식 歎息/嘆息

탄식하다/숨쉬다

명 한탄하여 한숨을 쉼.

1946 ☐☐☐

탐관오리 貪官汚吏

빼앗다 / 벼슬, 관리 /
더럽다 / 아전, 벼슬

(명) 백성의 재물을 탐내어 빼앗는 부패한 관리.

1947 ☐☐☐

탐닉 耽溺

즐기다 / 빠지다

(명) 어떤 일을 몹시 즐겨서 거기에 빠짐.

1948 ☐☐☐

탐미적 耽美的

즐기다 / 아름답다 / 과녁

(관)·(명) 아름다움을 추구하여 거기에 깊이 빠지거나 즐기는. ≒ 유미적(唯美的).

☐☐☐

탐미주의 耽美主義

(명) 아름다움을 최고의 가치로 여겨 이를 추구하는 문예 사조. 19세기 후반 유럽에서 나타났으며, 페이터, 보들레르, 와일드 등이 대표적 인물이다. ≒ 심미주의(審美主義), 유미주의(唯美主義).

1949 ☐☐☐

탐사 探査

찾다, 엿보다 / 조사하다, 사실하다

(명) 찾아서 조사함.
[예시] 우주 탐사대.

1950 ☐☐☐

탐정 探偵

찾다 / 엿보다, 정탐하다

(명) 드러나지 않은 사정을 몰래 살펴 알아냄.
[예시] 탐정소설.

1951 ☐☐☐

탕감 蕩減

모두 씻어 보내다 / 줄이다, 없애다

(명) 덜어 줌. 없애 줌.
[예시] 빚을 탕감해 주다.

1952 ☐☐☐

태극 太極

크다 / 끝, 다하다

(명) 양과 음이 서로 맞물린 도상.
동양 철학에서, 태극은 우주 만물의 근원이 됨.
[예시] 태극기

1953 □□□

태만 怠慢

게으르다/게으르다

곙 게으름. ↔ 근면(勤勉), 열심(熱心).
예시 근무 태만.

1954 □□□

태산북두 泰山北斗

크다/산/북녁/별 이름, 말

곙 태산(泰山)과 북두칠성(北斗七星). 세상 사람들로
부터 존경받는 사람을 비유. ≒ 태두(泰斗).

□□□

태두 泰斗

크다, 태산/말, 북두칠성

곙 태산북두를 가리킴. 어떤 분야에서 가장 권위가
있는 사람을 비유.

1955 □□□

태업 怠業

게으르다/일, 업

곙 게으름을 피움. 노동 쟁의 행위의 하나. 노동자가
의도적으로 일을 게을리 하여 사용자에게 손해를 주
는 방법이다. ≒ 사보타주.
참조 파업(罷業 하던 일을 중지하는 노동 쟁의).

1956 □□□

태연하다 泰然--

크다/그러하다

곙 태도나 기색이 아무렇지도 않은 듯이 예사롭다.

□□□

태연자약 泰然自若

크다/그러하다/
스스로/같다

곙 마음에 어떠한 충격을 받아도 놀라지 않고 천연
스러움.

1957 □□□

터득 攄得

펴다/얻다

곙 깊이 생각하여 이치를 알아냄.

1958 □□□

토로 吐露

토하다/이슬, 드러내다

곙 속을 드러내서 말함.
예시 섭섭함을 토로하다.

1959 ☐ ☐ ☐

토론 討論

치다, 토의하다 / 논의하다

ⓜ 어떤 문제에 대하여 서로 상반되는 의견을 펴서 상대방을 설득하려는 논의 방법.

1960 ☐ ☐ ☐

토의 討議

치다, 토의하다 / 의논하다

ⓜ 어떤 문제에 대하여 여러 사람이 각자 의견을 주고받아서 문제를 해결해나가는 논의 방법.

1961 ☐ ☐ ☐

회의 會議

모이다 / 의논하다

ⓜ 여럿이 모여 의논함. 어떤 사항을 여럿이 모여 의견을 교환하여 의논함.

1962 ☐ ☐ ☐

토사구팽 兎死狗烹

토끼 / 죽다 / 개 / 삶다

ⓜ 토끼가 죽으면 사냥개도 필요 없게 되어 주인에게 삶아 먹힌다. 필요할 때는 쓰고 필요 없을 때는 야박하게 버리는 경우를 이르는 말. 늑 득어망전(得魚忘筌 고기를 잡고 나면 그물을 버린다.).

참조 한나라의 유방이 항우를 물리치고 천하를 통일한 후 한신 대장군을 제거하려고 하자, 한신이 한 말.

1963 ☐ ☐ ☐

토속적 土俗的

흙 / 풍속 / 과녁

ⓟ · ⓜ 그 지방의 특유한 풍속을 지닌.

1964 ☐ ☐ ☐

토착 土着

흙, 향토 / 붙다

ⓜ 대대로 그 땅에서 살고 있음.

예시 토착민.

1965 ☐ ☐ ☐

통념 通念

통하다 / 생각, 개념

ⓜ 일반적으로 널리 통하는 개념.

예시 사회적 통념.

1966 ☐☐☐

통설 通說

통하다/말씀

㈱ 세상에 널리 알려지거나 일반적으로 인정되고 있는 설.

1967 ☐☐☐

통속적 通俗的

통하다/풍속, 속되다/과녁

㉓·㈱ 세상에 널리 통하는. 비전문적이고 일반 대중에게 쉽게 통할 수 있는.

☐☐☐

통속소설 通俗小說

㈱ 예술적 가치보다는 흥미에 중점을 두는 소설.

1968 ☐☐☐

통시적 通時的

통하다/때/과녁

㉓·㈱ 어떤 시기를 종적(縱的)으로 바라보는. 대상의 변천과정을 시간의 흐름에 따라 보는 것. ↔ 공시적(共時的).

1969 ☐☐☐

통일 統一

거느리다/하나

㈱ 나누어진 것들을 합침.

☐☐☐

통일성 統一性

㈱ 다양한 요소들을 포함하면서 하나의 전체로서 파악되는 성질.

1970 ☐☐☐

통찰 洞察

통하다, 꿰뚫다/살피다

㈱ 예리한 관찰력으로 사물을 꿰뚫어 봄.

1971 ☐☐☐

통합 統合

거느리다/합하다

㈱ 하나로 합침.

1972 ☐ ☐ ☐

퇴고 推敲

밀다/두드리다

(명) 글을 고치고 다듬음. 당나라의 시인 가도(賈島)가 '승고월하문(僧敲月下門 스님이 달빛 아래 어느 집 문을 두드리네)'이란 시구를 지을 때 '퇴(推밀다)'를 '고(敲두드리다)'로 바꿀까 말까 망설이다가 한유(韓愈)를 만나 그의 조언으로 '고(敲)'로 결정하였다는 고사. '밀다'는 문 앞에 선 스님의 뜻이 앞서고, '두드리다'는 손님을 맞이하는 집안의 주인의 뜻을 중시함.

1973 ☐ ☐ ☐

퇴락 頹落

낡다/떨어지다

(명) 낡아서 무너짐. 수준이 뒤떨어짐.

1974 ☐ ☐ ☐

퇴화 退化

물러나다/되다

(명) 뒤로 물러남.
생물체의 특정 기관이 그 기능을 잃거나 사라지는 것을 뜻한다.- 퇴행적 진화.

1975 ☐ ☐ ☐

특이하다 特異--

희생, 특별하다/다르다

(형) 특별하고 다르다.

1976 ☐ ☐ ☐

특수 特殊

희생, 특별하다/다르다, 뛰어나다

(명) 뛰어남. 특별히 다름. ↔ 일반(一般).

1977 ☐☐☐

파과지년 破瓜之年

깨뜨리다 / 오이 / 어조사 / 해

명 여자의 나이 16세. '瓜' 자를 파자(破字)하면 '八' 이 두 개로 '二八' 은 16이 되기 때문이다.

명 남자의 나이 64세. '瓜' 자를 파자하면 '八' 이 두 개로 두 개의 '八' 을 곱하면 64가 되기 때문이다.

참조 같은 '과 瓜'자이지만 여자와 남자의 나이에 다르게 적용됨.

1978 ☐☐☐

파국 破局

깨뜨리다 / 국면

명 결딴이 난 판국. 판이 깨짐.

1979 ☐☐☐

파기 破棄

깨뜨리다 / 버리다

명 깨뜨려서 내버림. 계약, 조약, 약속을 깨뜨려 버림.

예시 파기된 조약.

1980 ☐☐☐

파다하다 播多--

뿌리다, 퍼지다 / 많다

형 널리 퍼져 있다.

예시 소문이 파다하다.

1981 ☐☐☐

파란 波瀾

물결 / 큰 물결

명 파랑(波浪). 큰 파도.

순탄하지 아니하고 여러 가지 어려움이나 시련이 닥쳐옴.

☐☐☐

파란만장 波瀾萬丈

물결, 파도 / 큰 물결, 파도 / 일 만, 많다 / 길, 어른, 지팡이

명 파도치는 물결의 높이가 만 장(1장은 약 3미터)에 이름. 일의 진행이 평탄하지 않고 곡절과 시련이 많음을 비유.

1982 ☐☐☐

파렴치 破廉恥

깨뜨리다 / 염치 / 부끄럽다

명 염치를 모르고 뻔뻔스러움.
예시 파렴치한. 파렴치범.

1983 ☐☐☐

파사현정 破邪顯正

깨다 / 간사하다 / 나타나다, 드러내다 / 벼르다

명 잘못을 깨뜨리고 바른 것을 내세움.
　불교에서, 잘못된 생각을 깨뜨리고 정법(正法)을 드러내는 일.

1984 ☐☐☐

파생 派生

갈래 / 나다

명 갈려서 나옴. 나와 생김.

1985 ☐☐☐

파안대소 破顔大笑

깨뜨리다 / 얼굴 / 크다 / 웃음

명 얼굴을 펴고 활짝 웃음, 얼굴빛을 즐겁게 하여 크게 웃음.
참조 홍소(哄笑 크게 소리 내어 웃음).

1986 ☐☐☐

파자 破字

깨뜨리다 / 글자

명 한자의 자획을 풀어 나눔. '李' 자를 분해하여 '木'과 '子'라 하는 식이다.

1987 ☐☐☐

파죽지세 破竹之勢

깨지다, 쪼개다 / 대나무 / 어조사 / 기세, 힘

명 대를 쪼개는 것처럼, 거침없이 쳐들어가는 기세. 세력이 강대하여 아무도 막을 수 없는 기세. 대를 자르면 위에서부터 한꺼번에 죽 갈라지는 데서 비유.

1988 ☐☐☐

파행 跛行

절뚝(름)발이, 절뚝(름)대다 / 가다, 행하다

명 절뚝거리며 걸음. 일이 순조롭지 못하고 이상하게 진행됨을 비유.

☐☐☐

파행적 跛行的

관 · 명 일이 순조롭지 못하고 이상하게 진행되어 가는.

1989 ☐☐☐

판이하다 判異--

가르다, 나누다 / 다르다

ⓗ 아주 다름.

1990 ☐☐☐

패관문학 稗官文學

ⓜ 민간에서 수집한 이야기를 바탕으로 만들어진 산문 문학. 〈수이전〉, 〈역옹패설〉 등.

1991 ☐☐☐

패권 覇權

이기다 / 권세

ⓜ 어떤 집단을 주도할 수 있는 힘이나 권력.

☐☐☐

패권주의 覇權主義

ⓜ 강대한 군사력과 경제력을 바탕으로 세계를 지배하려는 제국주의적 정책. 참조 정치를 할 때, 덕에 의해 다스리는 것은 왕도(王道)이며 힘에 의해 다스리는 것은 패도(覇道)라 한다. 〈맹자〉

1992 ☐☐☐

패륜 悖倫

어그러지다 / 인륜

ⓜ 마땅히 지켜야 할 도리에 어그러짐.

1993 ☐☐☐

팽배 澎湃/彭湃

큰 물결 / 물결치다

ⓜ 부풀어 일어남.

1994 ☐☐☐

팽창 膨脹

부풀다 / 배가 부르다. 부풀다

ⓜ 부풀어서 부피가 커짐. ↔ 수축(收縮).
예시 통화 팽창.

1995 ☐☐☐

편견 偏見

치우치다 / 보다, 견해

ⓜ 공정하지 못하고 치우친 의견.

ㅍ

301

1996 □□□

편집 偏執

치우치다/잡다

명 한쪽으로 치우친 의견을 고집하고, 남의 말을 듣지 않음.

□□□

편집증 偏執症

명 어떤 것에 병적으로 집착하며 자기중심적인 망상을 계속 고집하는 정신병.

1997 □□□

편집 編輯

엮다, 짜다/모으다

명 일정한 방침 아래 여러 가지 재료를 모아 신문, 잡지, 책 따위를 만드는 일. 또는 영화 필름이나 녹음테이프를 하나의 작품으로 완성하는 일.

1998 □□□

편파 偏頗

치우치다/자못, 치우치다

명 공정하지 못하고 어느 한쪽으로 치우침. ↔ 공평(公平), 공정(公正).

□□□

편파적 偏頗的

관·명 공정하지 못하고 어느 한쪽으로 치우친.

1999 □□□

편향 偏向

치우치다/방향

명 한쪽으로 치우침.

예시 좌편향, 우편향.

2000 □□□

폄하 貶下

깎아내리다, 덜다/아래

명 깎아내림.

예시 가치 폄하.

2001 □□□

평등 平等

평평하다/고르다, 등급

명 차별 없이 고르고 같음.

□ □ □

평등사상 平等思想

㈜ 모든 사람은 법 앞에 평등하다고 주장하는 사상.
[참조] 기회의 평등. 조건의 평등. 결과의 평등.

2002 □ □ □

평론 評論

끊다. 매기다 / 의논하다

㈜ 사물의 가치, 우열, 선악 따위를 평가하여 논함.
[예시] 영화 평론, 문학 평론.

2003 □ □ □

평면 平面

평평하다 / 얼굴, 표면

㈜ 평평한 표면.

□ □ □

평면적 平面的

㈜ · ㈜ 평면으로 되어 있는.
겉으로 드러난 일반적인 사실만을 논의함.
↔ 입체적(立體的).

2004 □ □ □

평전 評傳

평하다, 매기다 / 전하다

㈜ 개인의 일생에 대하여 평론을 곁들여 적은 전기.

2005 □ □ □

폐백 幣帛

비단, 에물 / 비단

㈜ 선물로 올리는 비단. 임금에게 바치거나 제사 때
신에게 바치는 물건. 신부가 처음으로 시부모를 뵐
때 큰절을 하고 올리는 물건. 혼인 전에 신랑이 신
부 집에 보내는 예물.
[예시] 폐백을 드리다. 폐백을 올리다.

2006 □ □ □

페포파립 弊袍破笠

해지다 / 옷, 도포 / 깨지다 / 갓

㈜ 해어진 옷과 부서진 갓. 초라한 차림새를 비유.

2007 □ □ □

포괄하다 包括--

싸다 / 묶다

㈜ 모두 끌어안다. 모두 아우르다.

ㅍ

2008 ☐☐☐

포복절도 抱腹絶倒

안다 / 배 / 끊다 / 넘어지다

명 배를 잡고 넘어질 정도로 몹시 웃음. 몸을 가누지 못할 정도로 몹시 우스움.

2009 ☐☐☐

포부 抱負

품다, 안다 / 지다

명 마음속에 품고 있는 생각이나 계획.

2010 ☐☐☐

표리 表裏

겉 / 안

명 겉과 속. 안과 밖.

☐☐☐

표리부동 表裏不同

겉 / 속 / 아니다 / 한가지, 같음

명 마음이 음흉하여 겉과 속이 다름. ≒ 구밀복검(口蜜腹劍), 양두구육(羊頭狗肉).

2011 ☐☐☐

표면 表面

겉 / 얼굴

명 바깥 부분. ↔ 이면(裏面).

2012 ☐☐☐

표상 表象

겉 / 코끼리, 모양

명 본보기. 대표로 삼을 만큼 상징적인 것.

2013 ☐☐☐

표절 剽竊

빼앗다 / 훔치다

명 남의 작품의 일부를 몰래 가져다가 제 것처럼 씀.

2014 ☐☐☐

표출 表出

겉 / 나다

명 겉으로 나타냄.

예시 감정 표출.

2015 ☐☐☐

표현력 表現力

겉/나타내다/힘

㈅ 생각이나 느낌을 언어나 몸짓 같은 형상으로 드러내어 나타내는 능력.

2016 ☐☐☐

풍류 風流

바람/흐르다

㈅ 멋스럽고 풍치가 있는 일.

2017 ☐☐☐

풍부하다 豐富--

풍성하다, 넉넉하다/
부유하다, 많다

㈈ 넉넉하고 많다. ↔ 고갈되다(枯渴--).

2018 ☐☐☐

풍상 風霜

바람/서리

㈅ 바람과 서리.
세상의 어려움과 고생을 많이 겪음.

2019 ☐☐☐

풍수지탄 風樹之歎/風樹之嘆

바람/나무/어조사/
탄식(하다), 한탄(하다)

㈅ 바람과 나무의 탄식. 살아계실 때 효도를 다하지 못한 자식의 슬픔을 이르는 말.

2020 ☐☐☐

풍자 諷刺

빗대다, 외다/찌르다

㈅ 잘못이나 부정을 우스꽝스럽게 나타내고 비꼬아서 비판함. 참조 해학이 동정심을 부르는 따뜻한 웃음이라면, 풍자는 이성적으로 비판하는 차가운 웃음.

2021 ☐☐☐

풍전등화 風前燈火

바람/앞/등불/불

㈅ 바람 앞의 등불. 매우 위태로운 처지를 비유, ≒ 풍전등촉(風前燈燭).

2022 ☐☐☐

피고 被告

입다/알리다

㈅ 민사소송에서, 소송을 당한 측의 당사자. ↔ 원고(原告).

2023 □□□

피동 被動

입다/움직이다

[명] 남의 힘에 의하여 움직임. 주체가 다른 힘에 의하여 움직이는 것.

2024 □□□

주동 主動

주인/움직이다

[명] 어떤 일에 주장이 되어 움직임. 주체가 스스로 동작이나 행동을 하는 것.

2025 □□□

사동 使動

시키다, 하여금/움직이다

[명] 주체가 제3의 대상에게 동작이나 행동을 하게 함.

2026 □□□

능동 能動

능하다/움직이다

[명] 스스로 나서서 움직이거나 작용함. 주체가 자발적으로 움직이는 것.

2027 □□□

자동 自動

스스로/움직이다

[명] 일, 행동이 스스로 저절로 이루어짐.

2028 □□□

타동 他動

다른 이/움직이다

[명] 어떤 행동을 할 때 목적하는 대상이 필요한 것.

2029 □□□

피력 披瀝

헤치다/거르다

[명] 헤쳐서 펼쳐 놓음.

[예시] 자신의 의견을 피력하다.

2030 □□□

피상적 皮相的

껍질, 겉/서로, 형상/과녁

[관]·[명] 본질적인 것은 추구하지 않고 겉으로 드러난 현상에만 관심을 쏟는.

2031 ☐☐☐

피안 彼岸

저/언덕, 둑

명 저쪽 언덕. 죽어서 가는 곳. 불교에서, 이승의 번뇌를 해탈하여 저쪽에 있는 열반의 세계로 건너감. ↔ 차안(此岸 이쪽 언덕. 생사의 고통에 시달리는 현실 세계.).

2032 ☐☐☐

피차 彼此

저/이

명 저것과 이것. 이쪽과 저쪽.
예시 피차일반(彼此一般).

2033 ☐☐☐

필부필부 匹夫匹婦

홀, 짝/사내/홀, 짝/여자

명 평범한 남녀. ≒ 갑남을녀(甲男乙女), 장삼이사(張三李四).

2034 ☐☐☐

필수 必須

반드시/모름지기

명 반드시 꼭 있어야 함.
예시 필수 준비물.

2035 ☐☐☐

필연 必然

반드시/그러하다

명 반드시 그러함. ↔ 우연(偶然).

☐☐☐

필연적 必然的

관·**명** 반드시 그러한 것. ↔ 우연적(偶然的).

☐☐☐

필연성 必然性

명 반드시 그렇게 될 수밖에 없는 성질. 불가피성. ↔ 우연성(偶然性), 개연성(蓋然性).

2036 ☐☐☐

핍박 逼迫

핍박하다, 닥치다/핍박하다, 다가오다

명 바싹 죄어서 괴롭힘.

2037 ☐☐☐

하객 賀客

축하하다 / 손님

명 축하하는 손님.

2038 ☐☐☐

하로동선 夏爐冬扇

여름 / 화로 / 겨울 / 부채

명 여름의 화로와 겨울의 부채라는 뜻으로, 철에 맞지 아니함. 또는 제철 물건은 아니지만 필요할 때가 있다는 뜻으로도 쓰인다. ≒ 동선하로(冬扇夏爐).

2039 ☐☐☐

하석상대 下石上臺

아래 / 돌 / 위 / 누대

명 아랫돌 빼서 윗돌 괴고 윗돌 빼서 아랫돌 괸다. 임시변통으로 이리저리 둘러맞춤. ≒ 상석하대(上石下臺), 고식지계(姑息之計 잠시 모면하는 일시적 계책.).

2040 ☐☐☐

하자 瑕疵

티 / 허물, 병

명 옥의 얼룩진 흔적이라는 뜻으로, '흠', '흠결'을 이르는 말.

2041 ☐☐☐

학대 虐待

괴롭히다. 사납다 / 대접하다

명 몹시 괴롭히거나 가혹하게 대우함.

2042 ☐☐☐

학령 學齡

배우다 / 나이

명 초등학교에 들어가야 할 나이. 우리나라에서는 만 6세. ≒ 취학 연령.

2043 ☐☐☐

학수고대 鶴首苦待

학 / 머리 / 쓰다, 애쓰다 / 기다리다

명 학의 목처럼 목을 길게 빼고 간절히 기다림. ≒ 학수(鶴首).

2044 ☐ ☐ ☐

학여불급 學如不及

배우다 / 같다 / 아니다 / 미치다

몡 학문은 미치지 못함과 같으니 끝없이 노력해야 함을 강조.

2045 ☐ ☐ ☐

학여역수 學如逆水

배우다 / 같다 / 거스르다 / 물

몡 배움이란 물을 거슬러 오르는 것과 같음. 배우기를 그치면 마치 배가 물살에 떠내려가듯 뒤쳐지게 됨.

2046 ☐ ☐ ☐

학철부어 涸轍鮒魚

마르다 / 수레바퀴 자국 / 붕어 / 물고기

몡 수레바퀴 자국에 괸 물에 있는 붕어. 매우 곤궁한 처지에 있는 사람.

2047 ☐ ☐ ☐

한강투석 漢江投石

한수 / 강 / 던지다 / 돌

몡 한강에 돌 던지기. 지나치게 미미하여 아무런 효과를 미치지 못함.

2048 ☐ ☐ ☐

한단지몽 邯鄲之夢

땅이름 / 땅이름 / 어조사 / 꿈

몡 인생의 부귀영화의 덧없음을 이르는 말.
예전에 노생(盧生)이 한단이란 곳에서 여옹(呂翁)의 베개를 빌려 잠을 잤는데, 꿈속에서 80년 동안 부귀영화를 다 누렸으나 깨어 보니 메조로 밥을 짓는 동안이었다는 고사.

2049 ☐ ☐ ☐

한발 旱魃

가물 / 가물귀신

몡 가뭄. 심한 가뭄. ↔ 홍수(洪水).

2050 ☐ ☐ ☐

한적하다 閑寂--

한가하다 / 고요하다

혱 한가하고 고요하다.

2051 ☐ ☐ ☐

한산하다 閑散--

막다 / 흩어지다

혱 인적이 드물어 한적하고 쓸쓸하다.

ㅎ

2052 □□□

할애 割愛

가르다, 나누다 / 사랑하다

[명] 무언가를 아깝게 여기지 아니하고 선뜻 내어 줌.

2053 □□□

함구 緘口

봉하다, 닫다 / 입

[명] 입을 다물다. 말하지 않음.

□□□

함구무언 緘口無言

봉하다, 닫다 / 입

[명] 입을 다물고 아무 말도 하지 않음.

2054 □□□

함분축원 含憤蓄怨

머금다 / 분하다 / 모으다 / 원망하다

[명] 분한 마음을 품고 원한을 쌓음.

2055 □□□

함축 含蓄

머금다 / 모으다

[명] 속으로 간직함.

□□□

함축적 含蓄的

[관] · [명] 어떤 뜻을 속에 담고 있는.

2056 □□□

함양 涵養

젖다 / 기르다

[명] 길러냄. 길러 쌓음.

[예시] 정서 함양.

2057 □□□

함포고복 含哺鼓腹

머금다 / 먹다 / 북, 두드리다 / 배

[명] 음식을 잔뜩 먹고 배를 두드린다. 먹을 것이 풍족하여 즐겁게 지냄. ≒ 고복격양(鼓腹擊壤).

2058 □□□

함흥차사 咸興差使

모두/일다/사신가다/사신

명 함흥으로 가는 사신. 한 번 가서 돌아오지 않음.
조선 태조 이성계가 왕위를 물려주고 함흥에 있을
때에, 태종이 보낸 차사를 죽이거나 가두어서 돌려
보내지 않았던 고사.

2059 □□□

합리 合理

더하다, 합하다/이치

명 이치에 합당함.

□□□

합리적 合理的

관·명 이론이나 이치에 합당한.

□□□

합리주의 合理主義

명 이성이나 논리적 타당성에 근거하여 사물을 인
식하거나 판단하는 태도나 사고방식. 진정한 인식
은 경험이 아닌 이성에 의하여 얻어진다고 봄. 데카
르트, 스피노자, 라이프니츠 등.

2060 □□□

합성 合成

더하다, 합하다/이루다

명 서로 다른 것을 합쳐서 하나를 이룸.

2061 □□□

항상 恒常

언제나/항상, 늘

부 언제나. 늘. 항상.

□□□

항상성 恒常性

명 늘 한결같은 성질.
조건이나 환경이 바뀌어도 늘 같은 상태를 유지하
려고 하는 현상.

2062 □□□

항심 恒心

항상, 늘/마음

명 늘 지니고 있는 떳떳한 마음.
참조 무항산(無恒産)이면 무항심(無恒心) - 군자가
아닌 소인은, 일정한 자산이 없으면 어진 마음이 일
어나지 않는다.

2063 □□□

해갈 解渴

풀다/목마르다

명 갈증을 풀어 버림. 목마름을 해소함.

참조 갈이천정(渴而穿井 목마른 사람이 우물 판다.).

2064 □□□

해무 海霧

바다/안개

명 바다 위에 끼는 안개.

2065 □□□

해방 解放

풀다/풀다, 놓다

명 구속이나 억압에서 풀려남. ≒ 광복(光復).

2066 □□□

해산 解散

풀다/흩다

명 풀어서 흩어짐. 해체하여 없어짐. ↔ 소집(召集 불러 모음.).

예시 시위대 해산.

2067 □□□

해소 解消

풀다/쓰다, 없애다

명 풀어서 없애 버림.

2068 □□□

해이 解弛

풀다, 이해하다/느슨하다, 풀리다

명 풀림. 느슨하게 풀림.

예시 도덕적 해이.

2069 □□□

해일 海溢

바다/넘치다

명 바닷물이 커다란 산처럼 일어나서 육지로 덮쳐 들어오는 것.

2070 □□□

해탈 解脫

풀다/벗다

명 불교에서, 인간이 세속의 모든 속박으로부터 벗어나 자유롭게 되는 것.

2071 □□□

열반 涅槃

㊅ 불교에서, 인간이 번뇌의 불을 _끄고_ 고요한 상태에 이르는 것.

2072 □□□

해토 解土

풀다/흙

㊅ 땅풀림. 얼었던 땅이 녹음.

2073 □□□

해학 諧謔

어울리다, 희롱하다/
희롱하다

㊅ 익살스럽고도 품위가 있는 말이나 행동. 대상에 대해 동정적이며 따듯한 웃음을 줌.

2074 □□□

해협 海峽

바다/좁다

㊅ 육지 사이에 끼어 있는 좁고 긴 바다.

예시 대한(大韓) 해협.

2075 □□□

해후 邂逅

우연히 만나다/만나다

㊅ 뜻밖의 만남. 우연한 만남. ≒ 조우(遭遇).

2076 □□□

핵심 核心

씨, 중심/마음, 중심

㊅ 가장 중심이 되는 부분.

2077 □□□

행복 幸福

다행/복

㊅ 복된 좋은 운수. 충분한 만족과 기쁨을 누려 흐뭇함.

2078 □□□

행운유수 行雲流水

가다/구름/흐르다/물

㊅ 떠가는 구름과 흐르는 물. 자연 그대로 유유히 움직임. 일의 처리가 자연스럽고 거침이 없음. 막힘이 없이 술술 잘 풀려나감.

ㅎ

2079 ☐ ☐ ☐

행위 行爲

가다, 행하다 / 하다, 되다

圄 사람이 의지를 가지고 하는 짓.

2080 ☐ ☐ ☐

행장 行狀

가다, 행하다 / 문서

圄 몸가짐과 품행.

죽은 사람이 평생 살아온 일을 적은 글.

2081 ☐ ☐ ☐

행장 行裝

가다, 행하다 / 차리다

圄 여행갈 때 쓰는 물건과 차림.

예시 행장을 꾸리다.

2082 ☐ ☐ ☐

향년 享年

누리다 / 해, 나이

圄 한평생 살아 누린 나이. 죽을 때의 나이.

참조 살아있는 이에게는 쓰지 않는다.

2083 ☐ ☐ ☐

향배 向背

향하다, 방향 / 등지다

圄 좇는 것과 등지는 것. 어떤 일이 되어 가는 추세.

예시 민심의 향배를 살피다.

2084 ☐ ☐ ☐

향수 鄕愁

고향, 시골 /
걱정하다, 그리움

圄 고향에 대한 그리움.

2085 ☐ ☐ ☐

향유 享有

누리다 / 있다, 소유하다

圄 누리어 가짐.

2086 ☐ ☐ ☐

향토적 鄕土的

고향, 시골 / 흙 / 과녁

관 · 圄 고향이나 시골의 정취가 담긴.

예시 향토적 정서.

2087 □□□

허구 虛構

비다 / 얽다

㈐ 현실에 없는 일을 꾸며 만듦.

소설이나 희곡에서, 실제로는 없는 사건을 작가의
상상력으로 재창조해 꾸며낸 이야기. ≒ 픽션.

□□□

허구적 虛構的

㈎ · ㈐ 사실에 없는 것을 사실처럼 꾸며 만든.

2088 □□□

허다하다 許多--

허락하다, 가량 / 많다

㈑ 매우 많다.

2089 □□□

허상 虛像

비다 / 형상

㈐ 실제 없는 것이 있는 것처럼 나타나 보임.
↔ 실상(實像).

2090 □□□

허용 許容

허락하다 / 얼굴, 받아들이다

㈐ 받아들임. 허락하여 받아들임.

□□□

시적 허용 詩的許容

㈐ 시에서는 문법적으로 틀린 표현이라도 작가의 창
의성과 시적인 효과를 위하여 허용되는 표현.
예시 노란-노오란, 파란-파아란, 먼-머언 등.

2091 □□□

허장성세 虛張聲勢

헛되다 / 펴다, 자랑하다 /
소리, 명예 / 세력

㈐ 실속 없이 큰소리치거나 허세를 부림.
예시 물 마시고 이 쑤신다.

2092 □□□

허투 虛套

비다 / 버릇

㈐ 남을 속이기 위하여 거짓으로 꾸미는 겉치레.
예시 마음에도 없는 허투의 웃음.

2093 □□□

혁명 革命

가죽, 고치다 / 명령하다, 운명

[명] 근본적으로 뜯어 고침. 이전에 있던 제도나 관습을 단번에 깨뜨리고 질적으로 완전히 새로운 것을 급격하게 세우는 일.
비합법적인 수단으로 기존의 국가체제나 정치체제를 급격하게 무너뜨리고 바꾸는 일.
[예시] 프랑스 대혁명.

2094 □□□

혁신 革新

가죽, 고치다 / 새롭다

[명] 묵은 것을 완전히 바꾸어서 새롭게 함. ↔ 보수(保守), 수구(守舊).

2095 □□□

현격하다 懸隔--

매달다, 걸다, 멀다 / 틈

[형] 사이가 많이 벌어져 있다. 차이가 매우 심하다.

2096 □□□

현상 現狀

나타나다 / 상태

[명] 나타나 보이는 현재의 상태.

2097 □□□

현상 現象

나타나다 / 코끼리, 모양

[명] 인간이 지각할 수 있는 사물의 모양과 상태.
철학에서, 본질이나 객체의 외면에 나타나는 상.
[예시] 열대야(熱帶夜) 현상.

2098 □□□

현안 懸案

매달다, 걸다 / 책상, 안건

[명] 내걸린 문제. 아직 해결되지 않은 채 남아 있는 문제.
[예시] 시급한 현안.

2099 □□□

현저하다 顯著--

나타나다, 드러나다 / 나타나다, 유명하다

[형] 뚜렷하게 드러나 있다.

2100 ☐ ☐ ☐

현학적 衒學的

자랑하다 / 배우다 / 과녁

관 · **명** 학식이 있음을 자랑하는.

2101 ☐ ☐ ☐

현하지변 懸河之辯

매달다 / 물 / 어조사 / 말씀

명 흐르는 물처럼 거침없이 잘하는 말.

2102 ☐ ☐ ☐

현혹 眩惑

아찔하다. 현기증이 나다 / 정신이
헛갈리고 어지럽다

명 정신을 빼앗겨 홀리다.

2103 ☐ ☐ ☐

혈기 血氣

피 / 기운, 공기, 기질, 기후

명 피의 기운. 힘을 쓰고 활동하게 하는 원기.

2104 ☐ ☐ ☐

혈혈단신 孑孑單身

외롭다 / 외롭다 /
홑, 홀로 / 몸

명 의지할 곳이 없는 외로운 홀몸.

참조 '홀홀단신' 은 강원도 방언.

2105 ☐ ☐ ☐

협객 俠客

혈기 있다, 의협하다 / 손, 나그네

명 호방하고 의협심이 있는 사람.

2106 ☐ ☐ ☐

협소하다 狹小--

좁다 / 작다

형 좁고 작다. ↔ 광대하다(廣大--).

2107 ☐ ☐ ☐

협잡 挾雜

끼다 / 섞이다

명 남을 속임.

예시 협잡꾼.

ㅎ

317

2108 □□□

형극 荊棘

가시나무 / 대추나무

⑱ 나무의 가시. '고난'을 비유.

2109 □□□

형설지공 螢雪之功

개똥벌레, 반딧불이 /
눈 / 어조사 / 공

⑱ 반딧불과 눈빛으로 밤에 책을 읽고 공부하여 성공함. 고생을 하면서도 꾸준하게 공부하여 성공함을 비유. 진나라 차윤(車胤)이 반딧불을 모아 글을 읽고, 손강(孫康)이 겨울밤에 눈빛에 비추어 글을 읽었다는 고사.

2110 □□□

형상화 形象化

모양 / 코끼리, 모양 / 되다

⑱ 눈으로 볼 수 있는 모양으로 만듦.

2111 □□□

형식 形式

모양 / 법

⑱ 모양이나 양식. ↔ 내용(內容).

2112 □□□

형우제공 兄友弟恭

맏이, 형 / 벗, 우애하다 /
아우 / 공경하다

⑱ 형은 아우를 사랑하고 동생은 형을 공경한다. 형제간의 우애.

2113 □□□

형제투금 兄弟投金

형 / 아우 / 던지다 / 금

⑱ 형제가 금을 던졌다. 형제간의 우애.
예전에 형과 아우가 길을 가다가 금덩이를 주웠는데, 금덩이 때문에 형제간의 의리가 사라질 것 같아 다시 던져버렸다는 고사.

2114 □□□

형태 形態

모양 / 모양

⑱ 사물의 생김새나 모양.

2115 □□□

형평 衡平

저울(대), 재다 / 평탄하다, 고르다

⑱ 균형이 맞음.

□□□

형평성 衡平性

[명] 형평을 이루는 성질.

2116 □□□

형형색색 形形色色

형상/형상/빛/빛

[명] 각기 다른 모양과 색깔이 어울림.

2117 □□□

혜안 慧眼

슬기롭다, 총명하다/눈, 구멍, 요점

[명] 지혜로운 식견.

불교에서, 모든 집착과 차별을 떠나 진리를 밝게 보는 눈.

2118 □□□

호가호위 狐假虎威

여우/빌다/범/위엄

[명] 여우가 자기 뒤에 선 호랑이의 위세를 빌려 호기를 부린다. 남의 권세를 빌려 위세를 부림. ≒ 사또 덕분에 나발 분다.

2119 □□□

호각 互角

서로/뿔

[명] 서로 우열을 가릴 수 없을 정도로 비슷한 것.

쇠뿔이 양쪽의 길이나 크기가 같다는 데에서 유래.

□□□

호각지세 互角之勢

서로/각도/어조사/세력

[명] 역량이 서로 비슷비슷한 위세.

2120 □□□

호감 好感

좋아하다/느끼다

[명] 좋아하는 감정. ↔ 악감(惡感).

2121 □□□

호구 虎口

범/입, 아가리

[명] 범의 아가리. 매우 위태로운 형편을 이르는 말.

어수룩하여 이용하기 좋은 사람을 비유.

ㅎ

2122 ☐☐☐

호구지책 糊口之策

풀칠하다/입/
어조사/꾀, 계책

圐 가난한 살림에서 입에 풀칠이나 할 정도로 겨우 먹고살아 가는 방책.

2123 ☐☐☐

호기롭다 豪氣--

호걸/기운

囮 씩씩하고 호방한 기상이 있다.

2124 ☐☐☐

호기심 好奇心

좋아하다/기이하다/마음

圐 새롭고 신기한 것을 좋아하거나 알고 싶어 하는 마음.

2125 ☐☐☐

호도 糊塗

풀칠하다, 흐리다/진흙, 흙칠하다

圐 풀칠이나 흙칠을 하여 흐릿하게 감추다. 즉 분명하게 하지 않고 흐릿하게 덮어버리다.
예시 여론을 호도하다.

2126 ☐☐☐

호사가 好事家

좋아하다/일/집, 사람

圐 일을 벌이기를 좋아하는 사람. 남의 일에 특별히 흥미를 갖고 말하기를 좋아하는 사람.

2127 ☐☐☐

호사다마 好事多魔

좋다/일/많다/마귀

圐 좋은 일에는 방해되는 일이 많이 생김.

2128 ☐☐☐

인사유명 人死留名

사람/죽다/남기다/이름

圐 사람은 죽어서 이름을 남긴다. 사람의 삶이 헛되지 않으면 그 이름이 길이 남음. 참조 호사유피 인사유명(虎死留皮 人死留名 호랑이는 죽어서 가죽을 남기고, 사람은 죽어서 이름을 남긴다.).

2129 ☐☐☐

호연지기 浩然之氣

넓다/그러하다/어조사/
기운, 기상

圐 도의적으로 정당하여 천지에 가득 찬 바르고 큰 마음. 하늘과 땅 사이에 가득 찬 넓고 큰 정기. ≒ 호기(浩氣).
참조 〈맹자〉 공손추(公孫丑).

2130 □□□

호우 豪雨

호걸, 굳세다/비

[명] 큰비. 줄기차게 내리는 크고 많은 비.

[예시] 호우주의보.

2131 □□□

호응 呼應

부르다, 내쉬다/응하다, 당하다

[명] 부름에 응답함. 서로 통함.

2132 □□□

호의현상 縞衣玄裳

흰 비단/옷/검다/치마

[명] 흰 비단 저고리와 검은 치마 차림. 두루미의 깨끗하고 아름다운 모습을 비유. [참조] 정철의 〈관동팔경(關東八景)〉.

2133 □□□

호의호식 好衣好食

좋다/옷/좋다/음식

[명] 좋은 옷을 입고 좋은 음식을 먹음. 잘 입고 잘 먹음. ≒ 금의옥식(錦衣玉食).

2134 □□□

호탕하다 豪宕--

호걸/방탕하다, 탕건

[형] 호기롭고 걸걸하다.

[예시] 호탕한 웃음.

2135 □□□

호탕하다 浩蕩--

넓다/넓고 크다

[형] 가득 찬 물이 넓어서 끝이 없다. 가득 찬 물이 세차게 내달리는 힘이 있다. [예시] 강물이 호탕하게 흐른다. [참조] 호호탕탕(浩浩蕩蕩) - 가득 찬 물이 세차게 흐르는 모양.

2136 □□□

호형호제 呼兄呼弟

부르다/맏이/부르다/아우

[명] 서로 형이니 아우니 하고 부른다는 뜻으로, 매우 가까운 사이.

2137 □□□

호혜 互惠

서로, 교차하다/은혜, 혜택

[명] 서로 혜택을 주고받는 일.

□ □ □

호혜주의 互惠主義

㈜ 무역 거래에서, 두 나라가 대등한 관계에서 서로 이익을 주고받자는 원칙.

2138 □ □ □

혹서 酷暑

혹독하다, 심하다 / 더위

㈜ 몹시 심한 더위. ≒ 혹염(酷炎). ↔ 혹한(酷寒).

2139 □ □ □

혹세무민 惑世誣民

미혹하다 / 세상 / 속이다 / 백성

㈜ 세상을 어지럽히고 백성을 속임.

2140 □ □ □

혼돈 混沌/渾沌

섞다 / 혼탁하다

㈜ 마구 뒤섞여 있어 갈피를 잡을 수 없음.
예시 혼돈에 빠지다.

2141 □ □ □

혼비백산 魂飛魄散

넋 / 날다 / 넋 / 흩어지다

㈜ 혼백이 어지러이 흩어진다. 몹시 놀라 넋을 잃음. ≒ 백산(魄散). 참조 옛사람들은 사람이 죽으면 혼(魂)은 하늘로 올라가고, 백(魄)은 땅속으로 들어간다고 생각함.

2142 □ □ □

혼수 昏睡

어둡다 / 잠들다

㈜ 정신없이 잠이 듦.
의학적으로 의식을 잃고 인사불성이 되는 일.

2143 □ □ □

혼신 渾身

흐리다, 모두 / 몸

㈜ 온몸. 몸 전체.
예시 혼신의 힘을 다하여.

2144 □ □ □

혼정신성 昏定晨省

어둡다 / 정하다 / 새벽 / 살피다

㈜ 밤에는 부모의 잠자리를 보아 드리고, 이른 아침에는 부모의 밤새 안부를 묻는다. 아침저녁으로 부모를 잘 섬기는 일. ≒ 동온하청(冬溫夏淸 겨울에는 따뜻한지, 여름에는 시원한지 살펴 부모를 섬기는 일).

2145 ☐☐☐

혼탁 混濁
섞이다 / 흐리다

명 어지러움. 불순물이 섞여 맑지 않고 흐림.

2146 ☐☐☐

홀대 忽待
소홀하다 / 대접하다

명 푸대접. 소홀히 대접함.

2147 ☐☐☐

홍소 哄笑
떠들다, 큰소리로 웃다 / 웃다

명 입을 벌리고 큰 소리로 웃음. ↔ 미소(微笑).
참조 파안대소(破顔大笑), 포복절도(抱腹絶倒).

2148 ☐☐☐

홍익인간 弘益人間
넓다 / 더하다, 이롭다 /
사람 / 사이

명 널리 인간세상을 이롭게 함. 단군의 건국이념.

2149 ☐☐☐

화랑 花郎
꽃 / 사내

명 꽃다운 젊은 남자.
신라시대에 두었던 청소년 민간 수양 단체. 문벌과
학식이 있고 외모가 단정한 사람으로 조직하였으
며, 심신의 단련과 사회의 선도를 이념으로 하였다.
참조 화랑의 세속오계

2150 ☐☐☐

화랑이 花郎-

명 광대와 비슷한 놀이꾼의 패. 옷을 잘 꾸며 입고
가무와 행락을 주로 함.

2151 ☐☐☐

화려하다 華麗--
꽃 / 곱다

명·형 환하게 빛나며 곱고 아름답다. 한자어에서,
'화(華)'는 활짝 핀 꽃의 아름다움을, '려(麗)'는 사슴
의 뿔 같은 짐승의 아름다움을 나타낸다.

2152 ☐☐☐

화룡점정 畵龍點睛
그리다 / 용 / 점찍다 / 눈동자

명 용의 그림에 눈동자를 점찍어 그리다. 어떤 일
을 하는 데에 마지막으로 가장 중요한 부분을 완성
함을 비유. 예전에 용을 그리고 난 후에 마지막으로
눈동자를 그려 넣었더니, 실제로 용이 되어 구름을
타고 하늘로 날아 올라갔다는 고사.

ㅎ

2153 ☐☐☐

화상 畫像

그리다 / 형상

명 사람의 얼굴을 그린 형상. '얼굴'을 속되게 이르는 말. 어떤 사람을 마땅치 않게 여겨서 낮잡아 이르는 말.

2154 ☐☐☐

화신 花信

꽃 / 믿다, 소식

명 꽃소식. 꽃이 핌을 알리는 소식.

2155 ☐☐☐

화신 化身

되다 / 몸

명 변하여 나타난 모습. 불교에서, 부처가 중생을 교화하기 위하여 여러 모습으로 변화하여 나타나는 일. 눈에 보이지 않는 추상적인 특질이 눈에 보이는 모습으로 형상화되어 나타남(아바타).
예시 자비의 화신.

2156 ☐☐☐

화이부동 和而不同

화합하다 / 말 이을 / 아니다 / 한가지, 같다

명 남과 서로 사이좋게 어울리기는 하지만 똑같은 하나가 되지는 않음.
참조 〈논어〉 군자는 화이부동하고 소인은 동이불화 (君子和而不同, 小人同而不和).

2157 ☐☐☐

화중지병 畫中之餅 그림 /

가운데 / 어조사 / 떡

명 그림의 떡.
실제로는 얻거나 얻을 수 없어 쓸모없음.

2158 ☐☐☐

화행 話行

이야기 / 가다, 행보

명 이야기의 흐름.

2159 ☐☐☐

확산 擴散

넓히다 / 흩어지다

명 흩어져 널리 퍼짐.

2160 ☐☐☐

확적하다 確的--

굳다, 확실하다 / 과녁

명 정확하게 맞다. = 적확하다(的確--).

2161 ☐☐☐

환골탈태 換骨奪胎

바꾸다/뼈/빼앗다/태

명 뼈대를 바꾸어 완전히 새롭게 태어나다.

몸과 얼굴이 몰라볼 정도로 아름답게 변함. 또는 시와 문장이 몰라보게 새로워졌음을 비유.

2162 ☐☐☐

환기 喚起

부르다, 외치다/
일어나다, 일으키다

명 불러일으킴.

예시 주의를 환기하다.

2163 ☐☐☐

환난 患難

걱정하다, 근심/
어렵다, 재난

명 근심과 재난.

참조 환난상고(患難相顧 근심과 재난이 생겼을 때 서로 돕다.)

2164 ☐☐☐

환몽 幻夢

헛보이다, 환상/꿈

명 허황된 꿈.

2165 ☐☐☐

환산 換算

바꾸다/셈하다

명 어떤 것을 다른 단위로 고쳐서 헤아림.

2166 ☐☐☐

환상적 幻想的

허깨비, 변하다/
생각하다/과녁

관·**명** 실제적이지 않고 헛된.

예시 환상적 분위기(雰圍氣).

2167 ☐☐☐

환심 歡心

기뻐하다/마음

명 기뻐하는 마음.

예시 선물로 환심을 사다.

2168 ☐☐☐

환호작약 歡呼雀躍

기쁘다/부르다/참새/뛰다

명 크게 소리를 지르고 뛰어오르며 기뻐함.

ㅎ

2169 ☐☐☐

환희 歡喜

기쁘다/기뻐하다

명 기쁨. 매우 큰 기쁨.

예시 환희의 눈물.

2170 ☐☐☐

활력 活力

살다/힘

명 살아 움직이는 힘.

2171 ☐☐☐

활성 活性

살다/성품

명 살아서 활동하는 성질.
물질이 에너지나 빛을 받아 활동이 활발하여지며
반응 속도가 빨라지는 성질.

☐☐☐

활성화 活性化

명 기능이 활발해짐.

2172 ☐☐☐

황망 慌忙

급하다/허둥대다

명 마음이 몹시 급하여 당황하고 허둥지둥함.

2173 ☐☐☐

황제 皇帝

황제/황제

명 왕이나 제후를 거느리고 나라를 통치하는 임금.
세력이나 명망이 높음을 비유.

2174 ☐☐☐

황차 況且

하물며/뜻

부 하물며. 더구나.

2175 ☐☐☐

회견 會見

모이다/보다

명 서로 만나 의견이나 견해를 밝힘.

예시 기자(記者) 회견.

2176 ☐ ☐ ☐

회의 懷疑

품다 / 의심하다

㊅ 의심을 품음. 의심이 들어 판단을 보류하거나 중지하고 있는 상태.

☐ ☐ ☐

회의적 懷疑的

㉭ · ㊅ 어떤 일에 의심을 품는.

예시 회의적인 태도.

☐ ☐ ☐

회의론자 懷疑論者

품다 / 의심하다 / 의논하다 / 사람

㊅ 회의적인 사람.

사상적으로 진리의 절대성과 인식의 확실성에 대해 의심하는 태도를 지닌 사람.

2177 ☐ ☐ ☐

회자 膾炙

날고기 / 구운 고기

㊅ 날고기와 구운 고기. 여러 사람들의 입에 오르내림.

예시 인구(人口)에 널리 회자되는.

2178 ☐ ☐ ☐

회자정리 會者定離

모이다, 만나다 / 사람 /
정하다 / 떠나다

㊅ 헤어진 자는 반드시 만나고, 만난 자는 반드시 헤어진다. 불교에서, 만난 자는 반드시 헤어짐. 모든 것이 무상(無常 한결같지 않음)함. ↔ 거자필반(去者必反).

2179 ☐ ☐ ☐

회포 懷抱

품다 / 안다

㊅ 마음속에 품은 생각이나 정(情).

2180 ☐ ☐ ☐

회한 悔恨

뉘우치다 / 한탄하다

㊅ 뉘우치고 한탄함.

예시 회한의 눈물.

2181 ☐ ☐ ☐

회혼 回婚

돌다 / 혼인

㊅ 부부가 혼인한 지 60주년 되는 해.

ㅎ

2182 ☐ ☐ ☐

획정 劃定

굿다/정하다

® 명확히 구별하여 정함.

2183 ☐ ☐ ☐

횡단 橫斷

가로/지르다

® 가로지름. ↔ 종단(縱斷).

예시 대륙 횡단 열차.

2184 ☐ ☐ ☐

종단 縱斷

세로/자르다

® 세로로 자름. 세로로 건넘. ↔ 횡단(橫斷).

예시 국토 종단.

2185 ☐ ☐ ☐

횡령 橫領

가로/옷깃 차지하다

® 남의 것을 불법으로 가로챔.

2186 ☐ ☐ ☐

횡사 橫死

가로/죽다

® 뜻밖의 죽음.

예시 가로 횡(橫)은 '뜻밖에', '비정상적으로'의 뜻이 있음. 비명횡사(非命橫死).

2187 ☐ ☐ ☐

횡행 橫行

가로/가다

® 거리낌 없이 제멋대로 행동함.

예시 불법이 횡행하다.

2188 ☐ ☐ ☐

효시 嚆矢

올리다/화살

® 우는 화살. 사물의 시초.

예전에 전쟁을 시작할 때 효시(소리 나는 화살)를 맨 처음 쏘아 시작했다는 데에서 유래.

2189 ☐ ☐ ☐

효용 效用

본받다/쓰다

® 보람 있게 쓰임. 보람이나 쓸모.

참조 효용론적(效用論的) 관점 - 작품이 독자에게 얼마나 쓸모가 있는가를 생각해 보는 관점.

2190 ☐☐☐

효율 效率

본받다 / 비율

㈜ 효과적인 비율. 들인 노력에 비해 얻은 결과가 클 때 효과적이라 함.

2191 ☐☐☐

후광 後光

뒤 / 빛

㈜ 뒤에서 배경으로 비치는 빛.
불교에서, 불보살의 몸 뒤로부터 내비치는 빛. 배광(背光). 원광(圓光). 기독교 예술에서, 성화(聖畫) 가운데 인물을 감싸는 금빛.

2192 ☐☐☐

후생가외 後生可畏

뒤 / 낳다 / 가히, 할 만하다 /
두려워하다

㈜ 뒤에 난 사람들은 가히 두려워할 만하다.
후진들이 선배들보다 젊고 기력이 좋아, 장차 큰 인물이 될 수 있으므로 가히 두렵다는 말. 〈논어〉의 자한편(子罕篇).

2193 ☐☐☐

후회막급 後悔莫及

뒤 / 뉘우치다 / 없다 / 미치다

㈜ 아무리 후회하여도 다시 어찌할 수가 없음.
참조 엎지른 물이요, 쏘아놓은 살이다.

2194 ☐☐☐

훼절 毁節

헐다, 망치다 / 마디, 절개

㈜ 절개나 지조를 깨뜨림.

2195 ☐☐☐

휘하 麾下

대장기 / 아래

㈜ 아래. 지휘 아래.
참조 대장기 깃발의 아래.

2196 ☐☐☐

휘호 揮毫

휘두르다 / 터럭, 붓

㈜ 붓을 휘두른다는 뜻으로, 글씨를 쓰거나 그림을 그리는 것을 가리킴.

2197 ☐☐☐

흉금 胸襟

가슴 / 옷깃

㈜ 앞가슴의 옷깃. 마음속에 품은 생각. ≒ 심금(心襟).
예시 흉금을 털어 놓다.

ㅎ

2198 ☐ ☐ ☐

흑묘백묘 黑猫白猫

검다 / 고양이 / 희다 / 고양이

(명) 검은 고양이와 흰 고양이. 검은 고양이이든 흰 고양이이든 쥐만 잘 잡으면 그만이다.
참조 1970년대 말부터 중국의 실용주의자 덩샤오핑이 취한 실용주의 경제정책에서 나온 말.

2199 ☐ ☐ ☐

흥망성쇠 興亡盛衰

흥하다 / 망하다 / 무성하다 / 쇠하다

(명) 흥하고 망함. ≒ 흥진비래(興盡悲來).

2200 ☐ ☐ ☐

흥진비래 興盡悲來

흥 / 다하다 / 슬프다 / 오다

(명) 즐거운 일이 다하면 슬픈 일이 닥쳐온다. 세상일은 순환되는 것임. ≒ 흥망성쇠(興亡盛衰). 고진감래(苦盡甘來).

2201 ☐ ☐ ☐

흥청망청 興淸亡淸

일어나다 / 맑다 / 망하다 / 맑다

(명) 마음껏 즐기는 모양이나, 돈이나 물건 등을 함부로 쓰는 모양. 참조 흥청은 연산군 때, 나라에서 모아들인 기녀(妓女)를 이르는 말.

2202 ☐ ☐ ☐

희로애락 喜怒哀樂

기쁘다 / 성내다[노] /
슬프다 / 기쁘다

(명) 기쁨과 노여움과 슬픔과 즐거움
참조 '희노애락'은 틀린 표현. 활음조.

2203 ☐ ☐ ☐

희롱 戱弄

희롱하다, 놀다 / 희롱하다, 가지고
놀다

(명) 놀림. 제멋대로 가지고 즐기거나 놂.

2204 ☐ ☐ ☐

희생 犧牲

희생 / 희생

(명) 다른 사람이나 어떤 목적을 위하여 자신의 생명이나, 재산, 명예 따위를 바치는 일. 예전에 제사 지낼 때 제물로 바치는 산 짐승. 예시 참전 용사들의 고귀한 희생.

☐ ☐ ☐

희생양 犧牲羊

(명) 희생이 되어 제물로 바쳐지는 양. 다른 사람이나 어떤 목적을 위하여 목숨을 바친 사람을 비유.

2205 □ □ □

희한하다 稀罕--

드물다/드물다

ⓗ 매우 드물거나 신기하다.

참조 '희안하다'는 틀린 표기.

2206 □ □ □

희화 戲畫

희롱하다/그리다, 그림

ⓜ 우스꽝스럽고 익살맞게 그린 그림.

□ □ □

희화화 戲畫化

ⓜ 어떤 것을 의도적으로 우스꽝스럽게 그려서 조롱하고 풍자함.

2207 □ □ □

힐책 詰責

꾸짖다/책망하다

ⓜ 꾸짖음. 나무람.

2208 □ □ □

희열 喜悅

기쁘다/즐겁다

ⓜ 기쁨과 즐거움.

ㅎ

순수의 전조

월리엄 블레이크 william blake(1757~1827)

한 알의 모래 속에서 세계를 보며

한 송이 들꽃에서 천국을 보라.

그대 손바닥 안에 무한을 쥐고

한 순간 속에 영원을 보라.

저녁에

저렇게 많은 중에서

별 하나가 나를 내려다본다

이렇게 많은 사람 중에서

그 별 하나를 쳐다본다

내신·수능
국어 특급

개정판 1쇄 인쇄 | 2019년 12월 23일
개정판 1쇄 발행 | 2019년 12월 27일

펴낸이 | 홍행숙
펴낸곳 | 어썸

등록 | 105-91-90635
주소 | 서울 구로구 개봉로3길 87 103동 103호
대표전화 | (02) 722-3588
팩스 | (02) 722-3587

ISBN | 979-11-87433-21-7 (53700)